财报思维

写给忙碌者的财报学习书

王峰 ◎ 著

北京大学出版社

PEKING UNIVERSITY PRESS

内 容 提 要

本书通过对财务报表由浅至深、由框架至细微、由数字至业务的讲解，让读者脱离枯燥的财务数字和专业术语，轻松学习财务报表，将财务报表变成自己的管理工具。

本书内容分为五大部分，共十五章。第一部分（第1~3章）：主要讲述财报初步体验及如何开始学习财报；第二部分（第4~10章）：主要讲解如何认识财报，以及财报的常见项目；第三部分（第11~13章）：主要讲解如何读懂财报，透过五大报表分析指标及杜邦分析法等充分理解财报整体逻辑；第四部分（第14章）：主要讲解如何看透业务，包括销售收款、采购付款、生产费用和投融资等；第五部分（第15章）：主要讲解如何通过财报信息掌控全局。

本书不仅能让管理者轻松理解财务的复杂逻辑，而且能通过数字发现业务执行的问题和隐患，找到管理线索。本书适合企事业中高层管理人员、证券投资人、股权投资人和财务负责人阅读，也可作为大中专院校财务专业学生的参考用书。

图书在版编目（CIP）数据

财报思维：写给忙碌者的财报学习书 / 王峰著 . —— 北京：北京大学出版社，2020.5
ISBN 978-7-301-31313-8

Ⅰ . ①财… Ⅱ . ①王… Ⅲ . ①会计报表－会计分析 Ⅳ . ① F231.5

中国版本图书馆 CIP 数据核字 (2020) 第 055340 号

书　　　名	财报思维：写给忙碌者的财报学习书
	CAIBAO SIWEI：XIEGEI MANGLUZHE DE CAIBAO XUEXI SHU
著作责任者	王　峰 著
责 任 编 辑	张云静
标 准 书 号	ISBN 978-7-301-31313-8
出 版 发 行	北京大学出版社
地　　　址	北京市海淀区成府路 205 号　100871
网　　　址	http://www.pup.cn　　　新浪微博：@ 北京大学出版社
电 子 信 箱	pup7@pup.cn
电　　　话	邮购部 010-62752015　发行部 010-62750672　编辑部 010-62570390
印 刷 者	北京宏伟双华印刷有限公司
经 销 者	新华书店
	787 毫米 ×980 毫米　16 开本　18.75 印张　372 千字
	2020 年 5 月第 1 版　2023 年 4 月第 2 次印刷
印　　　数	6001—8000 册
定　　　价	88.00 元

推荐序1

（一）

我小时候的愿望是当一名科学家，但自从30多年前来了北大，到了中关村，我就和高科技创业结下了不解之缘。然而即便如此，在很长一段时间里，我坚持认为最适合我的，还是做一名工程师，搞一些科技创新、发明创造，而管理公司，特别是管人、管钱之类的，好像离我很远。并不是因为我天生不喜欢人、不喜欢钱，而是觉得人的想法和行为太不科学，而管钱、算账又太无聊。不就是加加减减吗？乘除法都很少用得到，记账太没挑战性了。

当时无论如何也不会想到，1993年前后，在命运的安排下，我的职业生涯迎来了一次大的转变。当我接下北京四通利方科技有限公司总经理职位的时候，我的财务经理不厌其烦地要求我必须看懂他们的财务报表，他们也成了我财报方面的启蒙老师。

当时正好是国内新财务制度的转型期，为了搞明白利润表、资产负债表、现金流量表这三张经典表格，我用工程师的态度去钻研报表，甚至用Excel表格生成了一个完整的财务系统，以至于我可以追溯出报表中每一个数的原始数据来源、生成逻辑和运算公式。

在我以为已经完全"看透"财务报表的时候，1995年，我与硅谷风险投资首次"握手"。我们先是见了当时最为风光的摩根斯坦利的一位主管，最后选择了总部位于旧金山金融核心区的一家投资银行。在我兴奋地把四通利方在做的事情和未来的展望描述一番后，对方要求看我们的财报，不仅是历史的财报，还要未来的财报——财务预测。他们告诉我，无论什么华丽的语言，都比不上一套报表会说话，数字里能看到公司最真实的状况与经营者的想法。

也是从那一刻开始，我知道了记账和财务有巨大区别，财报远远不止表面看起来那么简单。后来，我干脆把这家投资银行负责我们项目的外籍高管聘来当财务总监，让这位CFO接力财务经理，给我开小灶。从那时开始，我们经历了从融资、收购到新浪上市的过程，用朋友的话来说，我相当于上了一次以"专家开小灶＋真实现场实践"为特色的MBA，甚至EMBA课程了。

几年前，受朋友之托，我又担任了一家国内上市公司的独立董事。这是一家非常优秀的制造业公司，我也因此开始关注软件和互联网行业以外的公司财报，而我最大的感触，就是财务报表里有太多的奥秘，无论是经营公司、投资公司，还是了解公司，掌握财报都是必不可少的技能。

（二）

以前还是工程师的我曾经以为，学习财务知识是财务专业人员的事情，我不选择这个职业，就没有必要学习财务知识。但后来才知道，财务知识几乎是现代人的必备知识。

如果你是创业者，或者是公司高管，你一定要时刻了解公司的家底，如公司有什么"粮草""弹药"，业务能力如何，赚钱能力如何；也要了解公司财务上有什么风险，以及如何防范风险；还需要了解公司什么地方还可以提高……这些当然可以由你的财务主管帮你分析，但自己看财报更为直接，也更方便自己思考，而这些思考往往影响你的决策。同时，你也需要了解你的同行、你的对手，通过看他们的财报，你会发现很多有用的信息。

在企业管理方面，有一种管理模式叫"阿米巴模式"，大致意思就是让公司的每一个部门，甚至每一个岗位都独立核算，实质上就是让每一位基层管理者都具备财报知识，通过财报来了解自己部门的财务与业务情况，从而随时优化管理。这样一来，掌握财务知识就不仅仅是对公司的高管、股东、董事、监事们的要求了。

也许你并不是公司的管理人员，也不是投资人，但你也可能会关注一些行业、一些上市公司，更有可能会做一些理财计划。这样你就需要对你直接或间接投资的这些行业、公司做一些了解。而了解一家公司最有效的方式就是看懂他们的财报，就像我的朋友对我说的，数字会说话。

在日常生活当中，你也会遇到收入、费用、成本、资产、借债等问题，虽然通常这些方面涉及的金额和结构并不复杂，但这是很好的财务知识的练习场，而掌握财务知识也会让你的生活变得更加丰富、有趣，同样的财富会给你带来更多的快乐。

正因如此，有不少家长觉得，让孩子从小了解一些财商知识，树立正确的金钱观、财富观是非常有意义的。我正在做的面向青少年的线上教育项目——"校内外学堂"准备上线一门少年财商课，通过朋友介绍我认识了王峰先生，并且顺利合作上线了一门共 20 节的《"少年财商课"帮助孩子树立正确的金钱观》网络视频课程，大家可以通过关注"校内外学堂"

公众号了解这门由王峰先生主讲的课程。

（三）

在合作过程中，王峰跟我说他正在写一本有关"财报思维"的书，并且把书稿发给了我，书名和书的内容很快吸引了我。

这本书给我最深的印象就是简单，作者用了很大的篇幅讲述如何进入报表世界。对大多数人来讲，学习新事物，进门最难，很多学习者停滞在新知识的大门外，或者一直在门口徘徊而无法深入，究其原因，正是学习者没有理解整个知识体系，碎片式学习或细节式学习都会让学习者无法在自己的大脑中形成知识架构，导致无法搭建起自己的认知框架。

在书中，作者由浅至深地提供了很多小工具，帮助学习者不断搭建认知框架，如"财报五角大楼""财报九宫格""财报十六宫格"等，都是先把财报里最重要、最突出的几个数字拿出来，形成报表的整体框架，在这个基础上反复练习，使框架从粗放到不断深入，最后形成完整的学习方法。用"财报九宫格"对公司的财务数据做一下简单的分析，就可以完全换一个视角看公司。

我找了几家上市公司的数据，按照书中的方法套入"财报十六宫格"中，这家公司的整体状况立即就呈现在眼前。对于上市公司的数据，许多人最关心的是利润和市盈率，虽然这很重要，但还是比较零碎和相对片面。"财报十六宫格"将这家公司的资产负债、收入成本和利润、现金流等与公司规模、能力、生存有关的信息按照财报框架搭建出来，只要对这个小工具的结构稍加了解，就能从数字间的逻辑关系中分析出不同的信息，而这些信息在任何公众媒体上都是看不到的。做完这一步，再用五个报表分析指标对几家同类公司进行比较分析，就会获得这家公司的经营能力对比数据，这样对公司整体运营情况就有了非常直观的了解。

运用三表同框的分析方法，这家公司的采购销售与现金收付，以及公司投融资等业务流程和业务相关模式的展示的确清晰了不少，这与当年那位投行高管分析报表的思维方法如出一辙，而且更加直观和精准。我可以自己通过对报表的解读来了解这家公司，这是我以前从未体验过的。

在我们的工作和生活中，并不是所有人身边都有专业的财务人员可以随时提供帮助，而有专业人员的帮助，同时又有足够的时间和机遇，通过创业或企业管理实践来学习财务知识的更是少之又少。非专业人士要学习财务知识，使用专业的教材或课程又有诸多不便，而王峰先生的这本书，可以说定位非常准确，而且使用的语言、总结出的小工具都非常适合忙碌的现代人学习。

《财报思维：写给忙碌者的财报学习书》，的确值得推荐。

新浪网创始人
校内外董事长　**王志东**

自 2015 年以来，新技术、新模式、新生态在我们身边不断涌现，一夜之间，国内的创业环境和氛围发生了很大的变化。巨量资源不断流向双创（大众创业、万众创新）领域，技术资源、知识分享、资金流动在双创领域自发形成内循环，为创业者和创业企业持续提供成长的养分。政府也鼓励这样的模式和行为。相对于过去的经济环境，现在创业是最好的时机。

任何高速发展的经济体，加上全开放的心态，都会使创业公司出现跑得快和跑得慢两种情况，其实这就是典型的大浪淘沙。据我们观察，很多创业者的创业仍处于激情有余而准备不足的状态，成功的概率不高。这种现象在 TMT（电信、媒体和科技）行业尤其明显。以前用十年完成大浪淘沙，现在两年就淘完了。

以团购为例，团购从出现时的千团大战到剩下一两家领头羊，前后只用了五年时间。今天已经没有人像过去那样谈论团购和团购公司了。团购在刚出现时，市场放大了它的经济潜力和价值，觉得这是一个大生意，经过时间和市场的检验，现在的团购已经变成了打折销售的模式。同样，对于曾经火热的 O2O（线上到线下）、共享经济，时间也会告诉我们哪个运营模式和公司会最终存活下来。

创业成功与否，最终还是回归到最原始、最根本的问题，如技术是否过硬、用户体验是否够好、经营是否具有诚信、是否有行业经验等。从资本市场拿钱很容易，包装自己也很容易，而随着中国经济的持续发展，市场监管越来越成熟，华而不实的行为终究是不会长久的。无论如何包装，最终都要回归到产品本身、服务本身。短时间的成功，并不代表长期的成功和可持续的成功。

所有创业失败的原因中，对公司掌控力缺失的因素尤为突出。这里谈的掌控力并非对人、对事、对钱的控制，而是能否根据战略及现实资源进行均衡调配、平衡发展。而这种掌控力的最佳表现就是对财务报表的理解和运用。尽管创业公司领头人绝大多数有技术、市场、产品背景，但极少数人具有财务分析能力和计划能力。今天的创业者也比较难以像当年的马云那样，找到蔡崇信这样的财务高手共同创业，或者换一个角度讲，蔡崇信这位当年已经达到百万美元年薪水平的财务、法律实战专家，在阿里创业初期就已经帮助马云在制定发展目标和战略规划落地的过程中规避了许多隐患。

没有哪位创业者会认为财务管理不重要，不过想要找到一位对财务战略有深刻理解的人才也实属不易，自己现学财务知识也好像真的来不及。王峰老师写的这本书却让我眼前一亮，在非财务人士看来，解读财务报表从来都是一种特别玄妙的能力，而王峰老师用一些看起来非常简单，学起来特别容易上手的小方法和小工具，居然能够快速地通过财务报表解读一家上市公司。我请身边几家创业公司的创始人用王峰老师的方式做了一些尝试，他们都能够当场用竞争对手公司的财务数据分析出其业务发展状况，甚至有一些还分析出了竞争对手公司的运营问题。这说明，不是知识过难而无法学会，而是方法更优才是学习知识的关键。

在社会各方面发展全面加速的环境下，创业者也要尽早准备加速，尤其是在企业融资、税务筹划、财务管理、股权激励、用户体验及网络安全方面。创业者不能只懂产品、技术和开发，还应加速积累人事、财务、融资等基础知识，掌握企业管理的关键能力。而在财务报表的学习和解读方面，推荐你阅读王峰老师的《财报思维：写给忙碌者的财报学习书》，相信你一定能从中获得你想要的财报知识。

普华永道中国 TMT 行业全国税务主管合伙人
普华永道中国外包服务业务全国主管合伙人　**王威**
普华永道创业学院创始人

我 2005 年进入金融投资行业，2012 年作为创始合伙人创立天鹰资本至今，已经在投资行业打拼了近 20 年，亲身经历了中国从生产密集型产业逐渐向智能制造产业的转变，我很早就将目光聚焦于智能制造和工业 4.0 领域并重点布局，成功投资了众多智能制造领域的领头羊企业。

早在刚进入金融投资行业的时候，我就有一个认知，如果要了解企业的真实状况，财务报表是很好的渠道。财务报表也是全面、均衡反映企业经营状况的看板。可惜财报特有的规则和逻辑让很多没有财务背景的投资人无法解读更深层次的企业实情，再加上许多初创企业并不是很重视财务工作，其企业内部管理的真实情况也并没有反映到财务数据上，使财报被蒙上了一层神秘的面纱，许多真正需要它的人被拒之门外。

天鹰资本投资了多家智能制造领域的领军企业。我们在考察企业的时候往往会遇到这样一种现象，一些表面看起来特别好的企业，有宽敞的厂房、一流的研发人员和一流的制造设备，产品看起来也相当不错，当然企业自己的估值也不低。但当我们进场进行财务尽职调查时，从财务角度却往往能看到完全不同的场景。可怜的员工收入和大量混乱的应收款都在报表上体现出来，如果不仔细研究查验，一旦投入资金，这些投资人的钱将会真正用于研发还是用于归还企业以往的民间借款还真不好说。

企业上市前的阶段是企业投入精力非常大的关键阶段，企业业绩状况的好坏最终也会呈现在财务报表上。如果企业的财务基础不牢固，那么把企业真实经营状况体现在财报上也有不小的难度。而最为关键的是，许多企业负责人对财务报表缺乏敏感性和联动性，这就给企业上市增加了不少困难，毕竟资本市场对于财报数据非常看重，任何相互关联的数据出现差错都会导致投资机构甚至做空机构提出质疑。有不少在美国上市的中国企业被做空机构打压，致使股价大幅降低，市值缩水，其中很大的原因就是报表上的很多信息被质疑。这就给在海外上市的企业带来了不小的挑战。

所以对于投资人来说，考察任何一家企业，除了对团队、产品、市场等因素进行分析外，对财报进行分析更是必不可少的环节，因为所有的影响因素最终都会体现在企业的财务报表上。对于企业家来说，通过对财务报表的分析，可以建立对企业更全面、更现实的认识。因此，财报思维能力的重要性不言而喻。即便如此，可能因为人们普遍认为财报分析需要专业知识，很多人对财务报表还是不甚了解甚至敬而远之。

我很早就认识王峰老师，他的财报分析方法的确很简单，用其中的一些一看就会、一用就灵的小工具，我团队的投资经理很快就能掌握三表的逻辑关系，这对于投资者来说实在太有价值了。毕竟投资工作者日常工作非常繁忙，每周都要看几十份甚至上百份的商业计划书和大量的财务数据，很难拿出整块的时间来学习财报。王峰老师这本写给忙碌者的财报学习书，把对很多人而言有些枯燥的财务知识生动化，把学校里教的和工作中学的零散知识系统化，既可以帮助不懂财务知识的人入门，又可以帮助有财务知识的人提升，对于忙碌的创业者和投资人来说，确实是价值极高的工具书和资料库。

天鹰资本创始合伙人、董事长

中国投资行业协会理事

清华大学、上海交通大学特聘教授 **迟景朝**

长江商学院、中欧商学院创业营导师

前　言

●●●

用**管理思维**学习财报
收获全新的**财报思维**

● 财务为什么重要？

我们不妨先想想看，在什么情况下你会第一时间想起财务，就像打官司会想起律师，生病了会想起医生一样。

投资人马上要来尽职调查；

会计师事务所要来审计；

银行贷款要看财务报表；

税务局来电话问询；

企业要进行 IPO（首次公开募股）；

……

这还只是企业需要应对的外部审核和环境变化的场景，此外，企业内部需要处理的财务管理和控制场景也不少，如供应商催货款、员工发工资、客户拖欠账款、预算不到位、存货盘点不准、资金筹措不力等。因此，不管是对外还是对内，企业经营的方方面面都离不开财务人员提供的数据，大量的数据汇集成一张财务报表，如果企业管理者不懂得怎么看，那的确会错失很多用来支撑决策的信息。

● 为什么以前你学不会？

或许你已经读过一些与财务相关的书，可每当看到书里一大堆表格、一大堆数字的时候，你就放弃了。

或许你从小就对数字不敏感，甚至看到数字就头痛，所以在思想上主动屏蔽了财务知识。

那我要告诉你，其实很少有人是真的没有数字敏感性，大多数人往往只是没有理解数据之间的逻辑关系而已。

管理者学习财务时不需要死抠细节，而应更加注重整体结构和对常见报表项目的理解。对财务人员来说，如果没有在学习之前建立起整体的报表框架思维，那么每学一个准则都是一场旷日持久的煎熬。因为会计准则本身语言高度精练、精准，所以在对基础概念还不是很了解的情况下学准则无疑形同"读天书"，从基础概念到会计准则之间缺少了一个循序渐进的阶梯。

股权投资人和金融机构信贷负责人都需要阅读拟投公司的财务报表，如果看到报表不能察觉问题隐患，则难以对拟投公司的现状做出客观判断。尽管各类投资人有不少是金融专业出身，不过课本上的报表例题与现实中出现的复杂状况比起来太简单了，真实公司的报表总是与理想状况相差甚远，投资人如果读报表经验不够丰富，则没法通过报表做出客观判断。

大学课程其实应当承担起这个承接作用，但财会本身是一门实践学科，在不了解企业实际运营管理的情况下，仅简单地靠书本传授的知识其实很难把财会学透。大学财会专业毕业的学生进入社会往往不敢申请会计职位，就是因为不了解真实的会计具体需要干什么，于是就跟着所谓的老会计建立自己的思维框架。可惜很多老会计也没真正搞明白会计准则的精髓，这样一代一代传下去，导致大部分的基层会计难以成为财会高手。而懂得会计准则的大多学者都是学院派，重视理论细节却较少注重实践。极少数从基层会计成长起来的、懂得会计准则精髓的财务人，最后都成了各大上市公司的 CFO、财务总监、总会计师等。

● 借贷记账法是什么？

美国钢铁大王卡内基 14 岁就学会了"复式记账法"，这为他后来成就商业帝国奠定了扎实的商业知识基础。这个"复式记账法"就是"借贷记账法"。"借贷记账法"就是发生任何一笔业务时都在两个或两个以上的会计科目上做记录，对应的符号一边是"借"，另外一边是"贷"，"借贷"所记录的金额永远相等。会计里有一个口诀"有借必有贷，借贷必相等"，这就是借贷记账法。我问过几个懂财务的人，当初上大学的时候搞懂这个"复式记账法"花了多长时间，得到的答案少则数月，多则一年半载，有的甚至等到毕业的时候还是没有掌握这个"借贷记账法"，这听起来就让人产生畏难情绪。好在这本书不必先了解"借贷记账法"，而是一切回到商业本质和商业逻辑上讲解财会知识，或许在这个过程中你自然而然就懂得了借贷逻辑。

● 我们的方法不一样

大学里学了那么多年都难以学会的财务知识，我们又有什么不一样的方法让你学得会呢？

我女儿从小喜欢玩水，可是又害怕学游泳，跟着几个教练学都没有学会，越学就越怕水。后来我们找到一位游泳专业的老教授，结果我女儿学了不到十节课就学会了四种泳姿，而且在水里也特别享受游泳的乐趣。我向老教授请教方法，他告诉我，学习游泳不是学会动作就下水，而是首先要学会呼吸，只有学会呼吸的节奏，在水里才不会紧张、害怕。不会游泳的人在水里最怕的就是被淹，所以一点点呛水就会怕得不得了。只有掌握了好的呼吸方法，不再怕呛，那些泳姿、动作的规范性才能起到作用，否则就要走更多的弯路，呛更多的水才有可能学会游泳，而且对水的恐惧始终都留在心里。

想想还真是这样，当你学习一门陌生知识的时候，无论讲什么大道理，什么高深的逻辑，好像都无法真正让你掌握这门新知识，而且学的越多就越对这个领域产生恐惧。许多管理者经常挂在嘴边的"我对数字不敏感"，或许就是给自己一个学不会财务的最好借口。所以，我们不从讲大道理开始，而是先从你最熟悉的地方找到一个突破口进入，再进一步把知识结构、体系了解透，那么掌握这门新知识就只是时间问题了，因为你已经不再惧怕它了。

学习财务报表也一样，"借贷记账法"当然是财务报表的重要逻辑，似乎应当先学会"借贷记账法"，只是这个方法本身比较难懂，由此入门者就难以有精力和勇气来学财务报表了。

所以，我们先不管"借贷记账法"，而是回到商业逻辑的出发点，即管理者最关心的，也是管理者最熟悉的那些数据开始，逐渐深入至这些数据所存在的财报架构上，看一看这些数字回到财报中是什么样的结构。

这就是我们方法的第一步：认识报表。

从不懂财报到精通财报，第一步认识报表才是最为关键的，只有跨过门槛才能够海阔天空，进而培养自我学习的能力。只要把财报逻辑与商业逻辑相对接，就不难发现，其实财报逻辑是解释商业逻辑最完美的工具，再也没有其他任何工具能如财报与商业逻辑如此契合。

为了帮助管理者学习财报，我们创造了几个超级简单又实用的工具和方法，诸如"财报五角大楼""财报九宫格""折纸学财报"等，就好像你开始学游泳时的浮板和脚蹼一样，还没有学会游泳前一定要用一些辅助工具，等学会后这些辅助工具就没用了。

当你用这些小工具深入理解了财报结构以后，我们就进入第二步：读懂财报。

有了第一步的功底，第二步就轻松很多，因为这里使用到的方法是从你最熟悉的地方开始，诸如占比、变比这些在日常生活中经常使用的概念。

别小瞧这些表示比例变化的简单名词，对于许多管理者来说，这些已经能够帮助他们进行公司的日常管理了，甚至在很多考核指标中都会用到。例如，毛利率、净利率都是某种利润在收入中的占比；收入增长率、应收账款增长率、成本增长率等都是变比。

接下来就是著名的财务分析指标了，那么多分析指标怎么能记得住呢？没关系，我们只要记住五个就可以，因为这五个指标分别代表了五个角度的分析，而基于这五个指标进行变换分析，又会得到30多个财务指标。只要稍微勤加练习，读懂财报就是一个熟练程度的问题了。

当然读懂财报其实还不是目的，通过财报真正了解公司的管理和业务状况才是我们真正的目的，由此我们进入第三步：看透业务。

当你了解了报表的架构，也学会了报表分析，接下来就可以通过公司的五大业务在报表里的反映以及数据之间的逻辑关系对公司整体业务情况做出判断，发现管理欠缺点和问题的线索，从而进一步挖掘造成这种状况的原因。对于自己的公司，能够敏感于动态发展进而找到问题逐步解决；对于竞争对手，则能抓住对方的问题和弱点进而做出有利于自己的决策。

达到从报表上看透业务已经是很强的能力了，不过这还不够，还应当再回到日常管理中，让报表能力帮助你进入第四步：掌控全局。

当然，不是说了解了数字就一定能控制公司，而是用"定量"的数字化管理就一定比"定性"的语言或口号多了一个实用的工具。针对公司管理，我们也给出了五个战略层面的应用，相信走到这一步，财报本身就已经是你的工具了。

用最少的时间和最小的投入读懂财报就是这本书所体现的价值。只有建立起自己的财报思维，才能够做出正确的判断，进而成为管理高手。

最后，我们将随书赠送五节视频课程，以及财报分析计算模板（模板会实时更新，并会同时保存到网盘，请读者放心使用），请扫描封底二维码，关注"博雅读书社"微信公众号，找到"资源下载"栏目，根据提示获取资源就可以了。

王　峰

目 录

1

第一部分

财报里隐藏了什么

所有管理者都知道财务报表重要，也都清楚如果看懂财务报表就能挖掘到别人看不到的信息，可是这些隐藏的信息究竟是什么呢？如何才能挖掘出这些信息呢？

财报初体验

| 本章概括 |

　　财务报表好像距离非财务专业人士很远，但也好像总是萦绕在管理者身边，挥之不去却招之不来。或许你对一些关键数据很感兴趣，如收入、成本、利润等，那我们就从这里开始，找一份你比较熟悉的公司报表，一点一点揭开财务报表的神秘面纱。

　　沃伦·巴菲特说过："你必须了解会计学，并且要懂得其微妙之处。它是企业与外界交流的语言，一种完美无瑕的语言。如果你愿意花时间去学习它——学习如何分析财务报表，你就能够独立地选择投资目标。"对于巴菲特而言，懂得财报是为了发现更有潜力的好公司，通过对财报的分析来判断公司的估值是否正确。对于普通企业管理者来说，学会财会是为了从财报中发现公司存在的问题，从而抓住反映公司运营问题的数字线索，并找到可行的解决方案。

准备一份学习用的财报

在我们开始学习之前，请先找出一家你感兴趣或者熟悉的国内上市公司，从其网站上下载这家公司近几年的公司年报和历年的财务数据（推荐"新浪股票"网站，本书就以此网站下载的上市公司的财务报表数据为例进行讲解）。你也可以把自己公司的财务报表找出来，作为你学习的对象。希望你在读完本书以后，能透彻地分析你感兴趣的上市公司或自己公司的财务报表。我们会在网上平台分享"财报分析计算模板"，你只需要下载到电脑上，即可学习分析上市公司的财务报表。

 财务概念和财报初体验

1 **财务概念**

要谈财报，就不得不先说财务，要说财务就得先说会计。大部分企业里都有"财务部"，"财务部"里设有会计岗位，这是很多公司的基本配置。会计是一个专业，也是一种职业。常常有人把会计和财务混为一谈，但实际上会计和财务是有不同职责的。

从专业上讲，会计将业务数据用财务的逻辑和方法记录下来，财务用会计记录的数据进行分析从而帮助经营者提升决策能力。

从职业上讲，会计是专门记账的人员，财务是用会计数据进行分析的人员。

我们在本书里教大家的是财务方面的知识，当然我们也特别鼓励大家学习一些会计方面的知识，前面我们讲到美国钢铁大王卡内基从小就学会了"复式记账法"，这个方法就是会计记账的方法，我们也称之为"借贷记账法"。"借贷记账法"里的"借""贷"常常会把人搞晕，大多数曾经以及正在学习财会知识的人在学习初期都会被"借贷"这个说法及应用逻辑搞得晕头转向，所以我们先把这个概念放一下，不要因为"借贷"方法而阻碍了学习的进程。其实整体逻辑是非常简单的，只要掌握了财报的整体框架，很多财务底层的逻辑就会触类旁通。

2　会计像保健医生

通常来说，企业管理者在经营上没遇到麻烦时，基本上是想不起会计的。但当有麻烦的时候才想起会计，基本上会计也没有什么灵丹妙药了。虽然高手们都有力挽狂澜的方法，但经常是会付出很大的代价，得到的效果也不一定就好，甚至有人直接造假。

会计更像一个保健医生，天天跟你说别吃这个、别喝那个，对身体不好。稍微有一点咳嗽就要给你吃一堆药，让你觉得很烦。结果，他给他的建议，你该干嘛干嘛，熬夜喝酒、通宵打牌。直到有一天，你精疲力尽熬不住了，去医院看病，大夫给你了一个晚期诊断书，你傻眼了，后悔当初没有听保健医生的话，至少听一部分也是好的。

没有哪个人或哪个企业完全没有任何预兆就突然病入膏肓，多数情况下是经过很长时间的错误积累而导致的，这期间如果有人提醒你，而你也听进去了，改善了，或许病入膏肓的一天永远都不会到来，而这个提醒你的人就是你的保健医生，在企业里充当保健医生角色的就是你的财务。

当然，我们所说的是建立在保健医生是合格的、尽职的前提下，万一医生不合格，你又听他的话，那可就惨了。最好的解决办法是，不如自己学一点"保健知识"，至少保健医生太离谱的时候自己能发现。企业的负责人也是一样，自己学习掌握一些基础的财务知识，把知识结构化，逐渐应用到日常的经营管理中，将日常管理数字化，你会发现财务很大程度上关系着你企业的成败。

3　财报初体验

这里先以几家上市公司的财报为例进行简单分析。为了能让读者将注意力集中在财报本身，我们隐去公司名称，只保留行业。同时，由于财报里的数字特别多，金额也特别大，如果对报表不太熟悉的话容易看蒙，所以我们没有把财报的数据全部放进来，在读者还没有学会解读财报之前，这些数字容易阻碍学习。下面我们就先从几个大框架开始分析。

（1）L 公司，通信服务行业

如图 1-1 所示，通信服务行业的 L 公司总资产 178.98 亿元，规模在上市公司里不算小；总负债超过总资产，说明这家公司的负债情况很严重；净资产呈现为负数，是明显不健康的表现。公司收入 70.96 亿元，而总成本高达 246.24 亿元，净利润 -181.84 亿元，亏损十分严重；从现金管理上看，总付现大于总收现，全年减少 7.44 亿元现金。

单位：亿元

总资产	总负债	净资产	总收入	总成本	净利润	总收现	总付现	净现金
178.98	185.64	-6.66	70.96	246.24	-181.84	170.41	177.78	-7.44

图 1-1　L 公司主要报表数据

（2）F 公司，汽车零部件行业

如图 1-2 所示，汽车零部件行业的 F 公司总资产 317.04 亿元，资产规模在上市公司里算较大了；总负债 126.99 亿元，占总资产的比例约为 40%，整体上负债的比例不算太高。公司收入 187.16 亿元，总成本 152.12 亿元，公司净利润 31.48 亿元，净利率约为 17%，这在制造行业里算不错了。公司总收现 324.12 亿元，总付现 325.85 亿元，当年收支基本上平衡；不过净现金流却是 -4.95 亿元，如果展开报表就可以看出，这是由于这家公司大量对外贸易产生货币汇兑损失而造成的。

单位：亿元

总资产	总负债	净资产	总收入	总成本	净利润	总收现	总付现	净现金
317.04	126.99	190.05	187.16	152.12	31.48	324.12	325.85	-4.95

图 1-2　F 公司主要报表数据

（3）H 公司，传媒行业

如图 1-3 所示，传媒行业的 H 公司总资产 201.55 亿元，在传媒行业里的这个规模不算小了。总负债 96.02 亿元，占总资产的比例约为 48%。公司总收入 39.46 亿元，比总资产要少很多，总成本 40.27 亿元，超出了总收入的金额。不过净利润有 9.87 亿元，净利率达到 25% 左右，说明这家公司除了营业收入以外还有其他收入，如"营业外收入""投资收益"等，具体需要查看公司财务报表。公司总收现 97.50 亿元，总付现 110.59 亿元，也是总付现大于总收现的额度，全年减少 12.72 亿元现金。

单位：亿元

总资产	总负债	净资产	总收入	总成本	净利润	总收现	总付现	净现金
201.55	96.02	105.52	39.46	40.27	9.87	97.50	110.59	-12.72

图 1-3　H 公司主要报表数据

（4）C 公司，生物制品行业

如图 1-4 所示，生物制品行业的 C 公司总资产 45.10 亿元，看起来规模并不是特别大。总负债仅有 6.35 亿元，约占总资产的 14%，这个比例还是比较低的，说明公司的负债不高，也说明公司大部分的资金来源是股东的净资产。公司总收入 15.53 亿元，总成本 9.67 亿元，净利润 5.68 亿元，净利率约为 37%，也是相当不错的盈利表现。公司总收现和总付现全年几乎持平，看起来收支平衡。

单位：亿元

总资产	总负债	净资产	总收入	总成本	净利润	总收现	总付现	净现金
45.10	6.35	38.76	15.53	9.67	5.68	101.39	103.01	-1.64

图 1-4　C 公司主要报表数据

通过上面几张浓缩的报表，我们基本可以了解一个公司的体量多大，盈利能力怎么样，成本控制情况如何，现金流是否健康等情况，仅对比几列数字就可以让人大体建立起对这家公司的印象，如果我们持续往下做更多的数据分析，把同行业所有公司的这几列数字摆在一起对比，那么收获会更大，这就已经体现了财报数据对你认知的影响！

4　财报里隐藏着什么数据

财报里不仅能看到一系列的数字，而且能够体现出数字之间的逻辑关系。要知道，一家公司的日常经营无法脱离"销售""采购""生产经营""收支费用"等项目，如果公司情况稍微复杂一点，可能还会涉及"投融资"等，企业内部经营的所有过程和结果其实都可以用货币单位来计量和呈现，而这些的最终落脚点就在财务报表。

也就是说，财务报表可以体现一家公司销售循环和流程中执行效果如何，是否存在问题或弊端；采购情况是否健康，供应商供货是否存在问题，以及货款支付的即时状况等。公司日常经营的重点究竟是在生产经营、销售推广，还是在内部管理，只要稍加分析就可以判断出来。

不仅如此，如果针对某些数字间的逻辑关系进行对比，就很容易发现一家公司存在的最大问题在哪里。发现问题并不是目的，更重要的是如果懂得了财报逻辑，就可以很容易地对公司现有状况的改善提出可行性的解决方案，并能够随时监控其执行效果，直至达到整改目标。

 本章思维导图

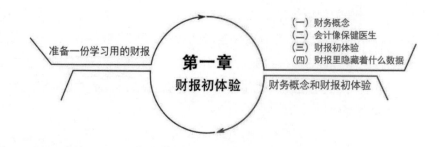

图 1-5　本章思维导图

 学习清单

（1）准备一份用来学习和分析的财务报表。

（2）想一下你为什么要学习财务报表，要非常具体，然后把它写下来。

（3）想想以前为什么没有学会财报，问题出在哪里，也把它写下来。

（4）如果你是管理者，想想你不理解财务人员的内容有哪些，写下来；如果你是财务人员，想想你的老板为什么不听你的建议，你建议的内容是什么，写下来。

（5）尝试解构一家公司的财务报表中数字之间的联系。

财报思维真正的价值

第二章

｜本章概括

我们评价一个人是否成功，通常是从这个人能力高低、有没有实现财务自由、身体是否健康等方面来综合判断。评价一家公司也是如此。一家成功的公司应当有才、有钱且运行健康。这个定义里的三个关键词"才""钱""健康"恰恰就是由企业三大报表的衡量体制所呈现出来的。

说到价值，人们很容易想到对自己有利的东西，那么财报思维如何产生价值呢？不妨先看一个案例。

一家以智能硬件研发和销售为主的公司，每年考核指标的确定都需要经过艰难的沟通甚至冲突，即便这样也很难形成一致意见，最终只能靠高管层协调之后强行拍板。关于绩效考核，可能在每个公司都有这样的情况：销售部门希望业绩不要提升太快，固定薪金更多一些，而跟业绩挂钩的绩效薪金能少一点，不过如果销售量大幅增加，又希望得到额外红利；售后部门希望不要出现产品质量问题，一旦接到客户的产品质量投诉，就应当马上转到采购和生产部门；客服部门希望区分顾客的理性投诉和非理性投诉，不能把所有投诉都与考核挂钩；采购部门希望不要把产品质量问题过多地向供应商采购环节倾斜，而是向生产环节倾斜；而生产部门希望产品质量设置高一点的容错比，毕竟工人也是人，是人就会犯错，一味处罚会打消工人的工作积极性。

不知道读者有没有发现，站在任何一个部门负责人的立场上，他们的想法都是对的，都是本着对自己部门负责任的态度。可是如果跳出部门，站在更高的高度，也就是从管理层的角度考虑，那么就要以更全面的视角来审视这个部门在整个公司乃至整个市场上所起的作用。不仅要看到销售，还要看到采购；不仅要看到市场部门的价值，也要了解其他部门的价值；不仅要照顾客户的情绪，也要照顾供应商的情绪；不仅要重视产品销售，也要重视产品全生产周期的细节管控……这是一个无止境的大综合式的全面经营关注。

那么，能不能把这些需要考虑的因素综合到一个思维框架体系下呢？

那就要用到财报思维了。

一 财报真正的价值—— 体检表、成绩单、钱袋子

财务的最终目标就是记录和反映企业的经营情况。想要了解财务，就要看财务的最终成果是什么。财务的最终成果之一就是"三大财务报表"，即资产负债表、利润表和现金流量表。对于没有财会基础知识的人来说，"三大财务报表"可能比较陌生，下面就进行细致的讲解，便于读者理解。

1 三张报表的表现

体检表——资产负债表：记录公司所有资产负债情况及归属于股东的权益的报表，体现公司的资金来源及用途，以此评判一家企业是否健康。

成绩单——利润表：记录企业产品经营能力的报表，企业从销售收入到产品成本，到各种费用支出等，全部按照既定路径完整记录，最终计算出公司的盈利，以此评判一家企业能不能赚钱。

钱袋子——现金流量表：记录企业所有的现金（所有在银行里可以自由支取及存放在公司保险箱里的钱）究竟是怎么花的，又是怎么赚的，以及最终剩下多少的现金，以此评判一家企业有没有资金实力。

2 参考"人"的成功指标

我们评价一个人是否成功，通常是从这个人能力高低、有没有实现财务自由、身体是否健康等方面来综合判断。

有能力但没有钱，有钱但身体不健康，身体健康但没有能力，都不是传统意义上成功人士的表现。如果要设定成功标准的话，对于短跑运动员而言，他的 100 米成绩能否进入 10 秒之内决定了他能不能成为顶尖高手；对于销售员而言，他每个月的销售业绩就是他的成绩单。这些是"定量"的指标，很容易衡量，这是用"定量"的指标来"定性"有能力的人。如果你刚刚认识一个人，得知他有令人惊叹的成绩单，那么你对他的第一印象一定不错。

接下来还要看经济能力。怎么衡量一个人有没有钱？如果能看他的银行存款就简单了。当然也不能只看存款的数字，最好能了解这些钱的来源，是家人给的，跟别人借的，还是自己通过能力赚的。如果是家人给的，那不一定什么时候就花完了；如果是跟别人借的，那是

要还的，根本不是自己的钱；如果是自己赚的，那至少可以证明这个人有能力养活自己，这样来说，第二印象也不错。

最后就要看这个人是否健康，最简单的方法是查看这个人的体检表。如果这个人很有能力，又很有钱，但是精力耗尽，患了重疾，那基本上也不能算成功人士。有没有能力、有没有钱，也正是这种显性的指标才使人们对于"成功人士"的认定有了不同的导向。

经济能力不差，而且成绩优秀，身体健康，才是一个综合能力不错的人。公司是否成功，也是同样的道理。

3 看公司健康不健康

评价一家公司是否成功，通常也是先看一些显性的指标，如市场占有率是否有绝对优势，或利润的高低等，但很难了解也缺乏渠道了解这家公司是否健康。当年美国安然公司就被华尔街誉为美国历史上最成功的企业，短短几年就创建了其他企业几十年甚至百年才能够建立起来的商业帝国。但恰恰是这种只关注显性指标如"企业规模、市场规模"而忽略企业健康度的导向，为这个"庞然大物"轰然崩塌埋下了隐患。

要评判一家企业是否成功，不仅要了解这家企业利润多少（成绩单＝利润表），而且要知道企业的资产负债情况（体检表＝资产负债表）、账上有没有充足的现金（钱袋子＝现金流量表），以及这些现金的来源及用途。三个维度综合起来评价才是相对全面和客观的，这也是财报思维的核心作用，即让你更加综合、立体、客观地对一家企业作出评价，进而对这家企业存在的问题进行深度剖析，找到解决方案并加以实施。

财报思维是什么思维

财务其实可以说是一个管理工具，一个经过多年进化打磨的超级管理工具，它的优势恰恰就在于可衡量、可验证、可追溯的定量到定性的过程，也就是我们说的"财报思维"。

1 可衡量

可衡量是指所有的资产、所有的成果都可以用货币的形式来呈现，绝大多数经营项目都能够用"钱"这个标尺来衡量。

有一位很厉害的券商经理人，他只要跟公司高管聊几句，基本上就能对这家公司了解个大概，而且他说的最多的一句话就是"别定性，定量！要明确定量的数字"。正是因为有了用数字建立逻辑的思维模式，这位券商经理人的业务做得非常好，风险也被控制得很低，这就是财报思维的运用。

很多人习惯说"这人真差劲""这产品真不错"等定性的话，当你让他总结一下"人差在哪""产品不错在哪"的时候，很多人给出的答案往往是自己的感受，难以反映被评价方的客观情况。用自己的感受来判断好坏，这是常人的思维，不能算错。但感受是可以被现象迷惑的，市场从懵懂到觉醒、从觉醒到狂热、从狂热到浮躁、从浮躁到冷静、从冷静到扎根，这个过程中的大部分阶段是不冷静和不理智的，人处在一个不太理智的市场中，想要得到相对客观的判断是很难的，表面上的辉煌往往很容易遮盖真相，财务数字就是从辉煌背后发现真相的好工具。

2　可验证

任何一笔业务发生，财务至少在两个或两个以上的科目上做记录，所以财务会建立起人的双轨思维和多向验证（正向、反向、侧向）的思维模式。

有一次我跟一位投资人去考察一家公司，这位投资人对这家公司相当看好，并且准备投资，但因为还没有看到公司报表，所以决定再去一次。当我们到了对方办公室后，公司负责人亲自接待并带我们参观了展厅和生产办公场所。公司是做智能硬件的，展厅很不错，据说产品销售得非常好，公司为了满足市场的需求，精心打造了很多市场反应强烈的爆款产品，并不断加大研发力度以促进销量，市场上一派生机盎然的景象。但从我们到达公司要求查看财务报表，一直到准备离开并计划安排财务尽职调查的具体入场时间都没有拿到该公司的财报，这很奇怪。等到我们离开公司的前一刻，该公司才给我们提供了一份财务报表，说是因为公司发展快，竞争对手都在通过各种渠道获得他们的资料信息，不得不防。这也合理，我们接受这个说法。

在回机场的路上，我把这些报表数字一个一个地敲入电脑的计算模板中，等到了机场后，我给了投资人三个问题式结论。

第一，公司的毛利率高。与同行业的上市公司比较，其他公司显得很逊色，这家公司的产品盈利能力非常强，收入规模也不逊色于同行业上市公司。并不是说上市公司一定比非上市公司强，而是考虑到上市公司被监管较严这个事实，所以大部分上市公司不敢肆意造假。

而如果一个经营时间不太长的公司在短时间内就能用高毛利抢占更大的市场，是不是要深思一下？

第二，公司的应收账款高。应收账款一方面代表公司给客户更多的欠款期限，其实就是给自己更多的资金压力，另一方面或许意味着这家公司可能有收入造假的嫌疑。

第三，公司其他应付款高。高额的其他应付款如果没有合理的解释，会有一种可能性，即借入了非正常渠道的资金。所有投资人都是把钱投给公司的未来，没有哪个投资人愿意把钱投给公司的历史包袱，除非它真的值得你为它解决历史包袱。

投资人听完恍然大悟，如果仅看他们的生产现场、办公场所和市场反馈，还有漂亮的展厅，就会被这些表面现象所迷惑。本来他在去之前已经决定投资了，只是在投资前再做一个例行公事式的走访而已，没想到会发现可能存在重大隐患的不确定因素。

恰恰就是利用财务的双轨思维在报表中进行数字关联穿插，才会发现明显不合理的数字，即数字相互验证后得到不同的结论——当在同一个公司的报表中得到不同的结论时，就是发现问题的时候。这些结论的逻辑，我们在后面的章节中会一一讲解，期待读者也能具备这样的数字判断能力。

3 可追溯

财务可以通过数字逻辑追溯到历史上某一个时点或某一个时期，并还原当时的经营状况。

数字的逻辑关系是有延续性的，如资产负债表是"时点数"，就像某一个时点的照片，过了那个瞬间情况就变化了，而那个瞬间记录下来的就是那个时点公司的资产情况、负债情况和净资产情况；利润表和现金流量表是"时期数"，就像一个时期的视频纪录片一样，是那个时期公司经营的过程重现。只要是真实客观的数据，就可以体现一个公司的历史发展沿革。

为什么 IPO 需要会计师事务所审计三年的财报，新三板挂牌需要审计两年的财报，这是政策规定，也是用财务数字还原公司历史的经营情况。有些历史痕迹是永远不可更改的，如银行交易记录、公司纳税情况、社保和公积金缴纳情况等，过了那个时点、那个时期，就永远保留了历史痕迹。财务就是要把那个不可修改的历史数据记录在财务报表中。不真实的数据，经过追溯都是可以发现的。即便当时做了数据造假，也能够通过数字追溯找到痕迹，就如不少被证监会处罚的上市公司一样，尽管在历史上做了手脚，但证监会还是能通过财务数据的追溯还原其真实的经营状况。

本章思维导图

本章思维导图

图 2-1　本章思维导图

 学习清单

（1）像了解一个人的健康、能力、财富一样去了解一家公司的资产负债表、利润表和现金流量表。

（2）资产负债表，就像一个人的体检表，能够了解一家公司的健康状况。

（3）利润表，就像一个人的成绩单，能够了解一家公司的市场竞争力、经营能力和盈利能力。

（4）现金流量表，就像一个人的钱袋子，能够了解一家公司的资金来源及用途。

（5）财报思维的可衡量、可验证、可追溯的特性。

3

第三章

四层五部分学财报——如何认识、读懂、看透、掌控

▍本章概括

我们从整体层、指标层、业务层和战略层四个层面来建立财报的知识架构，也就是通过整体层认识报表，通过指标层读懂财报，通过业务层看透公司，通过战略层掌控全局。每个层面分为五个部分来讲解本层面的知识。

管理者在学习财报的时候，经常以为一旦有了老师教，立刻就能看懂公司的经营和竞争对手的漏洞，但实际上老师教的各种"率""比"等还是让人挠头。大多数财务分析指标概括性都比较强，看起来与日常管理难以对接，所以很多人学了一段时间财报后会选择放弃。这些尴尬局面的出现，在于没有从解决学习者最直接的疑虑入手，而是希望跟在学校里一样，一步一步地先从基础概念学起，再通过计算总结出财报与经营的关系，就像日本寿司之神的徒弟要先学会拧抹布、用刀具、学徒10年才可以学习煎蛋一样。这种精品式学习当然会练就深厚功底，不过作为管理者，其主要任务在于日常管理而非学会财务，肯定不会花费那么多时间学这一项本领，所以就必须有重点地搞懂知识体系底层逻辑和实用架构。先从整体的框架入手，在思想上搭建起财报知识体系，有了框架后再深入了解数据之间的逻辑关系，学会分析也就开始读懂财报。脱离了业务，学习财报只是纸上谈兵，只有与业务紧密结合，才能搞懂企业真正的价值所在。而管理者最终能够利用财报的时候，就是可以从宏观上掌控全局的时候。

◯ 一 整体层认识财报

整体层认识财报，即针对总资产、总负债、总收入、净利润和净现金流五个部分展开学习，认识财报。

1 3 +1+ N 张表

财务主要有资产负债表、利润表和现金流量表，即通常说的三大财务报表，也就是"3 +1+ N"中的"3"。这三大报表所展示的是企业的财务状况、经营成果和现金流情况，体现的是企业的日常经营和业务发展。如果要分析企业经营指标，那么这三大报表通常是主要的分析数据源。

还有一张报表叫股东权益变动表，也就是"3 +1+ N"中的"1"。这在上市公司财报中是必须要有的，跟股东投资和股权变动有关，但与日常经营关联并不是很多，所以对于股权结构比较简单的公司或者非公众（非上市、非公开挂牌）公司，没有强制性要求编制此表，非上市公司的企业内部也较少编制此表。

"3 +1+ N"中的"N"，指的是管理报表，即根据企业的经营性质和市场情况编制的满足管理需要的众多分析报表和列示报表。"管理报表无定式"，任何一家企业内部都有一些为满足自己管理需要而编制的报表，尽管样式五花八门，但在企业内部一旦确定了某个模式，也应当相对固化地滚动呈现。管理报表是对日常管理作用最大的报表，因为管理报表是直接反应企业管理细节的，在三大报表中不可能有如此多的细节展现。本书会涉及一些管理报表的介绍，但重点还是在三大报表。

另外，在上市公司的年报里还有"报表附注"。其实，"报表附注"是所有公司都应当编制的，但是因为较为复杂，涉及的数字明细比较多，也就少有企业主动编制，这或许也是普通管理者难以理解财务报表的原因之一。"报表附注"是对企业财务报表数字的细化呈现，在三大报表中的重点数据（金额比较大的、变动比较大的、性质比较重要的）都会在附注中加以分解和说明。由于编制附注需要花费较多时间且难度略大，所以除了公众公司以外的其他公司日常基本不会主动编制，普通公司很多是在审计时由会计师事务所的审计人员代为编制的。

2　报表主要指标和框架

资产负债表、利润表和现金流量表体现的分别是公司的财务状况、经营成果和现金流情况。这三个名词希望读者能够重点关注和理解。

财务状况就是用资产负债表来体现公司的资产、负债和净资产等；经营成果就是用利润表来反映公司的市场状况和盈利情况；现金流情况就是用现金流量表来体现现金因何增加或减少，以及目前还有多少现金。

如果读者觉得这样讲比较晦涩，那么我们就用五列数字串起这三张表：总资产、总负债、总收入、净利润和净现金流。当你拿到一张财务报表的时候首先看这五点，就能对公司有一个初步的认识。

三大报表不是孤立的，大部分讲解报表的书籍是讲完一个报表再讲另一个报表，这样虽然符合报表的基本结构，但读者还是不容易理解为什么需要这三张表，所以我们还是回到业务和管理本身的逻辑来讲财务报表。本书比较创新的一点是将三张报表放在一张A4纸上呈现，叫做"三表同框"。当你能够很容易地看到你想看到的数字，一切的逻辑和分析就变得异常简单。反之，当你想要看的数字总是萦绕在脑子里却怎么也看不到，或者要翻阅好几张纸，反复切换，逻辑就会被打乱，学起来也比较难。

3　上市公司历史财务数据下载

中国A股市场上市公司财务数据可以通过许多渠道下载，其中"新浪财经"网站是可选之一。在页面搜索框录入上市公司编码，搜到这家公司的页面以后，页面向下滚动到左边显示"财务数据"，打开资产负债表，在表的下方有一个"下载全部历史数据到Excel中"，单击即可下载全部历史财务数据。下载利润表和现金流量表执行相同的操作即可。

新浪网也能下载上市公司的历年年报，另外也推荐"巨潮咨询"网站。在页面搜索框录入上市公司编码，搜到这家公司的页面以后，在公告全文的"选择公告类别"里选择"年度公告"，这家公司的历年财务年报就全部呈现出来，逐一打开并下载即可。

不过公共网站也会有改版更新的时候，这一点需要注意。

二 指标层深度应用

指标层深度应用，即学会以盈利指标、管理指标、风险指标、效率指标和现金指标五个代表指标为起点的深度应用。

当我们初步掌握了财务的主要指标和逻辑架构，通过财务初步认识了公司，接下来就应当深入了解公司了。分析财务报表的指标多达几十个，要想每个都掌握很难，单是记住这些指标的名字都不容易，所以本节从这些指标里挑选出五个最具有代表性的财务指标来详细讲解。记住五十个指标比较困难，记住五个指标还是比较容易的，深入地学习掌握之后，其他几十个指标也就慢慢变成这五个指标的变形，接下来的学习自然游刃有余了。

1 企业最关心盈利情况：股东权益报酬率

为什么不用净利润呢？它岂不是能最直接地看到盈利能力吗？股东权益报酬率是净利润的"增强版"，不仅站在企业角度，更站在股东、投资人的角度来综合分析企业盈利能力。另外还有一个重要因素是，财务分析中有一个重要的方法叫"杜邦分析法"（我们会在后面章节做重点的实战讲解），即将几个影响企业经营的分析指标贯穿起来，最终落脚点就是股东权益报酬率，所以用股东权益报酬率指标衡量企业盈利能力更综合、更深入、更具扩展性。

2 结构化呈现资金管理管控：流动比率

国内的资产负债表里的资产部分是按照"变现能力"从上往下排列的，资产表上面是流动资产，下面是非流动资产。流动资产就是比较容易变现的资产，如存货就比固定资产的变现能力强一些，应收账款就比长期股权投资的变现能力强一些。跟资产相对的是负债，同样也分为流动负债和非流动负债。流动负债就是短期内要支付现金的负债，如"应付职工薪酬"通常就是一个月内要支付的现金，"短期借款"就是一年内要归还的贷款。流动比率就是流动资产除以流动负债，看流动资产是否能够覆盖流动负债，体现的是公司短期经营是否存在风险，同时也体现出公司在经营管理上是否有足够的运筹能力和管控能力。

3 **整体风险也非常重要：资产负债率**

当投资人想要投资一家企业，或是银行想要给企业贷款时，首先要看的指标就是资产负债率。这个指标是五个指标中最容易获得的，计算也最简单。它呈现的是公司整体架构中负债占总资产的比例，过高的资产负债率一定会让投资人或银行认为风险比较高。

4 **看看企业的经营效率：总资产周转率**

企业经营效率是重要的考量指标，在财务指标分析中，总资产周转率是体现经营效率的重要指标。当然，这也跟企业的性质有关，重型机械制造行业的周转率通常比较低，因为固定资产的前期投入很多；而科技软件开发型企业通常周转率比较高，因为除了人工几乎没有重量级的投入，所以这个指标在同行内横向对比比较有效。同样，这个指标的扩展性也非常强，它可以扩展出存货周转率、应收账款周转率等更深入、更细致的指标。

5 **企业最关心有没有钱：净利润现金保证比率**

这个指标有点拗口，指的是在公司赚取的净利润中有多少是真正收回现金的，也就是说它可以反映公司净利润是真的"兑现"了，还是仅仅是停留在账面上的数字。所以用这个指标同样也可以贯穿几个指标内容，借以更综合、更深入地了解公司的资金结构是否合理。

由以上五个指标扩展延伸出来的指标会超过三十个，也就是说，重点掌握好这五个指标，就算真正进入了解财报，了解公司的运转过程了。

业务层看透公司

业务层看透公司，即学会对销售循环、采购循环、生产服务循环、费用薪酬循环及投融资循环五大业务循环的管理和资金流向管理。

财务报表向来都是为了记录业务而存在的，是为了让管理者从数字中得到经营成果的总结。财务报表是高度浓缩的业务逻辑，越是浓缩的精华也就越难一眼看透其中的业务逻辑，所以了解报表结构和数据分析都是一个将精华拆解的过程,拆解完一定要回归到业务层面才能真正掌握数字间的商业逻辑。一个企业需要做的事情,主要包括销售、采购、生产服务、费用薪酬和投融资循环五大方面,每一方面都是一个逻辑,是从现金到行为或物品,再从行为或物品回到现金的循环。

1 销售循环

通常的销售行为都是从市场需求开始,到挖掘需求、投标、促成签约、提供服务或供货、开发票、阶段收款、维护客户、完结收款的全过程,也就是一个从销售到回笼现金的循环。财务报表的功能之一就是记录销售循环的全过程,可惜这个逻辑跟其他逻辑都嵌套在高度浓缩的财务报表中,没有经过训练的人是很难看透的。

2 采购循环

通常的采购循环也是从市场需求开始,到库存分析、库存红线管理、采购需求分解、发出需求或招标、签约、发订单、验收、收票、阶段付款、质保、完结付款的全过程,是一个从采购到支付现金的循环,跟销售循环是相互嵌套的逻辑。夸张一点来说,假设公司不用生产也不用组织服务,不考虑工人薪酬和日常费用,不考虑公司投资、融资,那么仅用销售循环和采购循环就可以把公司全部业务说明白,几乎不会漏掉任何事项,这种情况下财务报表只是记录和说明这两个循环而已,弄懂了这两个循环也就基本弄懂了财报的全部逻辑。

3 生产服务循环

企业在大部分情况下都需要有生产制造业务,如制造型企业;或有组织服务能力,如咨询公司;或有组织货源的过程,如贸易公司。制造企业里有一个岗位叫"成本会计",是会计行业里所谓的"难度最大"的一个岗位,能胜任成本会计的人通常会计能力比较强,成本会计记录的就是生产循环的过程。生产循环同样也是从市场需求开始,考虑市场需求总量、BOM(Bill of Material,生产物料清单)拆解、BOM消耗总量计算、各物料发起采购需求、到货后领料投产、生产组装改变产品性质、半成品入库到出库、最终形成成品入库、成为等待销售状态的存货。这个过程比较复杂,涉及面比较广。不过只要逻辑弄懂了,一般企业的ERP(Enterprise Resource Planning,企业资源计划)系统都能够实现自动记录全过程。

4 费用薪酬循环

任何一家公司最常发生的就是日常费用，如交通费、餐费、员工工资等，这些是最基础、最简单的费用。规模稍大的公司费用会变得更复杂，会形成一个逻辑循环。例如，员工出差通常先从公司借款，然后购买机票、支付酒店住宿和交通等差旅费，最后回公司报销。有的公司会有差旅标准，按照标准额度实报实销，报销会首先冲掉借款，再将差额多退少补，这是一个正常的流程，如果这个流程中某一个环节执行出了问题就会留下问题痕迹。工资发放也是如此，从招聘入职开始计算工资、社保、公积金等，不同层级、不同岗位的薪酬标准不同，复杂一点的还会有"股权激励"设置，每个月月底会核算当月薪酬总额，然后在当月或下个月月初进行发放，也形成一个循环。

5 投融资循环

这里的投资和融资都是广义的，几乎任何一家企业都会涉及。先从融资开始说。创始人自己的原始资本投入公司其实就是一个融资的过程，在财务上的记录与其他投资人投入的记录大部分相同。融资无非有两个渠道：一个是投资人投入的，另一个是债权人借来的。投资人要的是股权份额，债权人要的是利息，所以两种融资渠道都是有代价的。这个代价的记录在财务报表中能够清楚地找到线索。而投资主要分为三个层次：股权投资、债权投资和长期资产投资。股权投资和债权投资对于很多小企业来说很少涉及，但购买固定资产是经常发生的事项，固定资产就是长期资产，这也是一种投资行为。记录包括对股权、债权和长期资产在内的投资过程也是财报的重要功能。

无论是什么循环，最终体现的都是公司资金流向管理是否有效，管理好这五个方面的循环，基本上就管理好了公司的全部。仅用三张报表就浓缩了公司的全部逻辑，不能不说财报是人类经济体制发展过程中最重大的发明之一。

 四 **战略层掌控全局**

战略层管控公司，即学会从战略制定与执行、预算编制与落地、项目管理与推进、内控执行与监管及税务筹划与管控五个方面来掌控全局。

通过对报表的学习，掌握了报表所承载的内容，也明白报表所呈现的业务逻辑以后，下一步就要付诸管理行动了！

财务报表是为了记录业务、展示业务而存在的，但绝对不是展示完就结束了，财报更应当为管理行动提供支持。尽管财报体现的是历史数据和当下数据，对企业未来的发展不会有"记录"，但企业发展是有规律可循的，其中有一定的趋势和惯性，通过对历史数据的分析，一方面可以对以前的管理行为和经营结果做出总结，另一方面也可以对未来的发展预期进行合理估计，更重要的是对当下执行管理行为所产生的经营成果进行及时的展示并对存在的问题进行及时的纠偏。

1 ▶ **战略制定与执行**

没有哪家公司敢说自己自始至终都不需要战略，只不过很多公司的战略没有真正落地，只存在于领导人的脑子里。战略一定要写下来，这个简单的动作很重要，甚至影响战略能否真的被执行。

而写下来也仅仅是一个开始，不能停留在把战略文字贴在墙上或放在公司官网上宣传这一步。大多数战略的执行最终的评价都会落到数字上，也只有落在数字上才能真正客观反映战略执行和落地的效果。很多领导人喜欢用大量"定性"的话来描述战略落地效果，"情况很好""很有效果""非常成功"等，这些词本身非常主观，甚至片面，用于鼓励员工没问题，但真正用于管理还是要用客观的数字来评价。

财报就是对过去的时间里战略执行最好的结果呈现，大部分情况下数字不会骗人，业绩提升还是下降，公司现金回收多了还是少了，利润增长了还是亏损了，一目了然。财报也是对未来预测的很好基点和趋势参考，掌握了公司的战略就掌握了公司的未来。

2 ▶ **预算编制与落地**

每个企业领导人都想把预算做好，并且希望比预期更好地执行出来，可惜大部分公司的预算在编制的过程中就已经偏离了实际，再加上落地过程中缺乏监管，导致绝大多数公司的预算只流于形式，并没有对管理起到真正的作用。

其实，预算是让战略落地的最好工具，是把报表数字运用到未来预测与指导执行及绩效考核中的依据和目标。预算不仅仅是资金计划，更是一个对未来用五个循环逻辑紧密贯穿的综合系统，是企业整体经营良好的路演工具和执行督导工具。

预算同时又能成为企业价值管理的重要依据，是对企业未来估值的合理化预判和有力依据。企业估值最常用的，同时相对最合理的方式就是"未来现金流量现值法"，它在很大程度上就是依靠预算来预测未来现金流量，从而在很强的相互制约、相互印证的逻辑下建立价值估算体系。

3 项目管理与推进

项目管理是进一步细化执行的工具，这部分在企业财报中难以看到，而是最终以执行结果的形式汇总体现在财报中。对于企业管理者来说，细化管理非常有效的手段之一就是项目管理模式，无论是单独有项目，还是只销售产品，或者仅有零售，都可以用项目管理模式来实现。

项目管理其实就是更加聚焦分类的管理，具体的项目执行收入和成本费用是最普通的项目管理，如销售产品可以按照市场划分，也可以按照区域划分，还可以按照客户群、内部管理分配来划分，划分以后再细化统计数据进行分析和管理。所有的项目管理汇总起来就是财报的核心数据，这样才能形成最好的管理依据。做到不容易，但做不到永远无法真正管好公司。

4 内控执行与监管

如果缺乏企业内控，很难让人相信财报数字的真实性。并不说企业故意造假，而是企业迅速扩张壮大时数据量突增，如果缺乏内控，难以真正掌控这些数字的有序变化。一家营业额达几亿元的企业，一年的数据量可能有数百万条，如此庞大的数据依靠事后监管和监察几乎是不可能的，必须要在业务发生时就确保一次性正确，否则就会出现失控状况。

内控如果到位，细化财务数字哪怕只有 1% 的变化，都有可能揭示管理影响和管理问题，只要持续跟进数字变化，就能基本掌握管理影响因素，从而有的放矢地调整管理方案、更新重点执行策略。

5 税务筹划与管控

所有企业、所有组织都会面临税务管理问题，即便是非营利机构也需要面对企业的免税备案问题及个人所得税方面的问题。不要等到所有事情做完了，发现有税负才考虑税务筹划，到那个时候基本上也就不存在税务筹划问题了，因为所有业务完成后的筹划大多都变成了偷税漏税的代名词。

从纳税对象的性质不难发现，流转额、所得额、财产、资源和特定行为五大类都跟企业的经营密切相关，税务筹划一定得在业务发生之前进行，在业务发生之中管控，在业务发生之后就只能是结果了。

当然税法的细微解释在各地税务部门的执行中略有不同，少数企业和咨询公司就利用这些执行差异做所谓的税务筹划，这是很危险的，因为税务的追诉期要比其他行政处罚案件的追诉期长得多，一旦被追查，所有的交易记录都存在，事实难以辩驳，轻则被处交滞纳金罚款，重则可能面临牢狱之灾。

五 循序渐进地四层五部分学财报

循序渐进地四层五部分学财报，一开始只需要我们从宏观上了解财报的大体结构，认识几列重要的标志性数字；随后学习分析财报里的数字，无论是占比、变比、滚动比，还是各种比率，都是读懂财报数字的工具；再后来把财报的数字与业务相关联，用业务的逻辑来验证财务数字的真实性，从而看透公司的真实经营状况；最后对每个数字逻辑有清晰的认识，并能够根据数字结果来调配和掌控企业经营。这就是认识报表、读懂财报、看透业务和掌控全局的过程。

从财报能力上讲，认识、读懂、看透和掌控像是学生的不同时期。

1 认识财报就像"高中毕业"

我们高中毕业时，已对基本的知识有了初步掌握，这个阶段是打基础的重要阶段，认识财报就是打基础的过程。很多人学财务，一上来就学"借""贷"记账，但大学四年毕业后还看不懂财报，除了书本上的例题以外，也不会用借贷记账法做真实的业务记录，学了那么多的理论知识，却没有将其建立在基础框架上，还是无法掌握本质，到最后还是要在工作中的很多"烂账"中煎熬磨炼，这的确是很多财务会计专业毕业生的悲哀。希望广大读者的学习还是要建立在知识体系的框架上，这样既能学得快，又能学得精。

2　读懂财报就像"大学毕业"

我们大学毕业时，基本上已经建立了比较完整的知识体系，初步具备了工作能力。读懂财报也是一个建立相对完善的财报知识体系的过程，是利用一系列的指标从数字中来，到数字中去的过程。读懂财报也就了解了财报本身，至少相关知识结构得到了初步建立，但很多学财会的人一生就停留在这个阶段，会计是学会了，账也会做了，报表也能编制，但如果把报表的数字分析与业务结合起来，就无从下手了，即便做分析，也只是停留在"用数字解释数字"的层面，对公司经营意义不大。

3　看透财报就像"硕士生毕业"

硕士生的学习不再固化在课本上，而是实践与理论的结合。看透财报就是将财务数字与业务深度结合，如果不了解业务，很难真正看透财报、看透业务。

经常有财会专业的人向我咨询如何真正掌握财务，我就会问他三个问题：你读准则吗？你读法条吗？你读合同吗？如果这三个问题的回答都是肯定的，那么掌握财务指日可待。

"读准则"就是要学习财务规则；"读法条"就是要学习各类"经济法"、各类"税法"等与经济活动相关的法律法规；"读合同"就是要了解业务实质。通常一个企业的主要业务逻辑会在合同中体现，不管是销售合同还是采购合同，也不管是收款合同还是付款合同。不看合同的财务人员，实践水平不可能高到哪去；不能将财务数据转化为业务实践的财务人员，不是出色的财务人员。而管理者也必须要看公司合同，了解公司业务流程和管理架构，同时也要了解跟工作相关的法律和规章制度，这样的管理者能力更加综合、更加有说服力。对于非财务专业人士来说，不建议直接读"会计准则"，一方面，非财务专业的人学起来会觉得比较枯燥；另一方面，因为内容太多、语言高度精练，理解起来难度大。

4　掌控财报就像"博士生毕业"

博士生主要研究某一领域的高精尖知识，趋向于成为某一领域的专家，如果学习期间项目做得好，也具备了相当丰富的实践经验，那就拥有了话语权和控场能力。学习财报也一样，如果看到数字就能立刻想到业务，就能对公司未来经营管理情况有充足的调配能力和掌控能力。这种能力是欧美跨国企业的管理层普遍拥有的，也是在日常工作中积累下来的宝贵经验。很多国外的跨国公司把"非财务管理人员的财务管理培训"作为升职的必要条件，日常工作中也大量使用报表数字作为汇报依据。平日的积累加上考核的要求，使这些管理者具备用数字管理企业的能力。

很多人学习财报想要找到"一针见血"的方法，就像学英语希望"三天能跟老外聊天"、学编程希望"三天学会开发"、学管理希望"三天管好团队"。这种三五天就能学会的知识只能是皮毛，因为没有积累很难快速掌握某一领域的本质，所以更难以将这些知识真正运用到管理中。

学习是一件苦差事，不付出持续的努力很难学成，但学习也有一定的方法可循，不是一个"死学"的过程。我们在每章最后都给读者留有"学习清单"，对照清单逐一将你的学习进行回忆，或者直接把你要分析和执行的内容填进去，可以在很大程度上保证学习不会偏离方向，也不会缺失内容。只要能坚持使用这个清单，很快就能把学到的内容真正融入自己的知识体系。

 本章思维导图

图 3-1　本章思维导图

📖 **学习清单**

（1）整体层中针对总资产、总负债、总收入、净利润和净现金流五个部分展开学习，认识报表。

（2）指标层中学会通过以盈利指标、管理指标、风险指标、效率指标和现金指标五个代表指标为起点的深度应用读懂财报。

（3）业务层中学会通过对销售循环、采购循环、生产服务循环、费用薪酬循环及投融资循环五大业务循环的管理和资金流向管理来看透业务。

（4）战略层中学会从战略制定与执行、预算编制与落地、项目管理与推进、内控执行与监管及税务筹划与管控五个方面来掌控全局。

第二部分

认识财报

学习财报首先要认识财报。任何一家上市公司都会公布财报，可如果直接去看，很容易被复杂的表格及繁杂的数据搞晕，因此换个角度，换一种方法，先从整体结构上看懂财报，才能真正掌握深入研究财报的技巧。

4

第四章

财报五角大楼

|本章概括

　　我们将财务报表中最为重要和最不会让人感到陌生的五个数据甄选出来，组成五个角度看公司的模型。别小瞧这五个数据，它能让你一眼就看懂公司的规模和能力，我们称之为"财报五角大楼"。

　　提到财务报表，第一个映入你脑海的画面是什么？包括财务专业人士在内的许多人告诉我，他们脑海中的第一个画面就是"一堆数"，第一反应就是"厌烦"，进而产生抵触心理。这原因也不难理解，当你对报表不熟悉的时候，任何人都不会对"一堆数字"产生敏感度。那么我们就暂且把报表的繁杂分类数据放在一边，只从中选取五个最有代表性，也容易找到的数字，作为学习财报的起点，这就是我们的"财报五角大楼"。

 # 一 先从认识财报信息开始

前面章节已经介绍了三大报表是跟经营管理有密切关系的，资产负债表是体检表，体现公司整体财务状况；利润表是成绩单，体现公司整体经营成果；现金流量表是钱袋子，体现公司整体现金流转。三大报表里的这几列数字是具有高度概括性的，看完后基本上就能在脑海里建立起一个轮廓。

我们先抛开财务报表，开始想象一下，当你面对一个陌生公司的时候，你最想了解的是什么？

这家公司是干嘛的？这家公司多大规模？这家公司的市场占有情况如何？这家公司的钱主要是哪来的？这家公司赚钱吗？这家公司有没有钱？如果了解了这几项，就基本上对一家公司有了初步的印象。

通过这些问题我们总结了三大报表中五个高度集中的数字，这五个数字好比支撑起整个公司管理的基石，为了加深读者印象，所以称之为"财报五角大楼"。暂且不管那些密密麻麻的表格数字，先从最概括、最简单的角度出发来看看公司的整体规模——总资产；公司的资金来源之一 ——总负债；公司的市场规模——总收入；公司的经营成果——净利润；公司的资金状况——净现金流。

总资产就是一家公司所有账面上的资产；总负债就是一家公司账面上对外的欠债。这里强调了"账面上"的记录，因为有些尽管是公司拥有的欠债，但不会在账面上体现，如公司的品牌价值；公司签了合同，对外承诺的付款可能会因为没到日期而没有记账，那么报表里也不会记录。总收入就是一家公司在一个阶段里所有的不含增值税的营业收入；净利润就是一家公司在一个阶段里收入减去所有当期成本费用和其他收支等赚到的利润；净现金流就是公司一段时间内现金净增加了多少或者净减少了多少。这里的净现金流指的是一个变化数字，而不是最终账面上的存在的金额。在财务里，"现金"的含义是统指公司放在银行里的钱和公司保险箱里的钱。当提到净现金的时候，通常是指"现金流"，就是一段时间的现金变化数。为了让"财报五角大楼"看起来规整一些，我们在图标中就用"净现金"来表示"净现金流"。

先以两家上市公司的"财报五角大楼"为例进行讲解。一家是通信服务行业"为梦想而生，为梦想而熵"的 L 公司，一家是生物制品行业"为疫苗而生，为疫苗而殇"的 C 公司。

1　通信服务行业"为梦想而生，为梦想而熵"的 L 公司

如图 4-1 所示，在 L 公司的"财报五角大楼"中，最下面两个数据是净现金和净利润。赚取利润和赢得现金是企业生存的重要基础，所以把这两个指标放在支柱位置来体现。最顶端是总收入，是体现企业存在价值的重要指标，也是市场规模的绝对值体现。一家公司如果收入过低，就说明公司的市场竞争力可能存在问题，特别是在与同行对比时如果没有优势，就缺乏长久生存的动力。中间左边的数据是总资产，代表公司的整体规模，也代表公司所有资金的占用额度。中间右边是总负债，代表公司的负债规模，也代表公司资金来源中负债来源的总金额，而公司所有的资金来源只有两项，一项来源于债权人、另一项来源于投资人，所以如果知道了所有的资金占用情况（总资产）和所有负债来源的总额（总负债），就能知道公司的净资产（资产减负债）。

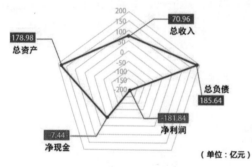

图 4-1　L 公司"财报五角大楼"

总资产	178.98
总负债	185.64
总收入	70.96
净利润	-181.84
净现金	-7.44

（单位：亿元）

图 4-2　L 公司财报五数据

如图 4-2 所示，L 公司总资产为 178.98 亿元，在上市公司中算规模比较大的；总负债高达 185.64 亿元，超出了总资产，这属于非常危险的状况。根据财务恒等式"资产 = 负债 + 所有者权益"，这里的所有者权益就是净资产。通过公式可以看到，L 公司的净资产已是负数，也就是说，很有可能是常年亏损造成了"资不抵债"。再看总收入，为 70.96 亿元，还不到总资产的一半。净利润绝对值竟然比总收入还大，这个数字有点恐怖。再看净现金流，也是负数，为 – 7.44 亿元，不过跟净利润相比还没那么恐怖。由此推测，L 公司高额亏损的原因很可能是成本费用远远高出公司收入，而这些成本费用大多需要支付现金，这说明要么公司非常有钱，早早地把全部成本费用提前支付完还有剩余；要么就是公司拖欠这些成本费用，不给钱才出现了更少的支付。

看到这里，你对财务是不是有了新的认识？这样单纯看财报比停留在那么多密密麻麻的报表数字上要清晰得多，判断起来也更容易。所以后面也从这样的模式由简到繁、由浅入深

地教大家学习财报。你不妨把自己的公司，或你感兴趣的公众公司找出来，把这五列数字放到"财报五角大楼"里，看看会有什么效果。

2 生物制品行业"为疫苗而生，为疫苗而殇"的 C 公司

如图 4-3 和 4-4 所示，数据已经呈现出来，我们就直接做一个简单的数据分析。先看总资产，为 45.10 亿元，比 L 公司少很多。再看总负债，只有 6.35 亿元，如果仅看到这里，那么 C 公司的财务风险是非常低的，因为欠债很少，且所有资金来源中自有资金占了绝大多数（45.10 − 6.35=38.75 亿元），负债占比仅为 14%，在上市公司的竞争环境中算不错的状况。接着再看总收入，为 15.53 亿元，看起来并不出彩。再看净利润，为 5.68 亿元，净利率高达 37%，这是交完企业所得税以后的净利率，是完全归属股东的，这个业绩比较突出。原来生物制品行业如此赚钱，或许是因为技术含量超高而成本很低？再看净现金流，为 − 1.64 亿元，这就要继续深入地看净现金流的组成了。仅从上述五个指标来看，C 公司盈利能力很强，负债率很低，一定是投资人喜欢的类型，前提是数据没有造假。可惜，这家公司因涉嫌产品造假已被政府采取了强制措施，后续应该也难以把看起来很优秀的业绩持续下去了。

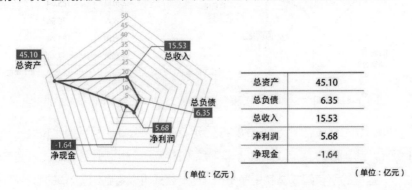

总资产	45.10
总负债	6.35
总收入	15.53
净利润	5.68
净现金	-1.64

（单位：亿元）

图 4-3　C 公司"财报五角大楼"　　图 4-4　C 公司财报五数据

你看，仅从这五列数据里就能看到很多状况，所以下面就从这五列数据的逻辑关系开始讲解。

"财报五角大楼"的数据源

1 **总资产——公司的整体规模**

如图 4-5 所示，资产负债表左侧最下面一行叫"资产总计"，即总资产，右侧最下面一行叫作"负债和所有者权益（或股东权益）总计"。这两个数字是完全一样的，由此引出财务最重要的一个逻辑关系：资产 = 负债 + 所有者权益。也就是通常理解的：资产 = 负债 + 净资产。（这里讲的资产都是指总资产或资产总额，负债都是总负债或负债总额，下同。）通过资产负债表最下面一行的这两个数字开始认识资产负债表的结构，即左边是资产，右边是负债和净资产。

图 4-5　总资产

总资产，顾名思义，是公司所有资产的合计总额，大到厂房、办公楼、机器设备，小到一台打印机、一张纸币，都是公司的资产，也是公司所有资金的使用情况。这个资产是指某一个时点的资产，如公司经常在年底或月底出具一份资产负债表，而下一个时点的总资产又会发生变化，基本上每个出具报表时点的总资产都不同，因为资产是在不停变动的，如现金有增加也有减少，存货有入库也有出库等。一家公司的所有资产，会在资产负债表的资产部分体现。所以，要了解公司的资产情况，就要看总资产的组成。

2 总负债——公司的资金来源之一

如图 4-6 所示，资产负债表中间有一行数字是"负债合计"，它代表的是公司所有资金来源中借来的或欠的钱有多少。而公司资金的另一个来源就是股东的自有资金，也就是资产负债表右侧下方的数字合计，"所有者权益"也称之为净资产。资产负债表右侧上半部分（负债合计栏以上）都是负债部分，资产负债表右侧的下半部分（负债合计栏以下，不含负债合计栏）都是所有者权益部分。

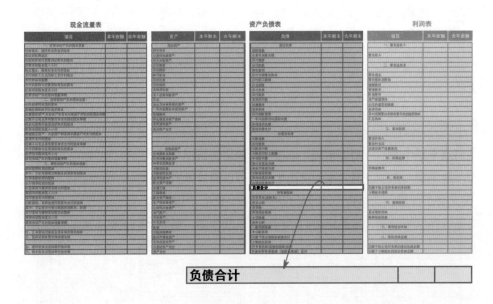

图 4-6　总负债

企业的资金来源只有两个，一个是借别人或欠别人的，即负债；另一个是股东自己的，即所有者权益（也称为净资产）。负债金额并不是越大越好，也不是越小越好，而要看资产负债率，即总负债除以总资产，它代表总负债占总资产的比重。前面讲过"资产＝负债＋净资产"，那么负债占资产比重越大，就代表自有资金投入越少；相反，负债占总资产的比重越小，就代表自有资金投入越大。每个行业的资产负债率都不同，通常认为，如果自有资金大过负债，风险就会相对低一点。巴菲特就比较青睐资产负债率不超过 45% 的公司。所以了解总负债之后，只要用公式简单一减就能够算出"净资产"，进而把握资产负债表中最重要的平衡结构。

如图 4-7 所示，一定要把资产负债表结构深深地印入自己的思维模式中，因为学习财报一定要了解财报结构，而了解财报结构的第一步就是了解资产负债表的结构。这是一个左右平衡的结构，也就是前文多次提到的"借贷记账法"最终呈现出来的报表结构。对于这个"复杂"的记账方法，后面会专门讲解，这里只要知道"左右平衡"即可。

图 4-7　资产负债表结构

3　总收入——公司的市场规模

如图 4-8 所示，利润表上面第一行数字是"营业总收入"，也就是总收入。总收入代表一家公司的整体市场规模，总收入的组成也是了解一家公司主营业务的重要数据。如果是上市公司的财报，通常在报表后面都会有"报表附注"，"报表附注"会体现收入的组成结构，借此可以了解这家公司的收入中各类销售项目的占比，进而了解这家公司的市场销售状况。

图 4-8　总收入

提到一家公司的经营能力，经常会听到一个词，叫作"开源节流"，开源就是扩大市场销售额，节流就是节约成本节约费用。开源通常会面临市场竞争，因为大家都想在市场上分得一杯羹，结果很可能是各方相互厮杀，通过打价格战来争夺市场份额。收入多少在一定程度上代表公司的市场竞争能力，也体现出市场占有情况。从另一个角度讲，收入是做比率分析中使用率非常高的数据，在利润表分析中几乎一半的比率分析指标的分母是收入，所以公司的各项花费在收入中的占比分析就尤为重要。任何一个环节都不是无端设置的，都是有真实价值的。如果想要了解每个经营环节的投入是否合理，就可以用这个环节在收入中的占比来与整个市场作对比，或与本公司的历史作对比，这样将会获得非常多有价值的信息。

4️⃣ 净利润——公司的经营成果

如图 4-9 所示，在大部分非上市公司的利润表最下面有一行数字是"净利润"，在上市公司的利润表里"净利润"则处于报表比较中间的位置。净利润几乎是所有经营者竞相追逐的数字，如果问一个经营管理者什么是总资产、总负债，或许还有人不清楚，但如果你问什么是净利润，几乎所有的管理者都会清楚告诉你，"收入减掉成本就是利润"。如果不考虑细节，这个大思路绝对没错。

图 4-9　净利润

净利润是体现一家公司盈利能力的重要指标，一家公司能够不依靠外力而长久生存下去的唯一理由就是公司有利润，利润使公司每年稳步发展。净利润也代表公司能赚钱，当公司负担了所有的成本如工资、房租、水电、差旅、招待、所有税负等，还能剩下资金，证明公司能够养活自己。只要净利润持续是正数，公司就有生存下去的能力。不过净利润也可能会出现负数，也就是亏损，当净利润为负数时，很多依靠净利润来计算的指标就有可能会失效。

净利润除以总收入等于净利率，这个公式几乎没有人不知道。净利率是衡量一家公司盈利能力很重要的相对值。因为是相对值，所以也可以将任何一家公司的净利率与行业整体平均值作对比，来衡量这家公司的盈利能力在全行业中是否有优势。例如，前面提到的制造疫苗的 C 公司总收入为 15.53 亿元，相对于中国 200 多亿元的疫苗市场来说，市场占有率并不高，但如果看到它的净利率高达 37%，很多人就会为这家公司的盈利能力感到震惊。因为在上市公司中，生物制品行业的平均净利率只有 20% 左右，这家公司超出同行业 17 个百分点，不得不说盈利能力很强。如果不是因为"造假门"事件被处罚，这家公司也许依然是投资者青睐的对象。

净利润也是财报分析中使用率极高的数字，很多数据分析会用到净利润或净利率，通过对净利润形成的过程和结构做深入分析，就能透彻地了解一家公司的经营脉络和管理能力，往往也能够了解这家公司在哪个环节出现了状况，进而有针对性地加强管理，实现"开源节流"，而创造更多的利润。

5　净现金流——公司的资金状况

如图 4-10 所示，现金流量表最下面有一行数字是"现金及现金等价物净增加额"，代表公司在一个周期内最终流入或流出公司的净现金是多少，如果是正数代表更多的钱流入了公司，如果是负数代表更多的钱流出了公司。现金流量表是一张比较"奇特"的报表，很多财会专业的初学者或是经验不多的会计是看不懂这张报表的，更加不懂得如何编制这类报表；而几乎所有的经营者，只要跟他讲一下这个报表的结构，他很快就能建立起现金流量表的架构，所以说这是跟经营者日常管理最贴近的一张报表。

这是为什么呢？因为绝大多数经营者最在意"现金"，这个现金不单指保险箱里的钞票，而是泛指在银行里的存款和保险箱里的现金，也就是财务概念中的现金。公司规模还不大的时候，现金流量值的增加或减少很容易看清，但等公司规模大到一定程度的时候，仅关心账面上有多少钱就无法真正掌控一家公司了。

五、现金及现金等价物净增加额

图 4-10　净现金流

2018 年，一家制造业公司的出纳挪用 1710 万元公款并挥霍一空，而挪用公款的手段极为低劣，就是把公司的钱直接转移到自己朋友的卡上，再从朋友的卡转到自己的卡上，其间竟然没有被发现。后来这家公司因为资金出现严重问题而几近无法经营。按理说一家集团企业管理和内控是非常严格的，结果一个出纳长达十年之久肆意挪用公款竟无人知晓。可见管理一家公司的现金绝对不能只看账面余额，而更要关心这些现金为什么流出企业，又为什么流入企业。

 仅用五个数据做出来的财报分析

了解"财报五角大楼"五个数据之后，就可以做一些简单的数据分析。利用这五个数据，就可以做很多的指标分析（在后面章节会专门讲财报的指标分析，所以这里先初步了解一下即可）。这五个数据是非常基础的，但扩展性却非常强，可以由这五个数据引申出更多更细致的指标。

1 **资产负债率 = 总负债 ÷ 总资产**

资产负债率是投资人最关注的指标之一，它代表公司整体的相对风险，是指在公司所有的资金来源中，借的或欠的资金占总资产的比重有多大。这个指标的数字越大，代表相对风险越高，数字越小代表相对风险越低。

以前文提到的 L 公司为例：L 公司的资产负债率高达 103.7%，也就是说公司已经没有资金属于股东了，全部都是欠的和借的钱，总负债甚至超过了总资产。这样的结构是比较可怕的，公司一旦清算，债权人将难以得到足额偿付。

再以前文提到的 C 公司为例：C 公司的资产负债率仅为 14.1%，从数字上看，公司的资金风险非常低，大部分资金是股东自己的钱，外部债务和欠款都非常少，仅从数字上看，公司的股东投入很多，或者公司非常赚钱。

2　净利率 = 净利润 ÷ 总收入

净利率就是公司一个时期内整体经营程度的表现，体现着公司的盈利能力。

以 L 公司为例：L 公司的净利率"高"达 –256.3%，表现为严重亏损，负的净利润的绝对值竟比收入数额还大，也就是说，公司疯狂地花钱，赚来的收入却抵不过亏的钱，换句话说，这样的公司存在的价值值得怀疑。正是由于高额的亏损，所以与净利润有关的所有分析基本上处于失效状态。

再以 C 公司为例：C 公司的净利率为 36.5%，在上市公司里算不错了，也就是说，公司最终净赚的钱超过收入的三分之一，仅从数字上看，这是相当不错的表现。

3　总资产收益率 = 净利润 ÷ 总资产

总资产收益率是以公司全部资产作为盈利考量基点，计算在全部资产下，公司一年能够盈利多少。

以 L 公司为例：L 公司的总资产收益率是 –101.6%，也就是说，这家公司一年的经营就把全部资产亏掉了。虽然这家公司的总资产值本身是比较大的，但亏损能力更"强劲"。

再以 C 公司为例：C 公司的总资产收益率是 12.6%，这个比率中规中矩，不算高也不算低，它代表公司占用这些总资产的同时创造了 12.6% 的利润。

4　股东权益报酬率 = 净利润 ÷（总资产–总负债）

股东权益报酬率是指创始人和投资人的资本在公司经营中所获得的利润率，它是所有报表分析比率中最为重要的一个。财务分析中有一个重要的分析方法叫作"杜邦分析法",就是把股东权益报酬率用各个相关的比率逐步分解后进行影响分析,揭示公司各个经营指标因素对经营成果产生的影响(在后面的章节会对"杜邦分析法"做重点讲解)。

这里需要关注一点,当利润表的某个数字与资产负债表里的某个数字在同一个公式里时,原则上需要将资产负债表的数字更改为"期末数加期初数之和的一半",目的是将资产负债表的"时点数"替换为"时期数",其实是为了尽可能与利润表"时期数"相匹配。不过如果资产负债表期末数与期初数变化不大,为了计算简便,也可以采取简单方法,就是直接用资产负债表的期末数来计算即可,这样就不会牵扯到对上一期的数字查找。

以 L 公司为例:L 公司的股东权益报酬率经过简单的计算得出是 2728.4%(本数字使用上市公司原始数据计算,而非图表中四舍五入到亿元的数字,故结果略有差异,下同),但我们前面讲过,当利润为负的时候,很多比例分析就变得无效了。这家"奇葩"的公司亏空了净资产,负的净利润资产跟负的净资产相除就计算出了看起来很"惊艳"的比例,实际上已经失去了分析的价值。

再以 C 公司为例:C 公司的股东权益报酬率是 14.6%,这个比例中规中矩,显示出相对健康的状况。试想,如果你的存款能让你每年获得 14.6% 的利息,是不是相当不错?要知道,银行五年定期存款的年利率也仅有 2.75% 左右。有 P2P(点对点网络借款)企业号称自己的年化收益率达 10%,就已经让很多人趋之若鹜,可见 14.6% 的年化收益率是多么惊艳。

5 ▶ **总资产周转率 = 总收入 ÷ 总资产**

总资产周转率是指公司总资产在一个时间段内(下述案例为一年)总资产的周转次数。它代表公司资产的运营效率,周转次数越大代表公司资产运营效率越高,周转次数越小则代表公司的资产运营效率越低。这个指标反推过来,也能计算出一家公司总资产多长时间能够周转一次。

以 L 公司为例:L 公司的总资产周转率是 0.40 次 / 年,代表公司一年中总资产周转了 0.4 次,也就是说,如果想让总资产周转一次,那么需要 2.5 年。这个指标需要辩证地看,公司资产周转率低,反映了公司资产运行效率不高,但也应将公司的经营状况综合起来分析。

再以 C 公司为例:C 公司的总资产周转率是 0.34 次 / 年,代表公司一年中总资产周转了 0.34 次,也是一年不到一次,如果让总资产周转一次,约需要 2.9 年。

四　几家公众公司的"财报五角大楼"

1　H 公司——因明星"阴阳合同"而"一举成名"的上市公司

这家上市公司经营情况和盈利情况一直还不错，直到 2018 年某明星网曝"阴阳合同"被处以巨额罚款，这家公司也因舆论等原因导致收入与利润均受到较大影响。我们暂且不评论新闻事件中孰是孰非，因为公司很有名气，我们就用公开数据作为学习财报的素材，帮助读者在看数据的时候大体知道是哪个行业、做什么业务的公司，增加一些带入感，更有利于对数据的理解。

如图 4-11 和图 4-12 所示，H 公司当年的总资产为 201.55 亿元，在传媒行业算是规模不小的公司。再看总收入，为 39.46 亿元，虽然在传媒行业进不了第一梯队，但也算业绩较高的公司。不过由于资产较重，所以总资产周转率仅为 0.2 次 / 年。再看总负债，为 96.02 亿元，资产负债率为 47.6%，看起来资金来源比较均衡。净利润为 9.87 亿元，净利率达 25%，还算不错。总资产收益率仅为 4.9%，因为总资产过重使总资产收益率不高。股东权益报酬率为 9.4%，也算中规中矩。净现金流是－12.72 亿元，这表示经过一年的经营，公司的现金减少了 12 亿元。

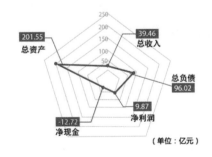

总资产	201.55
总负债	96.02
总收入	39.46
净利润	9.87
净现金	-12.72

（单位：亿元）

图 4-11　H公司"财报五角大楼"　　图 4-12　H公司财报五数据

2　Z 公司——据说是中国最穷的上市公司

在这家上市公司当年的财报中，母公司资产负债表中的"货币资金"仅有 178 元，没错，

41

单位不是万元，不是亿元，是元。据媒体报道，Z 公司不仅发工资困难，连官网都因没钱续费而导致无法登录，甚至域名都被人抢注后标价售卖。这家公司经营状况到底如何呢？我们从财报方面来了解和认识一下。

如图 4-13 和图 4-14 所示，Z 公司总资产为 17.07 亿元，在上市公司里算规模不大的公司。总负债竟然高达 31.52 亿元，远远超出了总资产，负债率高达 184.6%，由此算出公司的净资产是－14.45 亿元，意味着经营者不仅没有赚到钱，反而把公司投资人的净资产全部亏空，还继续亏掉债权人的钱。再看收入规模，总收入仅 3.91 亿元，总资产周转率仅为 0.23 次 / 年，收入规模比较小。净利润就更恐怖了，一家总收入不到 4 亿元的公司净利润竟然亏损了 22.88 亿元，净利率为－585.3%，也就是说公司的日常经营就需要花掉 20 多亿元，而赚到的销售收入还不到 4 亿元，难怪亏空了投资人的钱。这家公司净现金流只有－0.01 亿元，说明几乎没有流入也没有流出，全年现金总量几乎没有变化。

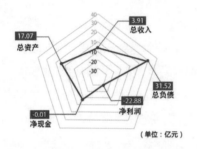

总资产	17.07
总负债	31.52
总收入	3.91
净利润	-22.88
净现金	-0.01

（单位：亿元）

图 4-13　Z 公司"财报五角大楼"　　　图 4-14　Z 公司财报五数据

3　J 公司——敢按领导意图"创造"利润的上市公司

有些公司努力经营赚慢钱，有些公司敢于冒险赚快钱，而有些公司既不赚快钱也不赚慢钱，而是编撰财报数字。J 公司就是这样一家上市公司，我们就借用这家公司的公开数据，用"财报五角大楼"来分析一下。

这家上市公司因为涉嫌财务造假，已被证监会进行了行政处罚，所以 J 公司的财报数字我们仅用来学习。如图 4-15 和图 4-16 所示，J 公司当年总资产为 3.11 亿元，在上市公司中资产规模并不算大，总负债为 1.37 亿元，资产负债率达 44.2%，属于比较正常的比例。总收入仅为 0.23 亿元，这对于上市公司来说实在是太少了。总资产周转率仅为 0.07 次 / 年，换句话说，总资产 3.11 亿元的公司要把总资产周转一遍，需要 13 年，这个效率实在太低。再看净利润，为－1.87 亿元，又是一个把收入亏光的公司，净利率"高"达－815.6%。但净现金流一年下来竟然还多了 0.16 亿元，这到底是经营而赚的钱，还是投资人投入的钱，或是其他什么原因，就可以当做线索通过财务报表的细节来一探究竟。

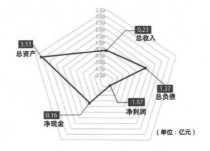

总资产	3.11
总负债	1.37
总收入	0.23
净利润	-1.87
净现金	0.16

（单位：亿元）

图 4-15　J 公司"财报五角大楼"　　　图 4-16　J 公司财报五数据

4　D 公司——因无创 DNA 而受到重创的上市公司

这家上市公司因为有无创 DNA 检查服务而被很多投资人青睐，没想到却出现了无创 DNA 未检查出来的生育风险而被媒体爆料，公司不得不发布公告澄清。那我们就借用这家公司的公开财务数据复习一下"财报五角大楼"。

D 公司如果不是因为出现产品质量问题而成为新闻热点，肯定能成为业绩不错的公司，加上当年有地产大佬相助，应当能成为业绩和概念都很好的公司。如图 4-17 和图 4-18 所示，D 公司总资产达 51.12 亿元，总负债仅为 8.54 亿元，资产负债率仅为 16.7%，这个比例是非常低的，代表公司大部分的资金来源是股东的投入和经营赚取的。公司总收入为 20.96 亿元，收入规模还算不错，净利润为 4.24 亿元，净利率 20.2%，也是不错的业绩。仅从上述数字来看，公司的经营状况很不错，公司和市场都建立了很不错的规模。在净资产比例非常高的状况下，依然可以获得 10% 的股东权益报酬率，经营成果是显著的。

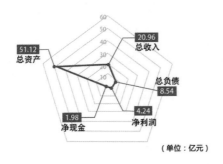

总资产	51.12
总负债	8.54
总收入	20.96
净利润	4.24
净现金	1.98

（单位：亿元）

图 4-17　D 公司"财报五角大楼"　　　图 4-18　D 公司财报五数据

5　M 公司——常年保持中国最贵股票的上市公司

前面展示的公司数据都是看起来有些问题的，那就换一个角度，找一家看起来没有什么问题的公司。M 公司无论是收入还是利润在中国股市上都持续表现良好，堪称"中国第一股"，不仅股价最高，公司的盈利也相当出众，在饮料行业独领风骚。

如图 4-19 和图 4-20 所示，公司总资产达 1346.10 亿元，总负债达 385.90 亿元，总负债绝对值不小，但相对值却不高，资产负债率仅为 28.7%，也就是说大部分资金不需要贷款，也不太需要借供应商的资金来周转。公司销售收入为 610.63 亿元，净利润为 290.06 亿元，净利率高达 47.5%。要知道，净利润是交完所得税以后完全属于投资人的盈利（中国的所得税率是应纳税所得额的 25%，应纳税所得额是按税法口径计算的，从财务角度上与利润总额非常吻合，所以可以用利润总额的 25% 来匡算其合理性），这个业绩相当优秀；再看股东权益报酬率，为 30.2%，净资产如此之高的公司还能够获得超过 30% 的报酬率，这在上市公司中也是非常少见的。仅从这五个指标就可以初步判断这家公司的市场需求非常好，盈利非常高，客户很愿意花更多的钱去购买这家公司的产品。

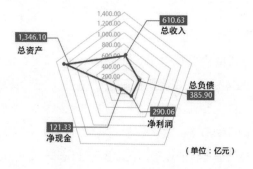

图 4-19　M 公司"财报五角大楼"

总资产	1,346.10
总负债	385.90
总收入	610.63
净利润	290.06
净现金	121.33

（单位：亿元）

图 4-20　M 公司财报五数据

 五　总结"财报五角大楼"学到的五个指标

总资产体现一家公司的整体规模，也是公司资金占用规模的体现。总负债是一家公司资金来源中借的和欠的资金总额，总资产减去总负债就是公司的净资产，也就是公司资金来源中投资人投入的和公司自己赚取的资金。总收入体现公司的市场规模，这个金额越大，代表公司的市场占有率越高，竞争优势越明显。净利润是公司扣除成本、费用、税金等剩下的公司经营成果，是完全归属于股东的净收益。净现金流是公司在一段时期经营中现金净增加或净减少的金额，代表公司货币资金的净变动金额。

根据这五个数字可以引出五个经营指标分析。

（一）资产负债率是所有投资人和银行了解企业最为关注的比率之一，分析之前需要考虑到行业特性，有些行业如房地产开发、金融银行等，资产负债率非常高，但不能说这个行业的每个公司都风险巨大；相反，有些行业诸如软件开发、新技术企业等，资产负债率很低，也不能武断地说这些公司风险低，要看这个行业的整体运作模式。

（二）净利率当然是越高越好，无论是经营者还是投资人都喜欢看到自己公司有更多的盈利。不过对于上市公司来说这也是把双刃剑，盈利高也代表客户要花更高的价钱获得产品或服务。对于销售需要投标的上市公司，特别是对于销售给企业端的设备厂家而言，公布的高额利润很有可能成为竞争对手攻击自己的武器。曾经有一家做设备供应的上市公司，此类产品公告的毛利高达 55%，在投标现场就被竞争对手攻击指出，这么高的毛利是对业主方利益的损害（业主要求投标毛利不得高于 30%），最终在投标中败下阵来。后来这家公司的公告就策略性地隐去了具体产品类别的毛利数据。

（三）大多数经营者对净利率很了解，但对于总资产收益率没有概念，下面就举一个例子加深读者的理解。2016 年网红大佬的"小目标"——"先挣它一个亿"在网上爆红，网友惊呼"有钱人的世界我不懂"。但如果你了解了那家集团当年的总资产超过 2000 亿元，赚 1 亿元你还会觉得震撼吗？就像今天有人说给你 2000 元让你建立一个目标赚 1 元钱一样，这相当于建立一个总资产收益率为 0.05% 的目标，你还会觉得很难实现吗？这样一比较，就不难理解总资产收益率的价值了。资产都是为了让公司赚钱，具体赚了多少，运营这些资产的能力有多强，就得看总资产收益率。

（四）股东权益报酬率是非常重要的分析指标，它代表公司股东所拥有的净资产的盈利能力。总资产收益率是公司整体资产的收益状况，细化到股东所拥有的净资产收益情况，更加能够代表公司整体运营管理对股东的贡献。股东权益报酬率更大的贡献是利用"杜邦分析法"逐步拆解指标，从而揭示究竟哪个环节在影响公司收益的提高或降低。

（五）总资产周转率是体现公司资产运营管理效率的指标，它代表一个周期（通常是一年）总资产周转的次数。了解了一年周转几次，反推过来就能计算出公司总资产多少时间周转一次。

建议读者找出感兴趣的上市公司或你自己公司的财务报表，将这五个指标按照"财报五角大楼"的模式写在纸上，不要仅写一年的，最好写三年的，看看这三年公司发生了什么变化，对比你的竞争对手跟你的公司哪个变化更好，哪个问题更多一些。

这五个指标是所有财务报表学习和分析的开始，以后凡是了解一家公司，先看这五个指标，再用这五个指标做出五个比率分析，相信你可以很快建立对一家公司的初步认识。本书只能教你如何看这些数字，而你可能是最了解公司和所在行业的人，当你懂得看这些数字的时候，一定更能明白这些数字究竟代表了什么含义。后续章节还会深入对公司报表进行分析，你会更加清楚地通过学习报表来认识财报、读懂公司、看透业务、掌控全局。

 本章思维导图

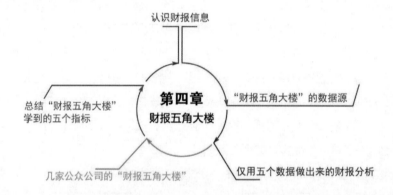

图 4-21　本章思维导图

 学习清单

（1）了解任何一家公司先看五个指标：总资产、总负债、总收入、净利润、净现金流。

（2）找到一家公司的历史数据，滚动对比三年来这五个数字的变化。

（3）找到一家公司同行业公司的相关数据进行对比，寻找差异。

（4）按照"财报五角大楼"的五个数据分析指标重复上述动作。

5

第五章

财报"九宫格"

本章概括

通过认识财报"九宫格",可以初步掌握三大财务报表的整体结构,而从"九宫格"过渡到"十六宫格"可以更加精准地理解和掌握财报结构。后续的讲解中将把财报"九宫格"扩展到"十六宫格",每个宫格都代表财报中的一项重要数据,这是一种聚焦抓重点的学习方法,掌握了这些数据,基本上就可以分析财报了。

上一章讲解了认识财报的五个重要数据,并由这五个数据引发出五个分析比率。本章开始,我们不仅要把这五个重要数据深入展开,更要把数据放入财报的结构中进行分析。很多管理者正是因为对财报的结构不了解,所以无法看懂财报,其实掌握财报的结构是学习财报非常重要的环节。

本章先把上一章的五个数据增加到九个数据,并且嵌入简单的结构中,我们称之为财报"九宫格"。接着,从财报"九宫格"过渡到财报"十六宫格",结构不变,只是再增加几个重要指标,这样由浅至深、由易到难地学习财报,才是看懂财报的真正捷径!财报"十六宫格"是一种教你随时随地利用一张纸就能加深记忆的"财报折纸记忆法",可以很方便地复习财报结构。

不要以为这样学习进度太慢,所有打基础的学习看上去都是乏味而缓慢的,但实际上只有把基础的内容学扎实,以后再看到财报才不会感到恐惧和抗拒。

财报"九宫格"：资负权、收成利、经投筹

1 以案例开启财报"九宫格"

（1）通信服务行业"为梦想而生，为梦想而熵"的 L 公司

如图 5-1 所示，在 L 公司的财报"九宫格"中既包括前面学过的"财报五角大楼"，就是总资产、总负债、总收入、净利润、净现金，又增加了四个数据，就是总成本、经营流、投筹流、净资产。最重要的是，竖向三列恰好代表了三大财务报表的结构！

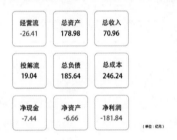

经营流 -26.41	总资产 178.98	总收入 70.96
投筹流 19.04	总负债 185.64	总成本 246.24
净现金 -7.44	净资产 -6.66	净利润 -181.84

（单位：亿元）

图 5-1　L 公司财报"九宫格"

先从最右边的三个宫格看，这三个宫格代表了利润表的结构，三个数字都是从利润表中直接读取的。最上面是总收入 70.96 亿元，最下面是净利润 –181.84 亿元，这两个数字在"财报五角大楼"部分已经讲过，中间增加了一个总成本 246.24 亿元，这个数字在利润表中能够直接找到，就在"营业总收入"的下面，叫作"营业总成本"。不过这个"总成本"并不是"全部的成本"，是列示在报表中的主要成本费用，所以这三个宫格之间并不是严谨的加减关系，不过金额通常相差不会很大，差额通常体现在"营业外收入""营业外支出"等方面。

还记得收入利润的公式吗？收入－成本＝利润。公式里的成本是指非常广义的成本，它包括各种生产成本、管理费用、销售费用、财务费用、附加税金、投资收益或损失、资产减值损失、营业外收入和支出，以及所得税等，内容庞杂、种类繁多。"成本"很容易让人看蒙，那么到底什么才是所谓的成本呢？

我们这里展示的总成本，是构成营业利润的，也就是说：营业总收入－营业总成本＝营业利润。从营业利润到净利润，还需要计算"营业外收入""营业外支出"和"所得税费用"。所以在利润表中，收入减成本并不能得到净利润。不过如果一开始学习报表就死抠数字本身的话，很难真正从上往下看到整体，所以这里我们把利润表里最重要的三个指标列示出来，以便对利润表整体结构进行理解。因为企业的营业外收入、营业外支出和所得税费用通常并不是特别巨大的数字，一般不会超过营业总成本，所以看"九宫格"利润表结构的时候，只需要知道总成本下面还有三个通常不太大的收支值就可以，理解了这一点，再往下学习就简单了。

　　再看"九宫格"最左边的三个宫格，这三个宫格代表现金流量表的结构。最下面的净现金在"财报五角大楼"部分已经讲解过，－7.44 亿元代表全年现金总量减少了 7.44 亿元，形成这个结果的结构是什么呢？我们往上看。第一个宫格是经营性现金流，简称为"经营流"，－26.41 亿元，即这家公司日常经营让自己的现金净减少了 26.41 亿元，这个数字可以在现金流量表中直接找到。第二个宫格是投资和融资两个现金流的汇总，净增加 19.04 亿元，看来这家公司能持续赚钱并不是靠它自身的生存能力，而是靠投资和外部融资能力。

　　中间的三个宫格应该就不陌生了，代表资产负债表的结构，上面两个宫格在上一章中讲解过，增加的第三个宫格正好是上面两个宫格的差额：总资产－总负债＝净资产。净资产为负数，代表这家公司已经亏空了所有投资人的钱，现在全部在用债权人的资金在经营，甚至总资产都无法覆盖所有欠的钱（总负债＞总资产），难怪这家公司经常被曝有债主堵门要债。

（2）生物制品行业"为疫苗而生，为疫苗而殇"的 C 公司

　　如图 5-2 所示，还是按照"右、左、中"的顺序对三列数字进行分析。

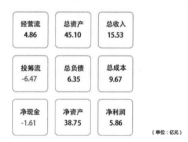

图 5-2　C 公司财报"九宫格"

　　先看最右边，三个数字代表利润表的结构，数字均是从利润表中直接摘抄的，总成本包含的是公司所有的成本和费用，以及投资收益等，总成本 9.67 亿元表示公司成本费用合计的规模。收入 15.53 亿元－总成本 9.67 亿元 =5.86 亿元，这个结果前面讲过，跟净利润之间差了"营业外收入""营业外支出"和"所得税"，通常金额不是很大。如果一家公司营业外收入和支出的金额过大，那就真的是"不务正业"了。这家公司的总成本费用占收入的62%，是看起来还不错的比例状况。

左边三个宫格代表现金流量表，第一宫格是公司的日常经营性现金流为 4.86 亿元，也就是说，公司从年初到年末，仅因日常经营的活动，就多进账了近 5 亿元现金。要知道，经营性现金流代表公司自身的造血功能，只要这个数字是正数，就代表公司能够依靠自己活下去。投筹流就是投资性现金流和筹资性现金流的合计金额，这两个现金流都与日常经营没有直接关系，是由于企业投融资活动所产生的，这家公司的投筹流是 - 6.47 亿元，代表公司投融资活动使公司净减少了 6.47 亿元现金。通过这两个宫格，我们就能更进一步了解这 - 1.61 亿元的形成。

中间三个宫格代表资产负债表的结构，总资产－总负债＝净资产 38.75 亿元，上一章已讲解过这些数字，这里用"九宫格"的方式呈现，就是为了让读者不用计算就能一眼看懂这些重要数字，并在相应结构中加深对数字的理解。

2 新增加的四个指标描述

（1）净资产：净资产 = 总资产－总负债

如图 5-3 所示，净资产就是"所有者权益"，也叫"股东权益"，这个数字是在资产负债表右侧下方区域块的合计数，代表公司股东实际上占有一家公司的额度，也就是从这家公司总资产中扣除负债所剩下的净资产。净资产在上一章已经讲过，在后面的章节也会反复出现，净资产的公式后面也会被反复提及，读者如果暂时记不住也没关系，后面学习的时候会逐渐加深你的印象。

图 5-3　净资产

（2）总成本：营业利润 = 总收入 − 总成本

如图 5-4 所示，营业总成本是利润表中的数字，位置就在营业收入的下方。我们展示利润表的结构和位置用的是上市公司"会计准则"的参考格式，有些准则的利润表没有总成本这项，但其实总成本也是由报表中几个数字组成，包括营业成本、营业税金及附加、销售费用、管理费用、财务费用、资产减值损失、公允价值变动收益和投资收益等。当你看其他格式的财报时，需要知道这些内容合计起来就是"总成本"。从这些组成里不难发现，前五项都是跟日常经营有密切关系的内容，后三项也是日常经营连带产生的收支，所以总成本可以理解为"营业总成本"，与经营息息相关。营业总收入减去营业总成本就可以计算出营业利润。

图 5-4 营业总成本

利润表里有三大利润：营业利润、利润总额和净利润。营业利润是与经营密切相关的内容；利润总额等于营业利润加上营业外收入，再减去营业外支出；净利润就是利润总额减去所得税。这三个利润在后面的章节会反复出现，也会更加细致地进行讲解。

（3）经营流：经营性现金流入 − 经营性现金流出 = 经营性净现金流，简称经营流

如图 5-5 所示，经营活动产生的现金流量净额在这里简称为经营流，它的位置就在现金流量表三大块区域中的第一块最后一行，它代表一家公司经过一段时间的经营而产生的现金流的净流入或净流出。在做财务报表分析的时候，经营性净现金流比全部净现金流的使用频

率更高，因为这个现金流是与日常经营有关的，要看一家公司的经营是否有条不紊、是否具有成长性，最基础的就是要看其现金管理是否妥当，是否总能正向积累。

图 5-5　经营流

（4）投筹流：投资性净现金流 + 筹资性净现金流 = 投资性和筹资性净现金流之和，简称投筹流

如图 5-6 所示，投资活动产生的现金流量净额和筹资活动产生的现金流量净额在这里简称为"投筹流"，它的位置就在现金流量表三大块区域的中间块最末行和第三块最末行。投资性净现金流和筹资性净现金流分别代表企业由于投资行为而导致的现金净增加或净减少，以及由于筹资行为而导致的现金净增加或净减少。一家企业所有的现金流包括三大块：经营性、投资性和筹资性。只要有现金的流入和流出，就按这三个类别归类，一定不会错。换句话说，所有现金流都是有自己的固有性质的。管理高手查看自己的存款从来都不只看一个金额，而是看每一元钱存在的性质及未来现金将要以什么性质进出。

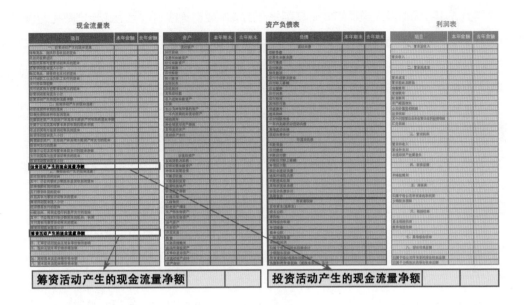

图 5-6　投筹流

在这里补充两个概念，现金和现金流。现金就是通常意义上说的存在银行账户上的钱及放在出纳保险箱里的钱，这些钱是一个"时点"数，只代表这个时点有多少存款。现金流代表公司在银行账户和出纳保险箱里的钱的流入和流出，财务里一说到"流"就代表某一个期间的"发生额"，是一个"时期"数，指这段时间总共流入多少、流出多少。那么，期初的"时点"数加减"时期"的流入和流出数，得出的就是期末的"时点"数，这正体现出财务能够滚动记录数据而不乱的最基本逻辑。

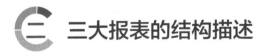

三大报表的结构描述

"九宫格"最重要的三列数字分别代表三张报表，从左到右分别是现金流量表、资产负债表、利润表。而且每列都抽出三大报表中最重要的结构性指标来展示讲解。

首先从右列所有经营者最熟悉的利润表结构开始。利润表整体结构就是"收入－成本＝利润"，这里面的成本是公司所有的经营成本、费用、营业外收支和税等的统称，是财务概念中的广义成本。而很多人理解的成本其实是产品成本或销售成本，是组成一个商品的真实成本，并不包括公司的销售费用、管理费用、财务费用、营业外支出、税等。最右列的上格是收入，是公司市场规模的体现，也体现公司存在的价值；下格是净利润，是公司的盈利能力体现，也是公司能否持续存活下去的重要表现。

"九宫格"的最左列代表现金流量表的重要指标和结构，公司所有的现金流量都可以分为三大类：经营性、投资性和筹资性。其中经营性现金流体现公司经营收支现金的管理能力，这个数字常常与利润表匹配对比，衡量公司收入利润中有多少真正实现现金回笼，最好的状况是收到的经营性净现金高于净利润。中间一个宫格由两个数字组成，这两个数字都不是日常经营产生的，一个是因投资行为产生的，另一个是因筹资行为产生的，跟公司投融资能力相关。投融资合计数如果是正数，代表公司有充足的后盾现金作为支撑。就如当年滴滴打车抢占市场的时候，一直在疯狂补贴现金，代表公司无论是利润表还是经营性现金流都是一个大大的负数，但因为公司有超强的融资能力，融资性现金流几乎源源不断地给公司提供现金支撑以抢占市场。一旦抢占了市场，滴滴就不再补贴了，反而对每单成交额都收取一定比例的抽成，这个抽成就转化为利润组成来源及经营性现金流的来源。近乎垄断的市场必然带来高额的现金流和利润，这也是当年投资人给滴滴打车投入充足资金的商业逻辑。

回到"九宫格"的中间列，它代表资产负债表的重要指标和结构，这是结构最清晰、指标最突出的一张报表。前面反复提及资产负债表的恒等式"资产 = 负债 + 所有者权益"，也就是"总资产 = 总负债 + 净资产"，这个结构读者一定要始终深深印在脑海中，这是所有财务报表的最底层逻辑，所有的交易最终都会回归到这个底层逻辑。这个逻辑也很容易记忆，等号左边是总资产，也就是整个公司的资金占用情况；等号右边是总负债和净资产，是整个公司的资金来源情况，一个来源是借的或欠的，另一个来源是股东给的或公司赚的。

在对报表结构还不够了解的时候，错综复杂的逻辑关系及繁杂的数字是管理者理解财报的最大障碍。上一章用"财报五角大楼"先把财务数据中最重要、最基础的数字甄选出来加以讲解，本章进一步引入财报"九宫格"中九个带结构的数字，把三大报表的雏形展示出来，让读者对三大报表的框架形成初步概念，这一步骤一定不能少。

财报的基础逻辑就是商业逻辑的高度浓缩，后续章节将逐渐把三大财务报表的逻辑分拆出来，不断抽丝剥茧地分解，便于让读者的学习"渐入佳境"。

三　折纸记忆法："十六宫格"学财报

认识完财报"九宫格"已经基本可以掌握三大报表的结构了，但你可能还是无法一眼看出原始报表的影子。下面我们再深入剖析，把"九宫格"变成"十六宫格"。推荐一个很好的记忆方法，我们称之为"财报折纸记忆法"。请你随手找一个长方形的纸张，如一张 A4 纸，长边对折两下，然后再另外对折两下，展开这张纸就形成了"十六宫格"，横过来就有四个列。如图 5-7 所示。

图 5-7　财报折纸记忆法

现在拿出一只笔，最好是彩笔，在中间两列内按照图中的样式画出一个"F"形状，如图 5-8 中红色的线条，大 F 顶线往左延长，在指定的位置写上负债、资产、净资产，这就形成了资产负债表的大体结构。暂且不管数字从哪里来，看最右列的四个格，分别填入：收入、成本、费用、净利润。再看最左列四个格，分别填入：经营、投资、筹资、净现金流。这样，你就做好了一个学习财报、分析财报的工具，你可以把这张纸放在随手能取到的地方，如衬衣口袋，在你需要做财报分析或学习的时候拿出来，稍微回忆一下就能想起三大财务报表的结构了。

下面就对上面提到的项目进行详细的说明。

经营			负债	收入
投资		资产		成本
筹资			净资产	费用
净现金流				净利润

图 5-8　"十六宫格"学财报

55

如果你手边有一份报表需要解读，无论是上市公司的，还是你自己公司的，你都可以直接找到相应数据写在词的下面，这就构成了最初级的资产负债表、利润表和现金流量表。下面举例把这些数据都填进去，用数据来描述这些结构。

1 ▶ 通信服务行业"为梦想而生，为梦想而熵"的 L 公司

如图 5-9 所示，跟财报"九宫格"一样，还是从最右列开始分析。

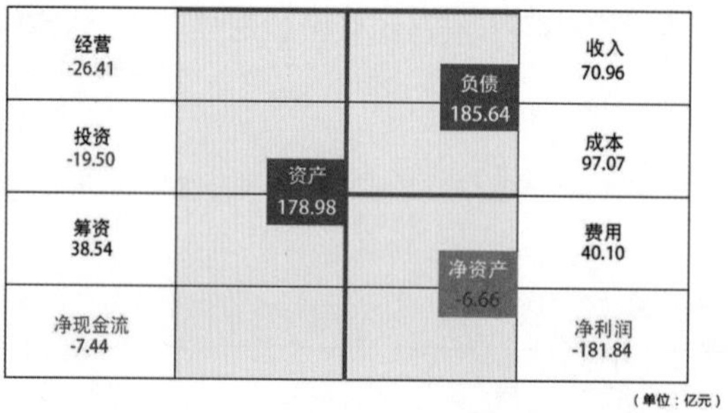

经营 -26.41			负债 185.64	收入 70.96
投资 -19.50		资产 178.98		成本 97.07
筹资 38.54			净资产 -6.66	费用 40.10
净现金流 -7.44				净利润 -181.84

(单位：亿元)

图 5-9　L 公司财报"十六宫格"

四个格里最上面和最下面的收入和净利润在前面已反复提及，这里的成本和费用是新出现的数字，而且这里的成本与前面的总成本不同，是真正的营业成本，也就是计算毛利率时用到的成本，"（收入－成本）÷ 收入 = 毛利率"公式里用到的成本就是第二个格里填入的成本数，在利润表中很容易找得到。L 公司的收入为 70.96 亿元，营业成本为 97.07 亿元，成本率高达 136.8%，毛利率是－36.8%，也就是说公司花 97.07 亿元买来的产品或服务，仅卖出去了 70.96 亿元，暂且不算其他的费用开销，主业就已经亏损，再加上其他的费用开销，亏损就会更加严重了。

接着往下看，下格中的费用包括利润表中的销售费用、管理费用、研发费用和财务费用，即财务里统称的"四费"，这在几乎所有的利润表中会直接列示出来，直接加总即可。L 公司的"四费"合计是 40.10 亿元，占收入总额的 56.5%，如果把成本费用加起来，就占了收入的 193%，明显表明经营出现了严重问题，如果不采取足够的措施，巨大的亏损只能让公司走向没落。

还记得 L 公司的"财报五角大楼"中净现金流是－7.44 亿元吗？那时我们还不知道是什么导致了大量的现金流出，现在通过分析最左列四格中显示的数字，就可以清楚地知道这家公司的现金流变化。这四个格中前三个代表现金流量表的主体结构，现金流量表分为经营性性现金流、投资性现金流和筹资性现金流，我们简称经营、投资和筹资三个现金流，其中经营性现金流代表因公司的经营活动而产生的现金流入和流出；投资性现金流代表因公司的投资行为而产生的现金流入和流出；融资性现金流代表因公司的融资行为而产生的现金流入和流出。也就是说，看到一家公司的现金增加或减少，应当知道是什么性质的活动导致现金的增加减少。

L 公司的日常经营非但没有赚到现金，反而净支出了 26.41 亿元，再看公司的净利润，为－181.84 亿元，难怪有那么多的供应商向这家公司堵门要债。再往下看，投资性现金流为－19.50 亿元，这会让人好多人疑惑，公司这么亏钱，怎么还有钱往外投资呢？十六宫格没法了解细节，这里只能看出公司在巨亏的情况下还在拿现金投资。再看看下面的筹资性现金流：38.54 亿元，更加让人"佩服得五体投地"，这家公司明明从上一个年度就已经在亏损，这个年度还有投资人和银行义无反顾地把大量现金投到这家公司来，不太清楚这些投资人和银行是出于什么考虑。这家公司的创始人的确是一个"大梦想家"！

再看折纸的中间两列，就简单多了。我们自始至终都在说"资产 = 负债 + 净资产"，这里把这三个数字再进一步展开解释。

如图 5-10 所示，先从资产开始看，资产分出一个流动资产和一个非流动资产，这两个数字在资产负债表中的资产部分很容易找到。资产负债表左面的资产部分，从上而下是按照资产的变现能力来排列顺序的，流动资产通常是指公司一年内可以变现的资产，如货币资金本来就是现金，存货通常都能在短期内卖出，应收账款通常也能在短期内收回等，这些统称为流动资产。如果一年内不能或不打算变卖收回现金，也就代表流动性并不强，统称为非流动资产，如长期投资、固定资产、无形资产等。简而言之，流动资产在资产中的占比高代表这家公司资产的流动性强一些，如一些服务型公司、软件公司等；非流动资产占比越高就代表公司"重资产"运营的比重更大一些，如钢铁行业、制造行业等。L 公司的流动资产为 79.14 亿元，非流动资产为 99.84 亿元，表明这家公司的长期资产比短期资产多，是一个资产比较重的公司。

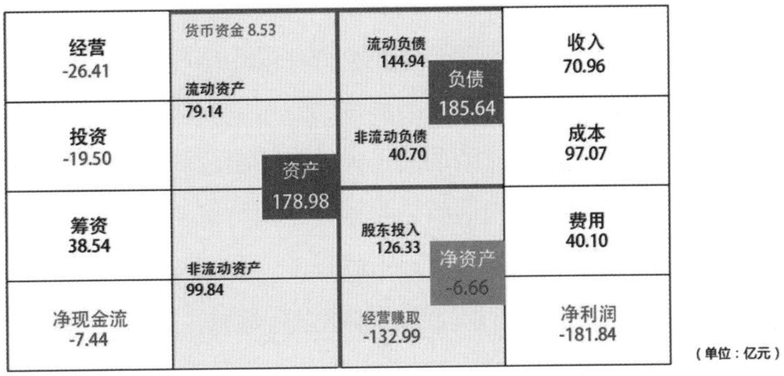

图 5-10　L 公司财报"十六宫格"

再看资产负债表的右侧上面，负债同样也分为流动负债和非流动负债。这个区分跟资产的流动性分区很相似，流动负债就是指需要在短期内支付现金的负债，通常这个短期也是指一年以内，如短期借款（借款期不超过一年的贷款）、应付账款、应付职工薪酬、应交税费等；非流动负债是指偿还期超过一年的负债，一般在小企业中出现非流动负债的情况比较少，上市公司的企业里非流动负债的情况比较普遍，行业不同，非流动负债的占比也会不同。L 公司流动负债为 144.94 亿元，非流动负债为 40.70 亿元。这里可以再引入一个财务分析指标，叫作流动比率。

流动比率 = 流动资产 ÷ 流动负债。流动比率通常大于 2 会比较好，代表公司的流动资产足够覆盖流动负债。流动资产是一年以内能够收到的现金，流动负债是一年以内需要付出去的现金，如果流动资产小于流动负债，就表明这家公司一旦短期贷款到期，或遇到供应商组团要债，或者有拖欠员工工资等情况，公司就算把所有的流动资产全部变卖成现金，也无法偿还债务，这样就危险了。

L 公司的流动负债为 144.94 亿元，而流动资产只有 79.14 亿元，比流动负债少了 65.8 亿元，流动比率是 54.6%，也就是说，流动资产远远低于流动负债。这也从另外一个角度印证了公司被供应商堵门要债的情形。

这里不得不再强调一下财务的双轨和多轨思维模式。在财务记录中，任何一笔业务都会在财务账簿中的至少两个科目中做记录，这就是所谓的"借贷记账法"。也就是说，任何一笔业务的记录绝对不是孤立的，一定会在另外一个科目中有所反映，相互印证。如果一个数字无法从另外一个数字中得到印证，那么问题就来了，账务很有可能被做了手脚。财务语言很奇妙，当出现一个谎言时就一定要用另外一个谎言来掩盖，而另外一个谎言又需要其他谎言来掩盖，循环往复，总会有谎言在某一个角落里因没有掩盖好而牵扯出整个链条。很多上市公司被证监会查出舞弊并严厉处罚，就是在这些细节上露出了马脚。

再看 L 公司的净资产部分，它在资产负债表右侧下面部分。净资产也分为两部分，一部分是股东投入，另一部分是经营赚取。股东投入部分由实收资本（或股本）和资本公积组成，这两个数字的合计可以看作股东投入；净资产其余部分可以看作经营赚取部分，经营赚取部分通常包括盈余公积和未分配利润，这两项对于大多数普通公司来说基本覆盖了经营赚取部分。上市公司还有一些其他项目，如其他综合收益、专项储备、一般风险储备等是收益以后的分类计提所致，属于特殊的计提，这里暂且不展开，只要加总即可。股东投入和经营赚取都属于资金来源中由股东形成的部分，L 公司的数据很有意思，股东投入 126.33 亿元，结果被经营者亏掉 132.99 亿元。

"十六宫格"中资产负债表里还填入了一个数字，即货币资金 8.53 亿元，是指 L 公司在银行和保险箱里随时可以使用的现金，这个数字代表现金流量表全年变动的最终结果，也就是说，L 公司净现金减少 7.44 亿元以后，账面上还存有 8.53 亿元，可以计算出 L 公司这一年的年初大概有 16 亿元（8.53+7.44=15.97 亿元）现金流。你有没有发现，其实现金流量表像资产负债表的一个明细表，可以说明货币资金从年初到年底变化的原因到底是什么，这体现出的正是现金流量表和资产负债表最主要的连接关系。

经营赚取里面有一个项目叫作未分配利润，如果公司不分配或没有其他特殊事项的话，公司未分配利润的变化应该只跟净利润的变化有关。你看，这也体现了利润表像资产负债表的一个明细表，它把股东权益中经营赚取部分从收入到成本费用等变化原因的明细展示出来，这也体现了利润表与资产负债表最主要的逻辑关系。

重点来了，原来我们常说的三大报表，其实就是一张报表，即资产负债表。可以脑补一下"二次元"报表，把资产负债表的货币资金全部换成超级微缩版的现金流量表，然后把资产负债表的未分配利润全部换成超级微缩版的利润表，这其实就形成了一张完整的资产负债表。这是一个非常重要的逻辑，很多学习财务报表的人会被三个报表错综复杂的关系搞得晕头转向，如果找不到基准的逻辑关系，只会越学越乱。对这个关系的理解是掌握三大报表逻辑结构的重中之重，是真正开始学习三大报表的重要步骤，只要理解这个关系，后面的学习就会很顺畅，否则很难真正形成财务报表的思维模式。

通过对"十六宫格"结构的学习，你是不是对财务三大报表的内容又加深了理解？我们用这种不断展开、不断加深的方法层层揭开财报"面纱"，越往后学就越清晰，越能与经营管理者的商业逻辑紧密对接，到下一章学"三表同框"的时候就会豁然开朗。

下面用"折纸记忆法"再举例分析一家公司。

2 生物制品行业"为疫苗而生，为疫苗而殇"的 C 公司

在"九宫格"部分已分析过 C 公司，相信读者已经有了初步的了解，这里用"十六宫格"再拆解一些信息出来。

如图 5-11 所示，还是先从最右列的利润表开始分析。这里的成本指营业成本是 2.09 亿元，仅占收入的 13.5%，可以算出 C 公司的毛利率是 100%－13.5%=86.5%。毛利率高达86.5%，算暴利了，当然投资人和股民最喜欢这样的公司，盈利能力超强。再看费用合计，为 7.46亿元，占收入的 48%，意味着 C 公司接近一半的花费未用于产品本身，而主要是销售费用、管理费用和财务费用等。考虑到生物制药的行业特性就不足为奇了，生物制品和制药行业通

常会花费大量的营销费用做市场推广，这样 C 公司的费用结构就很容易理解了。

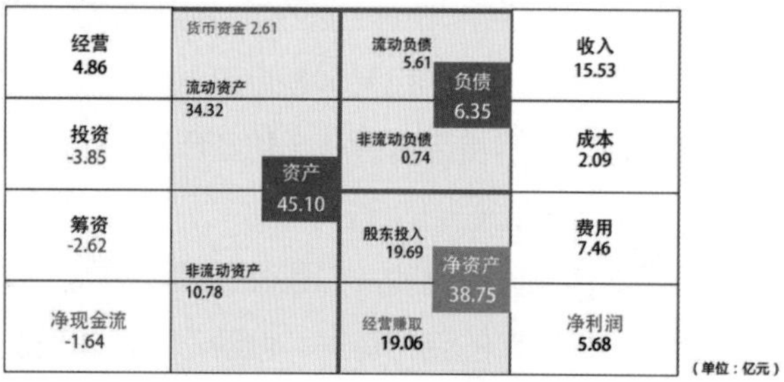

经营 4.86	货币资金 2.61 流动资产 34.32	流动负债 5.61 非流动负债 0.74	负债 6.35	收入 15.53
投资 -3.85				成本 2.09
筹资 -2.62	资产 45.10	股东投入 19.69		费用 7.46
	非流动资产 10.78	净资产 38.75		
净现金流 -1.64		经营赚取 19.06		净利润 5.68

（单位：亿元）

图 5-11　C 公司财报"十六宫格"

我们还可以换一个分析指标，用费用占毛利的比重来分析，这个数值代表公司的毛利是如何分配和使用的，巴菲特很喜欢通过计算各项费用在毛利里的占比来分析公司经营状况。C 公司的费用占毛利的 55.5%，意味着 C 公司的毛利中有超过一半的钱用到了费用中，支出比例是很高的。C 公司净利润率是 36.5%，净利润占毛利润的比重是 42.2%，公司在毛利中花费超过一半的费用以后，剩下的几乎全是净利润。仅从数字上看，C 公司的业绩会相当受投资者欢迎，但不一定会受消费者欢迎。你想想，公司的利润那么高，投资人当然很开心，因为这些利润将来就会分配给投资人。即便不分配，利润高也可能导致股价升高，投资人卖出股票也能获利。而这对消费者有可能恰恰相反，一个成本 2 块钱的东西，卖给你 14 块，还不打折，如果知道了成本是多少，你还会很开心地购买超出成本价 7 倍的东西吗？当然这也不能太绝对化，这跟行业有关，商品的定价策略我们不讨论，仅用这样的思维逻辑来分析这家公司的数据。

再看"十六宫格"的最左列，自上而下来看，经营性现金流 4.86 亿元，说明公司日常经营使公司一年净赚 4.86 亿元现金，这还是相当不错的；投资性现金流 –3.85 亿元，表明公司很可能有了资金就对外投资，这也是正常的，代表公司将多余的资金用于对外投资，建立"外部造血功能"，可以让外部的经营者帮助公司盈利；筹资性现金流 –2.62 亿元，表明很有可能公司有了资金就归还一部分借款或给股东分配股利，公司这么赚钱，给股东的回报应该也不少，看起来也是很不错的状况。

回到中间两列的资产、负债及净资产，C 公司流动资产 34.32 亿元，占总资产的 76%；非流动资产 10.78 亿元，占总资产的 24%。这与我们通常理解的制造行业不同，常规制造行业通常是机器设备比较多，所以长期资产会比较重，而这家公司用相对较少的长期资产在组织生产，或许有较高科技含量的产品。流动负债 5.61 亿元，非流动负债 0.74 亿元，流动负债占总负债的 88%，表明公司的负债大多是短期的，长期负债占比很低。如果用前面我们提到的流动比率来计算，C 公司的流动比率高达 611.8%，即流动资产 6 倍于流动负债，说明公司短期偿债能力很强。这代表公司就没有经营风险了吗？不一定，还需要更加详细地分解 C 公司流动资产和流动负债的组成部分，这在下一章会详细讲解。

　　C 公司股东投入 19.69 亿元，公司经营赚取 19.06 亿元，差不多各占净资产的一半，说明 C 公司的股东累计投入公司近 20 亿元，又额外赚了近 20 亿元，经营效率相当不错。我们前面说了，C 公司的股东权益报酬率是 14.6%，如果不算累计盈余而只计算股东投入的报酬率，将达到 28.8%，也就意味原始投资用不了四年就会翻一番，这样高的投资回报率相信任何一个投资人都不会忽视，难怪网传好多一线电影明星都想投资这家公司，从回报上看，这是非常正常的选择。

四 "变形 CFO"贯穿三大报表的逻辑关系

　　我们在讲"折纸记忆法"的"十六宫格"时讲到了三大报表的逻辑关系，因为这部分内容实在太重要，所以再用另一种便于记忆的方法来加深读者的记忆。

　　我们都知道 CFO（Chief Financial Officer）是代表首席财务官，但现在换另外一个方式来理解 CFO。

　　如图 5-12 所示，我们把 CFO 中的"C"解释为 Cash（现金），代表现金流量表；"O"解释为 Operation（运营、经营），代表利润表，因为利润表描述的就是公司的整体经营过程；把"F"最上面的横线向左延伸，很像资产负债表的构架（左边是资产，右边是负债和净资产），代表资产负债表。那么三表之间的关系就展示出来了：CFO 分别代表现金流量表、资产负债表、利润表。

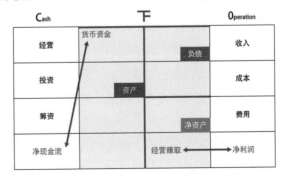

图 5-12　"变形 CFO"贯穿财报逻辑

F代表资产负债表，表示管理要平衡。资产负债表的英文是"balance sheet"，就是平衡表的意思。CFO里的"C"所代表的现金流量表应当与资产负债表中的货币资金相对应，即货币资金的变化在大部分情况下表现为现金流量表的净流量（如果不一致，则代表有"现金等价物"等特殊事项存在，否则就是报表错误）。"O"代表的利润表，其变化应当与资产负债表右下方经营赚取吻合（如果不吻合则代表可能有利润分配或以前年度损益调整等特殊事项，否则就是报表错误）。三大报表不是孤立的，不能独立地看待，通过这种分析模式就可以把它们完整地关联起来。

三大报表的逻辑关系在于，现金流量表和利润表其实都是资产负债表的"明细表"。资产负债表中的货币资金只能看到期初数和期末数，这两个数字都是时点数，你并不知道这期间发生了什么导致现金增加或减少，而现金流量表恰恰把货币资金这个期间的时期数展示出来，告诉你货币资金在这期间到底发生了什么导致现金增加或减少的，这样看来，现金流量表就可以看作资产负债表的一张明细表。

在资产负债表的右下方净资产中的经营赚取部分，有一个项目叫作"未分配利润"，顾名思义，是指已经赚取的利润还没有被分配的部分。在资产负债表中只展示了"未分配利润"的期初数和期末数，这两个数字也都是时点数，无论是增加还是减少都不知道是什么原因导致的。而资产负债表中这部分赚取的尚未分配的利润其实就是从利润表中的净利润累计的，而净利润的形成过程都是这期间的"时期数"，它会告诉你公司赚取的利润究竟是如何形成的，是什么导致公司净资产中经营赚取利润的增加或减少。

三大报表的这两个逻辑关系是非常紧密的，没有特殊原因的话，必然是一分不差的，如果有差额就代表报表有错误。那特殊原因都有什么呢？我们先简单描述一下，待后面讲到真实报表时再用真实数据加以阐述。

先说现金流量表。在财务中有一个归类叫作"现金等价物"，也就是说某项资产本身并不是现金，但如果在未来三个月内极有可能转成现金，那么在现金流量表中就把它当作现金来核算。例如，公司购买的债券还有两个月就到期，在资产负债表中它还是短期债券，那么就在"持有至到期投资"或"一年内到期的非流动资产"中记录（"持有至到期投资"通常都是超过一年的，当距离到期日不足一年的时候，就会把这个资产放到"一年内到期的非流动资产"中记录），而不会放在"货币资金"中记录。但在现金流量表中，就已经把这个再有两个月就到期的债券视同为现金来记录了，所以有时这两个表的数字会有差异。

再说利润表。利润表中的净利润在每个期末都会把这个数字过渡到资产负债表中的"未分配利润"中，否则资产负债表会不平衡。也就是说，如果没有分配利润及其他特殊事项，未分配利润的期初与期末的变化应当等于净利润，否则报表就有错误。未分配利润就是获得的历史积累利润还没有分配的那一部分，如果分配了，就会转到其他项目下核算，如"盈余公积""应付股利"等。如果当年做了分配，那么经营赚取中的未分配利润期末和期初变化值就不会等于净利润。另外，如果公司产生了"以前年度损益调整"事项，那么也会直接针对资产负债表中的"未分配利润"调整金额，也会影响与净利润的匹配。

上面说的这些在上市公司的公告里会描述，这个逻辑很容易被穿透。可以以你自己公司的财务报表为例做一个这样的分析尝试，看看现金流量表的净现金流是否等于资产负债表的货币资金变化额，以及资产负债表中的未分配利润变化额是否等于利润表中的净利润。如果不相等，就可以把你的财务经理叫来问一下是怎么回事，如果财务经理的解释跟上面讲的原因相吻合，那么你就会心中有数。如果他不能解释，就让他回去查原因。仅凭这一条就可以让你的财务经理对你刮目相看，因为很多财务会计专业的人常常忽略这个逻辑关系，导致一些财务报表之间出现相互的错误列示。会计师事务所在做审计的时候，首先就会把这三大报表进行这样的逻辑穿透，因为在现实中很多企业这三表并不平衡。公司的财务经理在做报表的时候也必须要将这个简单的测试做出来，不要在最简单的事情上"掉链子"。

总体来说，学习财报要把以资产负债表为中心的三表统一来看，才能够了解整个企业的经营全貌。在后面章节里专门会讲解"三表同框"，即要把三大报表放在一起来解读，这样能够更好、更直观地理解财务报表。

五　"九宫格"组团：几个上市公司的数据关联

如果你感觉"九宫格"或者"十六宫格"的方式对你的学习有帮助，那么就可以用这样的方式再做一些扩展性学习，如用 6 个"九宫格"来抓住财报的关注重点。如果你已经具备了一些财报知识，想立即看到真实的财务报表，可以先跳到下一章学习，如果学习下一章感到吃力，也可以再回到本章重新学习，加深对关键重点指标的认识，这对于学习财报很有帮助。

下面还是以 L 公司财报为例来展开分析。

1 蓝色九宫格

如图 5-13 所示，这里给出了两个"九宫格"，白色的部分是前面讲过的，为了厘清脉络，讲解的其他"九宫格"是围绕这个"白色九宫格"展开的。

图 5-13 L 公司"蓝色九宫格"

右边的蓝色九宫格，代表利润表中更细致的结构和内容，体现从收入到净利润的全过程。按照箭头指引的方向，以收入为正数、成本费用为负数的方式呈现，这样更容易理解。收入和成本在"九宫格"和"十六宫格"中都出现过，附加税在这里是第一次出现，金额通常不大，代表公司缴纳地方税务的情况，常见的地方税务有城建税、教育费附加和地方教育费附加等。箭头下面紧接着就是"三费"，即销售费用、管理费用和财务费用。L 公司销售费用是 17.15 亿元，占销售收入的 24%，也就是收入中的四分之一用作了销售行为支出。管理费用是 14.03 亿元，占销售收入的 20%，也就是说，收入的五分之一用于日常管理，如董事会、办公室、行政、后勤、人力、财务等。财务费用是 8.73 亿元，占销售收入的 12%，代表公司贷款的利息金额占比较高，一般来说，银行贷款基准利率大约是 5%，通常不超过 12%，这也就意味着 L 公司的贷款额度不小，且使用效果不好。营业外收入支出净额是 0.53 亿元。所得税支出 7.23 亿元，这也值得推敲，通常情况下一家公司如果亏损了，就不需要缴纳所得税，企业所得税里说的"所得"是指赚取的利润，税务叫作"应纳税所得额"，没有赚取利润却缴纳了所得税，这看起来是矛盾的。很可能 L 公司的纳税筹划存在很大问题，在严重亏损的情况下还缴纳了 7.23 亿元的所得税。

下面需要拓展一个概念，叫作合并报表。上市公司公告的报表通常有八张，四张合并报表、四张母公司报表。合并报表就是把整个集团全部控制的各个分子公司的资产负债表、利润表、现金流量表和股东权益变动表，全部合并成一整套报表。例如，合并利润表就是全部公司所有利润表扣除内部交易以后的数字相加。所得税是各个公司自行申报缴纳的，集团内通常是不能相互抵扣的，也就是说集团内 A 公司盈利了，应当缴纳所得税，B 公司亏损了就不用缴纳，不能将 A、B 公司的利润相加计算差额合计缴纳所得税，所以才会存在即使整个集团亏损却也需要缴纳所得税的情况。

蓝色部分的数字，在利润表里都可以直接找到，所以想要填写进来并不难。理解了这个"九宫格"，再去看利润表，就能透彻地理解利润表的结构了。

② 绿色九宫格

如图 5-14 所示，再来看"白色九宫格"左边的"绿色九宫格"，包括现金流量表的三块结构，三列代表三个部分。先看第一列也是最重要的一列：经营性现金流，第一行是流入，第二行是流出，第三行是净流量。这部分体现公司自身的"造血功能"，是公司自身的生存之本。现金流就是公司的血液，没有血液就只有死路一条。成熟的公司只有具有超强的自我造血功能，才有可能在 A 股市场上市。L 公司收到的经营性现金流为 66.86 亿元，还不足销售收入的金额。

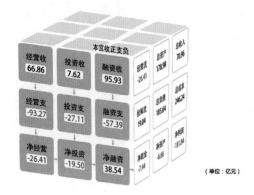

图 5-14　L 公司"绿色九宫格"

这里还要普及一个概念，就是含税价与不含税价。这里说的含税价的"税"是指增值税。中国绝大多数合同的销售价里是含增值税的，但增值税是价外税，也就是说销售收入里是不含增值税的。例如，一个商品不含税价格是 100 元，增值税率是 13%，那么这个商品售出的价格就是 113 元。换句话说，当你在商店里看到一个价格为 113 元的商品，其实这个商品的售价原来是 100 元，后来加上了增值税 13 元。这里你只要知道利润表里的收入是不含税的就行。

这样说来，从前面"蓝色九宫格"里看到公司销售收入为 70.96 亿元，如果加上增值税（L公司属于服务行业，通常税率为 6%），至少要收到现金 75.22 亿元（70.96×1.06=75.22 亿元）才对，因为收现金的时候不可能不收增值税，图中的 66.86 亿元回收资金距离 75.22 亿元收入还有一些差距，代表公司当年销售的收入并没有足额收回现金。再加上当年很可能也会收到以前年度的客户欠款，那么当年内发生的销售收入回收的现金就更少了。

经营性现金流支出是 93.27 亿元，这个金额要比经营现金流收入多，这是造成经营性净现金流为﹣26.41 亿元的重要因素，这已经是"缺失自我造血功能"的表现了。但这还不算完，经营现金流支出 93.27 亿元跟总成本 246.24 亿元比起来，确实是小巫见大巫，应当支付 240 多亿元，却只支付了 93.27 亿元，又一次印证了为什么总有供应商来 L 公司堵门要债，一年就有 150 亿元没付，供应商肯定不答应。

接下来看投资性现金流，就是第二列数字，同样第一行是流入，第二行是流出，第三行是净流量。这部分是公司把钱投到外部用别人的"造血功能"造出来的血"供养自己"，或者购买长期资产如固定资产用于公司长期生产经营使用。收到投资性现金流通常包括收到股利、利息或收回投资。L 公司收到了 7.62 亿元投资性现金流，很有可能是收到了股利或收回了投资。L 公司支付了 27.11 亿元用于投资性支出，在公司如此亏钱的情况下，还做大笔投资或者构建长期资产，有点让人无法理解。

再看第三列的融资性现金流，这部分是别人给公司"输血"，要么是投资人给的股权投资，要么就是金融机构给的贷款。这其实都是有代价的，股权投资人需要稀释原股东的股权比例，将来公司盈利了这些股权就会增值或获得股利，金融机构的贷款是有贷款利息的。L 公司融资性现金流增加 95.93 亿元，很有可能是投资人投入资金及银行贷款。也确实很佩服投资人和银行的胆识，或许他们看到了 L 公司未来扭亏为盈的希望，而我们却只看到了眼前的巨亏，不过也可能是被"梦想"忽悠的结果。L 公司融资性现金流的支出是 57.39 亿元，估计大部分用于偿还前期的贷款，这样看来融资 95.93 亿元有一半还了贷款，借新债还旧债，这么大额的资金筹措，不得不感叹 L 公司的融资能力实在强大。

绿色部分的数字在现金流量表中也都可以直接找到，当然现金流量表中还有这些数字的构成明细，因为过多明细使直接读现金流量表会比较晦涩，所以这里把重点甄选出来先让读者理解，再来看现金流量表会更清晰、更容易读懂。

❸ 红色九宫格

如图 5-15 所示，我们在"白色九宫格"的下面做了一个"红色九宫格"，这里填入了资产负债表中的资产部分。前两行收集了流动资产的总额和几个重要的项目，第三行收集了非流动资产的总额和两个重要项目。这些项目是大型、中型、小型和微型企业会涉及的报表内容，所以掌握这些信息对了解各种规模的公司资产负债表中的资产比较有用。

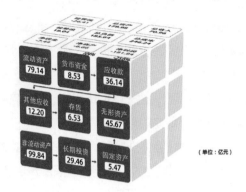

（单位：亿元）

图 5-15　L 公司"红色九宫格"

先看前两行流动资产。L 公司流动资产 79.14 亿元，货币资金 8.53 亿元，重点是后面的几项，应收账款 36.14 亿元，应收账款是由公司销售商品或服务而暂时没有回收现金导致的，这部分的应收只跟公司的主营销售业务有关。这里有一个比率会用到，就是应收账款周转率。前面讲过，总资产周转率是用收入除以总资产，应收账款周转率是用收入除以应收账款余额，代表应收账款一年周转的次数。L 公司应收账款周转率是 2.0 次 / 年，仅从数字上看，一年周转 2 次还算能接受的表现，不过报表层级的应收账款是已经扣减坏账准备的金额，也就是说如果存在不能回收的可能性，就要先行减掉这部分额度，再列示在财报中，所以我们暂时还不知道在没有坏账准备之前的应收账款金额是多少。跟主营业务无关的应收，就是下面一列第一格的其他应收款，为 12.20 亿元，这部分由于跟主营业务无关，所以应当格外关注。

应收款和其他应收在财务上称之为"往来款"，关于往来款，或许你经常听到这个词，它到底代表了什么含义呢？一句话解释就是"该收没收、该付没付的欠款"。在财务里有六个常见的往来款，这六个项目两两一对："应收账款""预收账款"；"应付账款""预付账款"；"其他应收款""其他应付款"。

"应收账款"和"预收账款"都与主营销售行为有关，是公司与客户之间产生的往来款，"应收账款"是应该收客户的款还没有收到的那部分，"预收账款"是提前收到客户预付金的那部分。随着交易的不断推进，"预收账款"最终都要转到"应收账款"里汇总核算，否则对同一个客户的计算就会有无法最终结束的情形存在。"应付账款"和"预付账款"都与公司对供应商的采购行为有关，是跟供应商之间产生的往来款，"应付账款"是应该付给供应商还没有付的那部分，"预付账款"是提前付给供应商预付金的那部分。随着交易的不断推进，"预付账款"都要转到"应付账款"中汇总核算，否则同一个供应商、同一个采购项目就会无法最终结束。这听起来有点绕，但实际上很容易理解，当你把同一家客户或供应商的欠款在两个筐子里记录的时候，早晚要合在一起计算，同一家客户或供应商只有合在一起计算才是完整的，分开来是永远无法计算完整的。"其他应收款""其他应付款"就是跟公司主营销售无关、也跟供应商采购无关的资金往来款，如员工出差借款、员工备用金、投标保证金、房租押金等，这些往来款越少越好。

再看存货，为 6.53 亿元。存货是公司由于生产销售而储备的原材料、半成品、成品等，以及生产过程中的物资物料的统称。所有的存货都应当是跟销售行为有关的储备，最终都应加价后销售出去，而存货的成本价最终会体现在利润表中的营业成本项目上，即成为毛利的计算基础数据。存货绝对不能太多，否则会大量占用资金而浪费资源，当然也不是越少越好，太少很难快速满足市场需求，即便是日本丰田有名的"零库存"管理，也无法做到财务报表中存货为零。

接着看非流动资产部分，长期投资为 29.46 亿元。长期投资代表一家公司对外投资其他公司的金额。因为我们看到的是合并报表，也就意味着只要是被"控制"的公司都已经合并进来了，就不会存在长期投资里；在合并报表长期投资里的都是没有被"控制"的公司，即参股的公司。这里需要再普及一个概念，就是"控制"，在"会计准则"里对于"控制"是有明确定义的，简单来说，就是要么用超过 50% 的股权来绝对控制这家公司（前提是没有特殊条款限制），要么就用公司章程里的特殊条款来控制这家公司。例如，你的投资额低于50%，但你在这家公司的董事会席位中处于绝对控制地位，那么财务上就可以把这家公司合并到集团的合并报表中。

后面是固定资产。几乎所有公司都有固定资产，如电脑、设备、汽车、房产等。固定资产是使用期限超过一年的有形资产，不过一般企业对于固定资产都会自己定一个单价额度。例如，以前大家普遍认可的是单价超过 2000 元，因为以前的"税法"里规定过这个额度，但现在普遍都是各个企业自行确定，有的企业定 4000 元、有的企业定 8000 元，只要是所在行业普遍接纳的，就不是问题。

固定资产的数字是将报表中的固定资产净额和在建工程两个数字加总，因为在建工程最终都会形成固定资产，代表在建的固定资产。L 公司的固定资产为 5.47 亿元，跟总资产比起来并不多，这在很多以服务为主的信息化公司中是比较常见的。

最后来看无形资产。无形资产就是公司拥有的能够为未来创造经济价值的没有物理实体的资产，如软件、专利、技术等。无形资产有两个来源，一个是自己研发，另一个是外部购买。例如，软件外部购买基本上代表了软件价值的价格体系；至于内部自行研发的，无论这个软件有多大的市场价值，按"会计准则"中的要求都只能把开发这个软件的真实成本作为无形资产的账面价值。L公司无形资产达45.67亿元，占到整个公司非流动资产的46%，比重相当大，一方面可以理解为L公司拥有的软件、专利技术资源很多，另一方面可以理解为软件技术对于技术公司来说可能很快会过时，眼下拥有的无形资产越多，就越应当尽快赚钱，将这些资产的价值发挥出来，否则就需要不断更新和投入新的技术，需要花费的时间和金钱更多。也就是说，以往的技术一旦被新技术替代就变得毫无价值。可见如果无形资产在一家公司的资产中占比过大其实是有风险的。

　　红色部分的数字在资产负债表的资产部分可以直接找到，这些是资产负债表中常见的项目，且非常重要。不过每个公司的侧重点不同，有一些公司还有其他的事项在资产中占比不小，这里只是将一般公司的项目重点列示在"九宫格"中，意在让读者了解常见的重要项目，下一章还会对资产负债表中更多的项目进行说明。

4　粉色九宫格

　　如图5-16所示，来看一下"白色九宫格"上面的这个"粉色九宫格"，这里填入了资产负债表中负债和所有者权益（净资产）的重点内容。其中前两行是流动负债中的内容，在大多数公司中，流动负债是主要的负债，代表日常经营所产生的负债；第三行仅列示了非流动资产的总额，以及所有者权益（净资产）两个部分的各自合计，这在前面已经讲过，这里重点讲解流动负债项目。

（单位：亿元）

图 5-16　L公司"粉色九宫格"

先看短期借款，财务里的短期与长期（流动与非流动）的切割点就是"年"，超过一年的就是长期，也就是"非流动"；不足一年的就是短期，也就是流动。所以短期借款就是不超过一年的银行贷款，L公司不超过一年的银行贷款到年底还有27.55亿元没还，也就是说未来一年要还给银行27.55亿元贷款。以公司目前的资产状况看，除非另外再借新债换旧债，或者有投资人投入现金，否则依靠日常经营来还款的难度很大。另外，银行贷款一定是有利息的，如果公司的盈利还不够还贷款利率，那么贷款无疑会加重公司的亏损。

再看应付账款，前面讲过，应付账款是与采购有关的往来款，它代表公司应当付给供应商的款还没有支付的部分。L公司的应付账款为65.14亿元，同样是一笔不小的债务。这里要普及一个概念，就是在什么情况下"确认"应付账款。财务中非常看重"确认"，当达到某个条件的时候才会"确认"。对于应付账款来说，"确认"的依据是当供应商提供商品或服务的权利义务转移时，就应当"确认"采购行为和应付账款。不过，在很多公司的日常管理中，往往不是以商品交付为确认时点，而是通知供应商开发票，当收到发票时才"确认"对这家供应商的应付账款。这两种方法一种是底层逻辑，另一种是表面现象，如果这两个时点一致就很正常；如果这两个时点不一致，或者公司迫于资金压力而推迟通知供应商开发票，则很有可能导致在账面上看不到真实的供应商欠款。

接下来看两个所有公司都必须第一时间支付的项目：工资和税。先看应付职工薪酬，L公司仅为100万元，代表L公司应该没有欠薪。通常情况下每家公司都会在下个月发放上月薪酬，资产负债表中的应付职工薪酬一般是一个月的人工成本。当然也不是每个企业都这样。我们从这家公司的现金流量表中能够看到，一年的人工成本大约支付了10亿元现金（数字取自上市公司年报现金流量表，在本书第六章图6-5中有展示），简单计算，每个月的工资现金支付为7亿~9亿元（很多公司一年发放13或14个月工资），当应付职工薪酬余额很少时，通常代表这家公司当月发放当月的工资。

再来看应缴税费，跟工资一样，通常也是下个月缴纳上月税金。公司应缴纳税费的余额是5.65亿元，而这家公司在现金流量表中显示一年支付的税款现金仅有1.70亿元（数字取自上市公司年报现金流量表，在本书第六章图6-8中有展示），这样看来，L公司很可能有5亿多元的税是常年挂账的。当然，我们没有看到公开数据并不能肯定，这里只是推测和怀疑。其实学习财务报表非常需要一些合理的判断和怀疑，当你发现疑似问题，才有可能不断去揭秘。松下幸之助就说"发现不了问题才是最大的问题"，而学习财报就是用数字发现问题的过程，当你意识到这些数字可能隐藏问题的时候，就已经真正具备了看懂财报的能力！

最后来看其他应付款。与资产中的其他应收款性质相似，它是指与销售和采购无关的资金往来，只不过其他应收款是别人欠你的，其他应付款是你欠别人的。L 公司欠别人 6.82 亿元，当然有些欠款是过渡性的，如投资人投入公司的股权资金，在没有得到正式股权确认之前往往会先记录在其他应付款中，类似这样的例子比较多。我们说财务逻辑性很强，当一个业务发生就会在至少两个地方做记录，即财务报表中至少有两个报表项目会反映同一笔业务。但是如果公司历史上有烂账怎么办？很多人会把烂账的一头记录在其他应收款或其他应付款中，把它作为"数据垃圾桶"。所以当你发现一家公司的其他往来款余额非常大，而又无法说明原因的时候，就要小心了，没准儿真的存在历史烂账。

粉色部分的数字在资产负债表的负债中可以直接找到，所有者权益（净资产）部分是两个部分的分别合计。这些流动负债项目是资产负债表中常见且非常重要的，尽管每个公司的处理方法和侧重点不同会导致各个数据的占比不同，但这里列示的都是非常普遍的数据的报表项目。

5 黄色九宫格

有读者可能已经发现了，这里讲的"彩色九宫格"是把"白色九宫格"包围起来了，"左现金，右利润，下资产，上负债权益"，基本上把三大财务报表中常见且重要的项目都列进去了。用颜色作为区分恰好使用了魔方的标准配色，如果你有兴趣，可以找一个魔方，让它保持六面还原状态，把这些"九宫格"用油性笔写在上面以加强对报表项目的理解，加深记忆。

不过这些都是辅助理解的工具，当你积累一段时间后就可以慢慢不再使用"财报五角大楼""财报九宫格"及"财报折纸记忆法"这些辅助工具了，因为当这些概念和形象慢慢印入大脑以后，你看到任何财务报表都会还原成这些重点项目。特别是我们现在仅仅学习了中国的报表格式，当你看到境外的报表格式后会发现它们虽然跟中国的格式很不同，但实际上用到的还是我们讲到的这些内容。只要你能用"财报五角大楼""财报九宫格"及"财报折纸记忆法"反复练习加深印象，当你看到财务报表不会分析的时候，拿出这些辅助工具来，所有的灵感就会马上回来。多多练习，你也可以成为财报分析高手。

如图 5-17 所示，我们把"六面魔方"最下面一个"九宫格"留给了报表分析，这里甄选九个报表分析指标列示。因为重要，所以要单列，因为简单，所以可以很容易引导你进入报表分析领域。

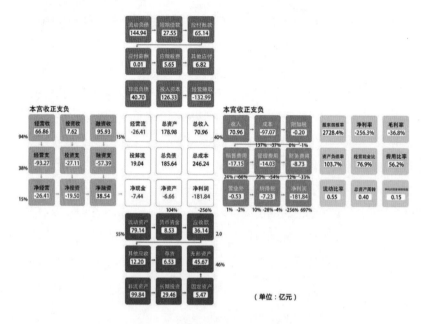

图 5-17　L 公司"黄色九宫格"

① **股东回报率：**2728.4%，也叫股东权益报酬率。任何一个投资人都希望自己投资的钱有更多的回报，这个指标正体现了这一点。不过可惜的是，当公司利润是负数而股东权益恰好也是负数的时候，这个指标就失效了，只能参考其他指标。

② **净利率：**−256.3%，非常常规的一个指标，也是所有人都关心的一个盈利能力指标。

③ **毛利率：**−36.8%，非常常规但非常重要的一个指标，充分代表了公司的经营能力和最基本的生存能力。由于在报表中计算毛利率需要稍微花费一点周折，导致很多人看报表时会忽略它。

④ **资产负债率：**103.7%，代表负债占总资产的比重。如果负债超过总资产，就意味着净资产是负数。

⑤ **经营现金比：**76.9%，是经营性现金流的"销售商品、提供劳务收到的现金"除以"营业收入"的值，它代表所有收入中有多少是回收了现金的。当然这个收入是不含税的收入，理论上讲，"销售商品、提供劳务收到的现金"应当比"营业收入"多出增值税的金额才是合理的。L 公司收到的现金仅是不含税收入的三分之二，回收力度还有很大的加强空间。

⑥ **费用比率：**56.2%，是销售费用、管理费用、财务费用等费用占收入的比重。L 公司的费用超过了收入的一半，对于通信行业的公司来说，实在不少。

⑦ **流动比率：**0.55，是流动资产除以流动负债的值，看流动资产是否能够覆盖流动负债，可以判断一家公司短期内是否有偿债风险。L 公司的流动资产仅占流动负债的一半，证明 L 公司的偿债风险高。

⑧ **总资产周转率：**0.40 次 / 年，即总资产在一年内能周转几次，代表资产运行管理效率的指标。L 公司总资产一年周转 0.4 次，比较符合重资产运行模式，而对于通信行业的公司来说这个周转率是不高的。

⑨ **净利润现金保障倍数：**0.15，是经营性净现金流除以净利润的值，代表净利润中有多少收回了现金。仅从数字上看，净利润中只有 15% 收回了现金，也就是说，大部分净利润没有真正实现"落袋为安"。不过考虑到净利润和净现金流都是负数，计算这个指标就没有意义了。

"六面魔方"玩转财报分析

为了加深印象，我们再来快速浏览经营状况看起来很不错的 C 公司的财报"九宫格"。

如图 5-18 所示，还是按照"左现金，右利润，下资产，上负债权益"的顺序来解读。

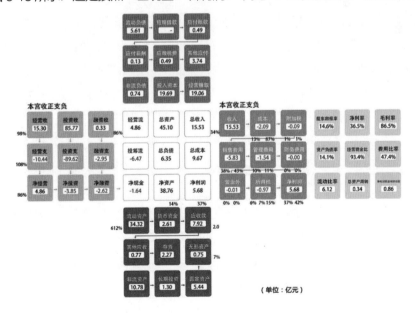

图 5-18　C 公司"六面魔方"财报九宫格

先看左边的"绿色九宫格",列示现金流量表重点项目。公司经营性现金流 15.30 亿元,经营支出 10.44 亿元,由于经营行为,公司一年间多赚取了 4.86 亿元净现金,说明这家公司自我造血能力很强。对外投资 89.62 亿元,回收投资 85.77 亿元,现金对外投资净额 3.85 亿元,仅在投资方面,这家公司基本保持了收支平衡。公司融资收到 0.33 亿元,归还贷款或支付股利利息 2.95 亿元,这个角度看公司不缺资金,不太需要融资。

转到右边的"蓝色九宫格",列示利润表重点项目。收入 15.53 亿元,成本仅 2.09 亿元,成本率为 13%,意味着毛利率高达 86.5%。销售费用 5.83 亿元,占公司收入的 38%,公司收入超过三分之一都用在了销售环节,可见 C 公司的市场能力是很强的。管理费用 1.54 亿元,占销售收入的 10%,比较中规中矩。财务费用几乎为零,代表这个公司不需要贷款,也就不用承担贷款利息。营业外收支也很少,说明 C 公司的经营专注度很高。公司缴纳所得税 0.97 亿元,占收入的 6%,也就是利润总额的 15%,推测 C 公司应该是高新技术企业,因为高新技术企业的所得税率是 15%,也说明 C 公司的税收筹划很到位,不仅可以享受国家税率优惠政策,而且还能全额享受,这需要很好的内部控制才能够实现。净利润 5.68 亿元,占销售收入的 37%,意味着公司收入中超过三分之一实现了利润,证明公司盈利能力强!

转到下面的"红色九宫格",列示资产负债表的资产部分重点项目。公司流动资产 34.32 亿元,非流动资产 10.78 亿元,流动资产占比更多,代表公司资产流动性很强。公司货币资金 2.61 亿元,当看到净现金是 -1.64 亿元时就可以推算出 C 公司年初的账面应有 4.25 亿元,公司的现金收支数额都很大,持续保持账面有几亿元的现金可以确保公司有足够的日常支付能力。公司应收账款 7.92 亿元,占收入的一半,代表公司的收款情况控制得不错,一年的销售中有一半收到了现金。其他应收款 0.77 亿元,在总资产中的占比并不大。存货 2.27 亿元,对比公司一年销售成本 2.09 亿元,代表公司存了一年的销售所耗用的原材料、半成品和成品在仓库里。尽管存货在总资产中占比很小,但库存储备的相对值还是很高的。再看长期投资 1.30 亿元,也就是说公司未达到"控制"的对外投资并不多。固定资产和在建的固定资产合计 5.44 亿元,占总资产的比例超过 10%,说明需要较多的机器设备投入。C 公司无形资产 0.75 亿元,并不算多,这样的指标最好在同行的竞争对手之间作对比,这样定位就会非常清晰。当把这些重要数据加总后发现,距离总资产还有很大的差额,说明公司还有其他项目的金额占比非常大,常规分析已经无法透彻说明,在下一章里我们会做详细分析。

转到上面的"粉色九宫格",列示资产负债表的负债和股东权益(净资产)部分重点项目。公司流动负债 5.61 亿元,比流动资产少很多,公司流动比率高达 612%,说明公司负债非常少。

公司短期借款余额为零，进一步说明公司不缺钱，不需要大量贷款。公司应付账款 0.49 亿元，比起存货 2.27 亿元来说也不算多，说明公司对供应商的付款还是比较及时的。公司应付薪酬 0.13 亿元，应缴税费 0.49 亿元，都比较常规。其他应付款 3.74 亿元，相对较多，可以在后续的分析中详查原因。公司投入资本和经营赚取都是 19 亿多元，在总资产中的占比非常高，说明公司的股东投资盈利能力非常好。

再看"黄色九宫格"的数据分析，列示三大报表的重点分析指标。公司股东回报率 14.6%，是不错的表现；净利润率高达 36.5%，盈利能力可见一斑；毛利率高达 86.5%，说明公司主业销售利润惊人，如果不是生产稀缺产品，就很有可能是垄断行业，否则如此高的毛利只能证明经营能力太强！公司资产负债率仅为 14.1%，说明公司债务非常少；经营性现金流中的销售商品、提供劳务收到的现金占收入的 93.4%，说明公司大部分的收入收回了现金，回收情况很不错。公司的销售费用、管理费用和财务费用等费用合计占收入的 47.4%，是相当高的比例，比成本占比高多了。我们现在可以先脑补一下，生物制品行业的公司都会把费用花到哪里去？流动比率高达 612%，说明流动资产是流动负债的 6 倍。总资产周转率为 0.34 次 / 年，说明资产一年仅周转了三分之一次。净利润现金保障倍数为 0.86，说明公司净利润中真正回收现金的比率是 86%，也算可以接受的表现。

我们用"九宫格"的形式诠释财报，并不是让你拿到报表就把这些数字填进来，如果这些内容都熟悉了，就没有必要这么做了。但如果还没有建立起思维意识框架，建议用"九宫格"或"折纸记忆法"练习一段时间。学习一项新的知识需要坚持不断地练习、记忆，重复一段时间后，等把这些关键内容印在脑子里，就不需要这些辅助工具了。在还没有掌握之前，这些看起来不起眼的辅助工具是帮助你快速进入财报分析领域的利器。后面我们也准备了一些实用小工具，以便把上市公司数据放入这些"九宫格"里，让你能够轻松读取这些重点数据。如果你想要分析自己公司的数据，那么你就把公司的数据填写到"年报"里，这样所有的分析都会自动完成，你就可以用看待上市公司的眼光来审视自己的公司，分析和竞争对手之间的差距，以及距离成为一个公众公司还有多远。

下一章我们就要开始进入真实的财务报表学习了，有了"财报五角大楼""财报九宫格""财报折纸记忆法"做铺垫，相信读者对于报表的重点项目基本上有了比较清晰的了解和认识，这是学习财报非常重要，也是最难以突破的一点，抓住重点才能快速找到核心问题。能把框架和重点深深印在脑子里，你就已经具备财报思维的模式了。

本章思维导图

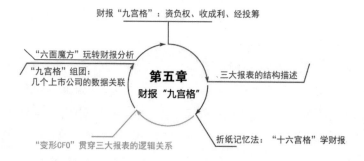

图 5-19　本章思维导图

学习清单

（1）找一个魔方，粘上强力胶，然后把 6 个"九宫格"都填写上，把本章讲解的重要项目放在你容易看到的位置以加强记忆。

（2）找一张 A4 纸，折叠出"十六宫格"，按照本章讲解的内容写好并随身携带，需要分析财报时就拿出来，以加深框架印象。

（3）通过"CFO"的形象加深对三大报表逻辑关系的记忆。

"三表同框" 纵览公司经营全貌

第六章

|本章概括

　　当你分析一家公司或一组数据的时候，通常是希望首先看到全貌，再分别进行细节查看，而三大财务报表也只有组合起来才能看到完整的公司经营数据。可惜无论是上市公司年报还是日常公司的汇报机制，都会让三张报表相互孤立地呈现给管理者，这其实是把数据信息做了物理上的隔离，是不利于理解的。尽管三张报表放在一张 A4 纸上有些紧凑，但三表同框的最大好处就是一眼就能统看公司全貌。

　　学习财报最大的误区就是把每一张报表孤立去看，有的上市公司年报只是一页纸或一份报表，而大多数公司迫于篇幅压力会把一张报表拆开放在两页甚至更多页纸上，懂财报的人默默脑补，把两页纸拼接起来读，对于还没有掌握财报的人来说，这简直就是在朦胧中再罩上一层纱，更加看不懂财报了。

　　财报的三张报表就应当放在一起来看，因为它讲的本来就是同一个公司的事，相互之间有密不可分的关系，而且三张报表上的很多数据可以相互印证。许多跨国企业推崇的可视化管理就是一个非常好的方式，不仅要懂得什么数据重要，而且要明白数字间的逻辑关系，要随时看到逻辑相通的数据，对公司的认识才更加清晰。

　　从本章开始就用真实的报表详细讲解报表内容。在看报表之前我们先来解决大多数"对数字不敏感人士"的最大障碍，即看数字。

一 学会读数字

不要以为这是浪费时间，恰恰是这些小小的数字成了很多人读报表的最大障碍。一位上市公司总裁在跟我讲他们公司的财务报表时，讲到每个数字都会小声数"个、十、百、千、万、十万、百万、千万……"。找到位数就不会读错，这是小学老师教给我们的，可是如果看到报表上每个数字都这么数一下，那不知多久才能看完一张报表。很多人说自己对数字不太敏感，甚至看到数字就厌烦，所以自己不适合做任何跟数字有关的事情。我要说的是，你只是没有掌握读数字的方法，当你每看到一个数字都默读"个、十、百、千、万……"时就已经输给数字了。如果每次都耗费时间做特别没有意义的事情，那么再聪明的人也会放弃的。前面几章我们故意将长数字全部"高位截肢"，把单位统一成"亿元"，就是为了让读者不被具体数字烦恼。但真实的报表可不是这样，会精确到小数点后两位，亿位就代表你每个数字都要默数九位，这工作量可就大了。

1 学会使用"分位符"

千分符跟中国人传统读数的方式不同，我们习惯使用"万""亿"，而千分位分为"千""百万""十亿"等。可惜世界上没有推广"万分符"，否则我们读数肯定能一眼看准，一口读出。假设我们把"|"这个竖线符号称为"万分符"，每四位数就加这么一个符号，那么我们很容易就知道，看到第一个竖线单位就是"万"，第二个竖线单位就是"亿"，第三个竖线单位就是"万亿"或"兆"（这个"兆"跟计算机里字符单位可不同）。我们用这个假设的"万分符"来做个试验，先给出两个数字，看你能最快读出哪个数字。

87868869913.34

878|6886|9913.34

这是一家上市公司"货币资金"的数字。也许你看到第一个数字时候就已经开始"个、十、百、千、万、十万、百万、千万"地默数了，没错，这太正常了，我也会跟你一样读才能读准。

再看第二个数字，是不是就容易读了？我们不用从个位开始读，而是从亿位开始，是不是就把复杂的数字简单化了？

可惜目前在数学领域并没有推广"万分符"，大部分国家在使用"千分符"，即每三位数写一个"，"（有些国家的千分符是点号"."，而小数点用逗号"，"表示）。其实，如果我们学会了读千分符，就会达到跟假设的"万分符"一样的效果，一下就能读准数字。下面举例说明。

1,231,234,567,890.00
万亿 十亿 百万 千

英文中这四个单位都有独立的单词对应

千：thousand

百万：million

十亿：billion

万亿：trillion

英文中的读数就简单多了，万就是"10千"，十万就是"100千"，"亿"就是"100百万"。但我们中国人不习惯这么读，鉴于"千分符"是全世界通用的记位符号，我们只能辛苦一点，自己转化为中国的读法了。

从右往左看，第一个逗号很简单，本身位数就比较少，逗号左边就是"千"，右边就是"百"。逗号左边第二位是我们最熟悉的"万"，即第一个逗号和第二个逗号的"中间数"就是"万"，这是我们需要给自己加深印象的第一个转换位。第二个转换位在第三个逗号的右边，就是"亿"。"万"和"亿"是我们熟悉的，必须要记住，这两个位数在千分符的相对位置，当你能熟练转换的时候就成功了。

现在需要做一个小练习，自己随机指到一个数字，然后马上读出来。例如，看到"1,231,234,567,890.00"这个数里面的"4"马上读出"四百万"；看到里面的"5"马上读出"五十万"；看到左数第二个"1"马上读出"十亿"；看到左数第一个"2"马上读出"两千亿"。给自己找时间多练习一下。然后再看下面的数字。

87,868,869,913.34

如果你能一口气读出"八百七十八亿六千八百八十六万九千九百一十三点三四"（在真实使用场景中通常读到亿位或者万位基本就足够了，不用每个数字都那么精准地读出，完全精准只是会计展示的需要，并不是管理者和财务工作者的需要），那么恭喜你，你可以往下学习了。

我们中国人还喜欢把大的数字缩位为"万元"，那么千分符的代表含义也需要做一下转换。

1,234,567,890.00 万元
十兆 百亿 千万

如果你是公司管理者，那么你应当要求你的财务人员甚至所有人员，在给你任何数据时都必须加上"千分符"。这样坚持一段时间，你就要从一个对数字不敏感的人转变成数字大师了！如果你是财务工作者，那么建议你做任何的数字和报表都加上"千分符"，这样既能够为所有读数据的人提供阅读方便，又能够显示你的专业化。

2 数字排列让"小数点右对齐"

下面再看两张图表，如图 6-1 和 6-2 所示。第一张表是所有数字"居中"，这是很多人喜欢的排版格式，请问你能够一眼看出哪个数大、哪个数小吗？第二张表中数字"右对齐"，但还是很难一眼看清楚哪个数大、哪个数小。对于读报表来说，如果一眼能看出哪个占比高、哪个占比低，就能够在不到一秒内判断出一家公司里的哪些项目类别是最重要的。要知道，占比最大的往往是最应当关注的，如果你一眼看过去无法立即分辨数字大小，那么就相当于给自己理解报表设置了一道门槛。所以你看任何排列好的数字之前，都必须做到"小数点右对齐"。如图 6-3 所示。

流动资产：	
货币资金	87868869913.34
应收票据	1221706039
预付款项	790807322.07
应收利息	241458615.89
其他应收款	31323463.35
存货	22057481376.46
流动资产合计	112249185961.6
非流动资产：	
发放贷款及垫款	33150000
可供出售金融资产	29000000
固定资产	15244096632.02
在建工程	2016405005.77
无形资产	3458622239.38
长期待摊费用	177859674.54
递延所得税资产	1401797361.77
非流动资产合计	22360930913.48
资产总计	134610116875.08

（单位：元）

图 6-1　数字居中列示

流动资产：	
货币资金	87868869913.34
应收票据	1221706039
预付款项	790807322.07
应收利息	241458615.89
其他应收款	31323463.35
存货	22057481376.46
流动资产合计	112249185961.6
非流动资产：	
发放贷款及垫款	33150000
可供出售金融资产	29000000
固定资产	15244096632.02
在建工程	2016405005.77
无形资产	3458622239.38
长期待摊费用	177859674.54
递延所得税资产	1401797361.77
非流动资产合计	22360930913.48
资产总计	134610116875.08

（单位：元）

图 6-2　小数点未对齐

这些小小的动作看起来微不足道，但往往是这些不起眼的呈现方式成为让你惧怕数字的原因。你有没有想过，再大的数字也是我们小学就已经学过的，真正让你产生恐惧的并不是数字有多大，而是数字呈现没有规则，一旦明白了这一点就简单多了。没必要给自己设置障碍，读报表越直观越好，越简单越好。所以建议你从今天开始，做数字的时候谨记两点：设置"千分符"和小数点右对齐。如果你自己不需要做数据，而是别人做好提交给你的话，你就要求他必须设置好这两点再给你提报数据。

3 加强练习，一眼看准位数，一口读出

针对报表数据的读取做一个小练习，看看大家能否做到"一眼看准位数，一口读出"。

先看图 6-3，你能快速找到这个表中最大的数字吗？对，就是"资产总计"，你能否快速把"资产总计"的数字读出来？1346 亿元。除此之外哪一个数字是最大的？你能否一眼看出来是"流动资产合计"？因为做到了"小数点右对齐"，数字大小能一眼看准；因为设置了"千分符"，所以"就能一口读出"流动资产合计"为 1122 亿元。这需要一段时间反复练习，突破读数字的障碍。

流动资产:	
货币资金	87,868,869,913.34
应收票据	1,221,706,039.00
预付款项	790,807,322.07
应收利息	241,458,615.89
其他应收款	31,323,463.35
存货	22,057,481,376.46
流动资产合计	112,249,185,961.60
非流动资产:	
发放贷款及垫款	33,150,000.00
可供出售金融资产	29,000,000.00
固定资产	15,244,096,632.02
在建工程	2,016,405,005.77
无形资产	3,458,622,239.38
长期待摊费用	177,859,674.54
递延所得税资产	1,401,797,361.77
非流动资产合计	22,360,930,913.48
资产总计	134,610,116,875.08

（单位：元）

图 6-3 规范的数字列示方式

流动资产:	
货币资金	878.69
应收票据	12.22
预付款项	7.91
应收利息	2.41
其他应收款	0.31
存货	220.57
流动资产合计	1,122.49
非流动资产:	
发放贷款及垫款	0.33
可供出售金融资产	0.29
固定资产	152.44
在建工程	20.16
无形资产	34.59
长期待摊费用	1.78
递延所得税资产	14.02
非流动资产合计	223.61
资产总计	1,346.10

（单位：亿元）

图 6-4 缩写亿为单位

如图 6-4 所示，当你看完图 6-3 的报表数字，就能一眼看出图 6-4 的报表样式了。如果你在脑子里能自然转化成以"亿"为单位（或以"万"为单位）的数字，那么这一关就算你成功跨越了！学习数字就像学习语言一样，真正好的语言学习方法并不是上来就学音标、语法，而是从小就"磨耳朵"，有大量输入才有输出，输出多了就自然可以形成不经大脑转换脱口而出的说话习惯。读数字也是一样，一定要多看多读，多让自己的眼睛去"输入"，尽量在不同的场景下多看不同的数字，慢慢就会养成自己的读数字习惯，进而掌握数字这门语言，从此就不会再惧怕数字了。

如果这一步没过关，建议你先把读数这一部分多练习一下，培养自己读数的习惯。这一步非常重要，练熟了再接着往下学习。我见过无数学报表失败的人起因就在于读不出数，正是这个不起眼的障碍阻挡了很大一部分管理者接触财务报表。所以，这里稍微放慢一点学习节奏，等你看到任何一个带"千分符"的数字都能在 1 秒内读出来，那么恭喜你，你距离学会财务报表只有一步之遥了！

"三表同框"更有利于理解报表逻辑

当你练熟了数字阅读，就可以正式进入对真实报表的阅读了。在阅读真实报表之前，需要在呈现形式上有所调整和创新。正如本章最开始说的，如果财务报表各自独立，分裂呈现的话，容易造成理解障碍，所以建议你想办法把报表缩小一点，如图 6-5 所示，让三表在一张 A4 纸上呈现，通盘浏览，这样会避免很多不必要的麻烦。下面以通信行业的 L 公司为例，呈现报表。

如果你没有经过前面循序渐进的学习过程，乍看这个报表模式可能有点儿难理解，表里我们已经把数字单位从原始状态的"元"转换成为"亿元"，绝大多数上市公司的"亿元"单位在三位数以下，这样读起来不会很吃力。数字为零的项目暂时不展示，因为项目太多会造成干扰。需要提示的是，报表中没有数字的项目其实也是一种信息，说明这个项目没有发生过或没有余额。

我们把前面学过的"十六宫格"中的报表项目都做了字体放大，且颜色也做了区分，这样看不会觉得吃力。后面我们逐渐过渡，讲到"万元"的时候，"千分符"需要做相应的转换。后面会把数字为零的项目展示出来，这样看会更加全面。最终我们会过渡到"元"，并且将"三表同框"还原为公司年报中的样式。当报表完全孤立呈现的时候，你的脑子里能立即浮现"三表同框"的样式，那么再看报表就游刃有余了。L 公司财报"三表同框"如图 6-5 所示。

在这里需要用到"三个重点关注"来读报表：第一，重点关注结构性合计数；第二，重点关注数字大和变化大的项目；第三，重点关注数字之间有逻辑关系的项目，且对应着看。这一部分是非常重要的学习环节，一定要认真学习。

1 重点关注结构性合计数

先关注结构，"三表同框"整体上跟前面讲到的"CFO"三表位置一致，每个表都有两列数字。通常公司的报表是列示两年的，以体现数字变化和发展趋势，时期的呈现也是越近的日期越往左排，更靠近报表项目描述列，越远的日期越呈现在后面。这样的方式代表越近期的越重要，排列在前面便于快速读到。

接下来需要用到我们前面学过的框架式数据，并找出其在财务报表中的位置。

现金流量表

项目	本年金额	去年金额
一、经营活动产生的现金流量		
销售商品、提供劳务收到的现金	54.53	146.34
收到的税费返还	0.20	0.30
收到其他与经营活动有关的现金	11.62	6.83
经营活动现金流入小计	66.86	157.77
购买商品、接受劳务支付的现金	68.84	127.22
支付给职工以及为职工支付的现金	10.76	10.98
支付的各项税费	1.77	4.05
支付其他与经营活动有关的现金	11.66	18.89
经营活动现金流出小计	93.27	168.45
经营活动产生的现金流量净额	-26.41	-10.68
二、投资活动产生的现金流量:		
收回投资所收到的现金	0.28	0.01
取得投资收益所收到的现金	0.39	0.00
处置固定资产、无形资产和其他长期资产所收回的现金净额	0.01	0.00
收到其他与投资活动有关的现金	6.94	1.22
投资活动现金流入小计	7.62	1.23
购建固定资产、无形资产和其他长期资产所支付的现金	26.11	54.70
投资支付的现金		36.59
支付其他与投资活动有关的现金	1.00	6.70
投资活动现金流出小计	27.11	97.99
投资活动产生的现金流量净额	-19.50	-96.75
三、筹资活动产生的现金流量:		
吸收投资收到的现金	31.58	111.45
取得借款收到的现金	37.46	63.90
收到其他与筹资活动有关的现金	26.89	2.72
筹资活动现金流入小计	95.93	177.07
偿还债务支付的现金	44.35	49.47
分配股利、利润或偿付利息所支付的现金	6.81	4.36
支付其他与筹资活动有关的现金	6.23	28.46
筹资活动现金流出小计	57.39	82.29
筹资活动产生的现金流量净额	38.54	94.77
四、汇率变动对现金及现金等价物的影响	-0.07	0.20
现金及现金等价物净增加额	-7.44	-12.46

资产负债表

资产	本年期末	去年期末	负债	本年期末	去年期末
流动资产			流动负债		
货币资金	8.53	36.69	短期借款	27.55	26.00
应收票据	0.02	0.06	应付票据	-	2.27
应收账款	36.14	86.86	应付账款	65.14	54.21
预付款项	5.74	6.19	预收款项	4.57	1.83
应收利息	0.24	0.18	应付职工薪酬	0.01	0.10
其他应收款	12.20	6.96	应交税费	5.65	7.74
存货	6.53	9.45	应付利息	1.12	0.82
其他流动资产	9.72	12.30	应付股利	0.43	0.26
流动资产合计	79.14	158.69	其他应付款	6.82	1.05
			一年内到期的非流动负债	15.15	26.46
			其他流动负债	18.50	4.09
			流动负债合计	144.94	124.83
非流动资产			非流动负债		
长期股权投资	0.59	7.14	长期借款	-	30.24
可供出售金融资产	7.98	16.91	长期应付款	1.32	1.42
长期应收款	20.90	20.70	预计非流动负债	3.40	0.03
固定资产净额	5.47	11.40	递延所得税负债	0.03	0.03
无形资产	45.67	68.82	长期递延收益	2.46	4.84
开发支出	1.48	6.97	其他非流动负债	33.49	56.15
商誉	7.48	7.48	非流动负债合计	40.70	92.69
长期待摊费用	0.01	0.02	负债合计	185.64	217.52
递延所得税资产	0.55	7.63	所有者权益		
其他非流动资产	9.72	16.58	实收资本(或股本)	39.89	19.82
非流动资产合计	99.84	163.65	资本公积	86.43	61.97
			其他综合收益	-0.28	0.55
			盈余公积	2.86	2.86
			未分配利润	-122.28	17.06
			归属于母公司股东权益合计	6.63	102.26
			少数股东权益	-13.29	2.56
			所有者权益(或股东权益)合计	-6.66	104.82
资产合计	178.98	322.34	负债和所有者权益(或股东权益)总计	178.98	322.34

利润表

项目	本年金额	去年金额
一、营业总收入	70.96	219.87
营业收入	70.25	219.51
二、营业总成本	246.24	223.61
营业成本	97.07	182.29
营业税金及附加	0.20	1.53
销售费用	17.15	23.66
管理费用	14.03	5.96
财务费用	8.73	6.48
资产减值损失	108.82	3.52
投资收益	1.74	0.37
其中对联营企业和合营企业的投资收益	1.36	0.36
三、营业利润	-174.08	-3.37
营业外收入	0.18	0.47
营业外支出	0.71	0.38
非流动资产处置损失	-	0.35
四、利润总额	-174.62	-3.29
所得税费用	7.23	-1.07
五、净利润	-181.84	-2.22

图 6-5 L 公司财报"三表同框"

　　首先要将脑海里的"财报五角大楼"呈现出来，找到其在报表里的位置：总资产 178.98 亿元、总负债 185.64 亿元、总收入 70.96 亿元、净利润 -181.84 亿元、净现金 -7.44 亿元。这五个数字我们在"财报五角大楼"一章中已经明确指出其在报表的位置，在"三表同框"里也很容易找到。"财报五角大楼"可以帮助我们做好数字"锚定"，即看到财报马上"锚定"这五个数字，这样就很容易勾勒出财报的大致轮廓，拿到财报时才不会有恐惧心理。

　　然后再把财报"九宫格"呈现出来，找到报表里的位置。如图 6-6 所示，从报表中分别找到"九宫格"里的数字。

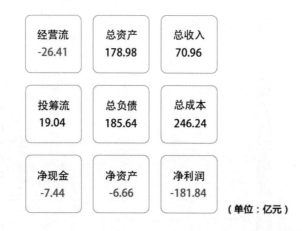

经营流 -26.41	总资产 178.98	总收入 70.96
投筹流 19.04	总负债 185.64	总成本 246.24
净现金 -7.44	净资产 -6.66	净利润 -181.84

（单位：亿元）

图 6-6　L 公司财报"九宫格"

　　经营流就是现金流量表里的经营活动产生的现金流量净额，投筹流就是投资活动产生的现金流量净额和筹资活动产生的现金流量净额的合计数。最左列三个数字代表现金流量表的结构和重点数据。总资产、总负债在"财报五角大楼"部分讲过，净资产是指所有者权益（或股东权益）合计，位于资产负债表中右下角位置，这一列三个数代表资产负债表的整体结构。总成本在利润表中体现为"二、营业总成本"，这一列三个数代表利润表的整体结构。

　　再把财报"折纸记忆法"里的"十六宫格"在报表里找出来，如图 6-7 所示。

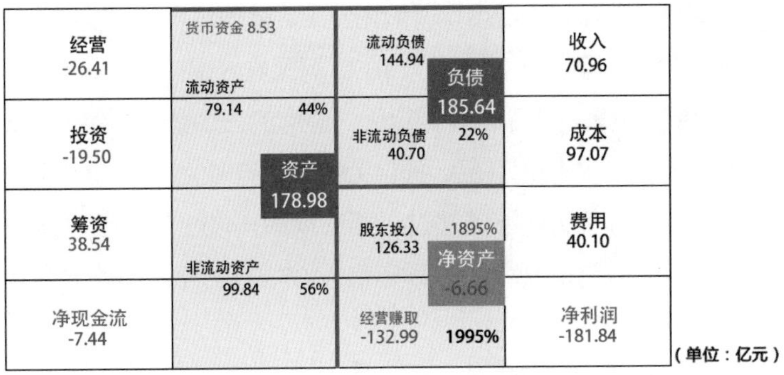

经营 -26.41	货币资金 8.53	流动负债 144.94	收入 70.96
	流动资产	负债 185.64	
投资 -19.50	79.14　　44%	非流动负债 40.70　　22%	成本 97.07
	资产 178.98		
筹资 38.54		股东投入 -1895% 126.33	费用 40.10
	非流动资产	净资产 -6.66	
	99.84　　56%		
净现金流 -7.44		经营赚取 1995% -132.99	净利润 -181.84

（单位：亿元）

图 6-7　L 公司财报"十六宫格"

这个"十六宫格"的位置跟真实报表"三表同框"的位置很像，从左到右拆分"CFO"结构，就是现金流量表、资产负债表、利润表。先看最右边利润表的三大结构组成：收入、成本、费用，最终得出当年的净利润。再看最左边现金流量表三大结构组成：经营性现金流、投资性现金流、筹资性现金流，最终得出当年的净现金流。最后回到中间的资产负债表三大结构组成：资产、负债、净资产（所有者权益）。"十六宫格"中的数字全部都可以从"三表同框"中直接找到，有"十六宫格"框架打基础，再结合来看"三表同框"，同时把数字单位都换算成"亿元"，是不是就觉得很简单了？

2　重点关注数字大和变化大的项目

简单地说，看完结构性合计数以后，再看报表项目中哪个数大或哪个数变化大，就首先重点关注这些数字。因为数大就代表占比大，说明对财报的影响大，所以关注影响大的数字是对的选择。

还是先从最右边分析，我们还是先从图 6-5 最右面的利润表开始，资产减值损失为108.82，是利润表中最大的数字，这就很奇怪了。什么是资产减值损失呢？是指资产的账面价值已经与这个资产在市面上的公允价值不匹配了，也就是说，这家公司的某些资产已经比市值跌了 100 多亿元。这就很容易理解为这家公司 170 多亿元资产（见图 6-5 中"资产负债表"最后一行）其实原来应当是 270 多亿元，后来跌了 100 多亿元才变成了 170 多亿元。上一年这个跌价数字只有 3 亿元，经过一年的经营竟然跌了 100 多亿元，而这一年的收入也才70 多亿元，可见这家公司的账面资产有多虚！

对比一下从去年到今年的数字变化，收入大幅度下降 68%，而营业总成本却并没有随收入同比下降，反而增加了10%，"费用"（销售费用、管理费用、研发费用、财务费用）占收入的比例高达56%，而上一年这个数字仅为16%，可见收入锐减对公司产生了致命的打击！

再看最左边的现金流量表，除了合计数以外，最大的三个数分别是"购买商品、接受劳务支付的现金"68.84亿元、"销售商品、提供劳务收到的现金"54.53亿元、"偿还债务支付的现金"44.35亿元。前面两项都关注过，第三项的44.35亿元很可能是借新债还旧债所致，因为在"取得借款收到的现金"一项有借入37.46亿元，那就需要考虑这些债将来怎么还了。

回到中间看资产负债表，资产部分除了合计数以外，最大的三个数分别是无形资产、应收账款和长期股权投资。无形资产为45.67亿元，这个数字上一年是68.82亿元，我们前面分析过，公司购建固定资产、无形资产和其他长期资产所支付的现金项目已付出26.11亿元，这其中肯定有无形资产，怎么与去年相比反而少了呢？只要翻开公司年报一看就知道了，无形资产减值损失计提32.80亿元，也就是说，公司无形资产的市值已经不值那么多钱了。应收账款为36.14亿元，比上一年的86.86亿元也减少很多，是钱都收回来了吗？查一查年报，公司计提坏账损失为60.94亿元，这么算起来，公司的应收账款账面应该是36+61=97亿元，比上一年还多。在收入骤降的情况下，应收账款却在增加，可以看出这家公司的运营管理存在很大问题。在近百亿元的应收账款中超过60%很可能无法回收，这个比例实在恐怖。长期股权投资为20.90亿元，与去年几乎持平，说明公司对外投资还相对稳定一些。

资产负债表中的负债部分，最大的三个数分别是应付账款、其他非流动负债、短期借款。"应付账款"为65.14亿元，试想一下，如果公司应收账款坏账损失60.94亿元不是坏账，而是全额收回来了，差不多恰好可以把应付账款全部付清。当然，现实当中不会出现这样的直接配比，但至少资金上不会出现如此大的压力。应付账款也比上一年增加了10多亿元，资金压力逐年加大。其他非流动负债为33.49亿元，翻开公司年报查看一下就知道，这个数字包括两个基金和政府资金管理公司的资金，基金公司投入后可能尚未确认股权或无法确认股权而放置在这里；政府引导资金应当是当时投给了"有发展前景的公司"。短期借款为27.55亿元，现金流量表中显示归还了44.35亿元借款，这样算来还有27亿元借款需要在一年内归还，如果没有新投资进来，估计还得用新债还旧债。

数字占比大的和变化大的项目分析完，几乎涵盖了公司的主要事项。分析报表没有必要做到面面俱到，深挖每个项目。当然，如果有特殊事项，哪怕数字很小也应当了解数字背后的逻辑。我们现在把数字都以"亿元"呈现，所以看起来数字都不大。但你想，以"亿元"

为单位时，个位数就是亿元，已经不是很小的数字了，所以就算占比比较低，只要性质特殊，也要像对待占比大的数字一样逐一分析。

3 重点关注数字之间有逻辑关系的项目，且对应着看

之所以呈现"三表同框"，就是为了让数字之间的逻辑关系更加清晰地展示在眼前，下面教大家把几个有逻辑关系的数字对应来查看。

（1）销售和收款与应收

利润表中的"一、营业总收入"，70.96亿元

现金流量表中的"销售商品、提供劳务收到的现金"，54.53亿元

资产负债表中的"应收账款"，36.14亿元

这三个数字是有逻辑关系的，公司产生销售收入，想对应就应当回收现金，没有回收的就形成应收账款。

我们来看上面的数据，全年形成销售收入70.96亿元，理想状态中这70.96亿元及与之相伴随的增值税额全部都应回收现金，但实际上回收的销售现金只有54.53亿元，如果仅看这一年的数字好像还说得过去，但要知道利润表里的收入是不含增值税的，如果加上6%的增值税（暂按6%来测算）就会变为70.96×1.06=75.22亿元，意味着有超过20多亿元的现金没有回收。如果连同去年的数字一起看，可能又会有新发现，要知道回收现金中也包括去年没有收到的销售款。

如图6-5所示，去年L公司营业总收入为219.87亿元，回收现金仅146.34亿元，算上税的话这中间有86多亿元没有收回来，加上今年产生的，总共有100多亿元没有回收，也就是说，两年共产生了100多亿元的应收账款。再看今年的应收账款，为36.14亿元，前面我们讲过，L公司应收账款的坏账准备为60.94亿元，也就是说，应收账款应当是97亿元，结合收入和回款来看，97亿元都是在近两年内产生的，两年内公司做坏账准备60多亿元，估计这些钱能收回来的可能性很小。两年产生如此多的应收账款没有回收，又确认了这么高额的坏账准备金，不能不说L公司隐患巨大。

通过以上的模式看财务报表，是不是很容易就能看出逻辑上隐藏的经营秘密？任何一家公司的财务报表都具有同样的逻辑关系，你可以用这样的逻辑分析任何一家公司的销售和回款情况。当然也可以分析一下你自己公司的报表，看看自己公司的销售数据是否健康。

（2）采购与存货、成本和应付

利润表中的"营业成本"，97.07 亿元

现金流量表中的"购买商品、接受劳务支付的现金"，68.84 亿元

资产负债表中的"应付账款"，65.14 亿元

资产负债表中的"存货"，6.53 亿元

这四个数字都是与采购相关的逻辑关系，公司为了销售而购买商品形成存货，买入后卖出形成营业成本，买入商品就需要付款，没有付款的就形成应付账款。

看 L 公司的采购情况，全年由销售产生的营业成本为 97.07 亿元，从存货余额 6.53 亿元来看，公司基本上不留库存，属于快进快出的状况。对于传统管理模式的公司来说，存货余额占营业成本的 6.7%，还算不错的表现。再看资金支付情况，全年支付采购款为 68.84 亿元，距离全年销售货物的成本价 97.07 亿元少支付了 28.23 亿元。快进快出企业的供应商通常要款都是比较积极的，因为占用资金的成本会很高，甚至会拖垮一家公司。再看去年的支付情况，销售产品的成本为 182.29 亿元，支付的采购款为 127.22 亿元，这中间有 55.07 亿元没有付款，与今年的 28.23 亿元加起来是 83.30 亿元，比应付账款余额 65.14 亿元还多，说明应付账款都是近两年产生的，也说明公司以前给供应商付款还是非常积极的。

就营业成本 97.07 亿元而言，公司的采购部门付款要比销售部门收款积极得多！如果你的公司处于这样的状况，是不是就只能向银行贷款了？相当于你从银行"买"来资金（买的代价就是支付利息），然后免费给你的客户使用，这个生意看起来是不太划算的，除非你的利润相当高，至少超出贷款利息几倍才划算。L 公司处于巨额亏损状态还在贷款支付利息，且利息占到公司销售额的 12%，这已经非常高了。如果你是 L 公司分管销售的副总裁，那么第一要务就是尽快把这 97.07 亿元要回来。

（3）净利润与经营净现金流

利润表中的"五、净利润"，－181.84 亿元

现金流量表中的"经营活动产生的现金流量净额"，－26.41 亿元

这两个数字间的逻辑关系前面提到过，就是看公司的利润中有多少回收了现金，有多少还没有收到现金。但很遗憾的是，L 公司的这两个数字都是负数，失去了体现利润回收现金情况的解释能力。不过这其中的差额也能说明一些问题，净利润比经营性净现金流少了155.43 亿元。在利润表中，有几项是不需要支付现金的，如"折旧摊销""减值准备"等，

这些都会使利润减少而不需要付现金。L 公司当年资产减值 108.82 亿元，并且在公司年报中的现金流量表附表提及固定资产折旧和无形资产摊销总额为 34 亿元，还能看到公司处置固定资产、无形资产等损失了 10 亿元，没有形成支付，所以这三大类加起来是 151 亿元，跟净利润与经营净现金流大致吻合。当然这个逻辑关系在财务年报中会有详细的数字计算和逻辑展示，感兴趣的读者也可以找上市公司的财务报表看一下。

（4）借款还款与当下借款的余额

> 现金流量表中的"取得借款收到的现金"，37.46 亿元
>
> 现金流量表中的"偿还债务支付的现金"，44.35 亿元
>
> 资产负债表中的"短期借款"，27.55 亿元
>
> 资产负债表中的"长期借款"，没有余额

这四项内容都说明了公司的借款状况，现金流量表是指在此期间所有进进出出的借款、还款，资产负债表的长期短期借款都是指在这个期末还有多少借款没还。

L 公司当年总共借了 37.46 亿元，这一年也做了还款 44.35 亿元，资产负债表里的短期借款余额是 27.55 亿元，长期借款已经全部还清（年初是 30.24 亿元）。这样看来，44.35 亿元中有 30 亿元可能是归还了长期借款，14 亿元是归还了短期借款。而公司又重新借了 37.46 亿元，按道理说，公司期初有 26 亿元短期借款，加上 37 亿元新借款，再减掉归还长期借款后余下的 14 亿元，短期借款应当有 49 亿元的余额，而现在余额是 27.55 亿元，还有 21 亿多元的逻辑差额。或许是公司通过其他渠道做了借款归还，或许除了短期借款和长期借款外，还有其他形式的借款存在，这需要进一步查看公司年报来深究。这就是财报逻辑，能知道哪个数字跟哪个数字有逻辑关系，而发现逻辑关系不稳固的时候，很可能就要发现问题了。

看到这里，我们就有必要把三大报表中包含"零"部分的项目全部呈现出来了。其实项目为零也代表一定的含义，说明公司在这一项上没余额或没有发生额，这也能说明很多问题。如图 6-5 所示，资产负债表中的交易性金融资产（可以暂时理解为短期投资，如买股市的股票等）为零，说明公司很可能没有短期投资的行为。再往下看，在建工程期初、期末都为零，说明公司很可能没有在建设的固定资产。这样的判断可以排除对公司理解上的一些障碍，可以了解公司不做什么或者没做什么，更加清楚地把握公司的业务范畴。

建议读者在解读报表的时候一定要"三表同框"来看，尽管没有哪家上市公司的财报如此呈现。将报表"三表同框"排列能将相互关联的数字在同一张纸上或同一个视线下呈现，

不用翻来翻去到处找，就已经排除了很大的障碍。我始终认为，最不起眼的障碍反而是导致很多人无法掌握财报逻辑的重要因素。

后续章节我们会运用商业经营循环关系来详细阐述三大报表之间的项目逻辑关系。理解了这层关系，再回来读报表，特别是在"三表同框"里阅读，会让你看到更真实的财报世界。

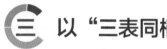 以"三表同框"模式分析一家公司

下面巩固一下，来看 C 公司的"三表同框"展示出什么样的状况。我们还是按照"三个重点关注"来解读三大报表。

1 第一，重点关注结构性合计数

不妨先回忆一下 C 公司的"财报五角大楼"，找到其在报表中的位置：总资产 45.10 亿元、总负债 6.35 亿元、总收入 15.53 亿元、净利润 5.68 亿元、净现金 - 1.64 亿元。用"财报五角大楼""锚定"财报中的重要数字，就对报表熟悉起来。

再把财报"九宫格"呈现出来，找到在报表里的位置，如图 6-8 所示。

经营流 4.86	总资产 45.10	总收入 15.53
投筹流 -6.47	总负债 6.35	总成本 9.67
净现金 -1.64	净资产 38.76	净利润 5.68

（单位：亿元）

图 6-8　C 公司财报"九宫格"

"九宫格"在报表中的位置很容易找，三列数字分别代表"CFO"报表排列顺序，每一列都代表这张报表的框架结构和重要数值。下面快速过渡到财报"折纸记忆法"里的"十六宫格"，如图 6-9 所示，更深入地展示财报框架结构。

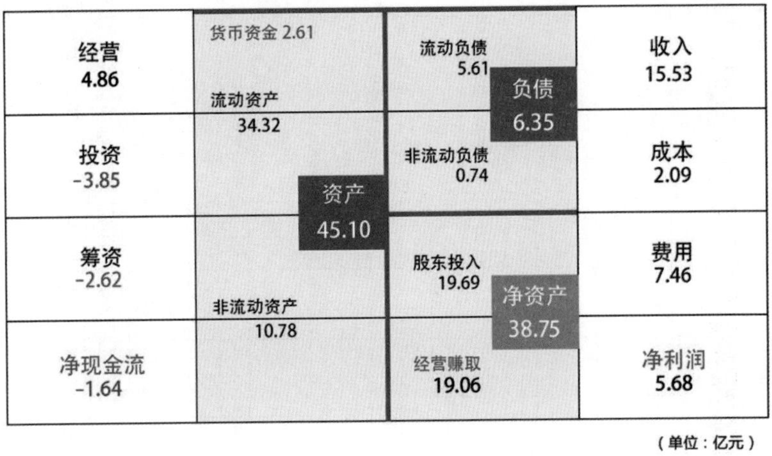

经营 4.86	货币资金 2.61	流动负债 5.61	负债 6.35	收入 15.53
投资 -3.85	流动资产 34.32	非流动负债 0.74		成本 2.09
筹资 -2.62	资产 45.10	股东投入 19.69		费用 7.46
净现金流 -1.64	非流动资产 10.78	经营赚取 19.06	净资产 38.75	净利润 5.68

（单位：亿元）

图 6-9 C 公司财报"十六宫格"

用结构化思维思考一下每一个数字代表的含义、大体比例、增加或减少的原因等，总结一下前面所学，然后再往下读。

2 第二，重点关注数字大和变化大的项目

我们来看 C 公司的"三表同框"。如图 6-10，还是先从利润表开始，就是最右边的报表。除了收入以外，单项费用中最大的数值是销售费用，为 5.83 亿元，说明 C 公司是典型的以销售驱动经营的公司。销售费用也是本年利润表中增幅最大的一个项目，与收入的增幅作对照，收入增长 53%，销售费用增长 153%，利润增幅大幅超过收入增幅，说明 C 公司这一年在销售上的投入力度相当大，以前一年花 2 亿元，这一年花了接近 6 亿元，可见公司对市场的决心！不过有一点令人疑惑，公司销售收入增长 53%，销售成本却不增反降，上一年的成本率为 21%，而这一年的成本率只有 13%。成本率大幅下降只有三种可能性：一种是原材料、人工等成本大幅度下降而销售价格没变；一种是销售价格大幅度提高而成本没变；还有一种是销售成本降低而销售价格却提高了。这三种可能性都是投资人做梦都想看到的。

（单位：亿元）

现金流量表

项目	本年金额	去年金额
一、经营活动产生的现金流量		
销售商品、提供劳务收到的现金	14.50	7.82
收到的税费返还	0.80	0.52
收到其他与经营活动有关的现金	15.30	8.34
经营活动现金流入小计	1.97	0.88
购买商品、接受劳务支付的现金	1.01	0.92
支付给职工以及为职工支付的现金	1.73	1.05
支付的各项税费	5.73	2.53
支付其他与经营活动有关的现金	10.44	5.38
经营活动现金流出小计	4.86	2.97
经营活动产生的现金流量净额		
二、投资活动产生的现金流量：		
收回投资所收到的现金	0.11	
取得投资收益所收到的现金	0.79	0.27
处置固定资产、无形资产和其他长期资产所收回的现金净额	0.01	0.00
处置子公司及其他营业单位收到的现金净额		
收到其他与投资活动有关的现金	84.86	2.19
投资活动现金流入小计	85.77	2.46
购建固定资产、无形资产和其他长期资产所支付的现金	3.19	0.56
投资支付的现金	0.61	0.12
取得子公司及其他营业单位支付的现金净额		0.12
支付其他与投资活动有关的现金	85.82	19.53
投资活动现金流出小计	89.62	20.33
投资活动产生的现金流量净额	-3.85	-17.87
三、筹资活动产生的现金流量：		
吸收投资收到的现金	0.33	0.01
其中：子公司吸收少数股东投资收到的现金		0.01
取得借款收到的现金		
发行债券收到的现金		0.00
收到其他与筹资活动有关的现金	0.33	0.01
筹资活动现金流入小计	0.06	0.57
偿还债务支付的现金	2.90	1.46
分配股利、利润或偿付利息所支付的现金		
其中：子公司支付给少数股东的股利、利润	2.95	2.02
支付其他与筹资活动有关的现金	-2.62	-2.01
筹资活动现金流出小计		
筹资活动产生的现金流量净额		
四、汇率变动对现金及现金等价物的影响	-0.03	0.02
五、现金及现金等价物净增加额	-1.64	-16.89
加：期初现金及现金等价物余额	3.79	20.69
六、期末现金及现金等价物余额	2.15	3.79

资产负债表

资产	本年期末	去年期末	负债	本年期末	去年期末
流动资产			流动负债		
货币资金	2.61	4.12	短期借款		
交易性金融资产			交易性金融负债		
衍生金融资产			应付票据	0.33	0.42
应收票据			应付账款	0.49	0.82
应收账款	0.00		预收款项	0.44	0.52
预付款项	7.92	6.65	应付手续费及佣金		
应收股利	0.19	0.21	应付职工薪酬	0.13	0.10
应收利息			应交税费	0.49	0.39
其他应收款	0.77	0.02	应付利息		
买入返售金融资产			应付股利		
存货	2.27	2.54	其他应付款	3.74	1.95
划分为持有待售的资产		0.57	预收账款		
一年内到期的非流动资产			应付短期债券		
待摊费用			一年内到期的非流动负债		0.06
其他流动资产			其他流动负债		
流动资产合计	20.55	19.54	流动负债合计	5.61	4.26
	34.32	33.66			
非流动资产			非流动负债		
			长期借款		
发放贷款及垫款			应付债券	0.00	0.00
可供出售金融资产	1.05		长期应付款		
持有至到期投资			长期应付职工薪酬		
长期应收款			专项应付款	0.74	0.29
长期股权投资	0.25		预计非流动负债	0.08	0.07
投资性房地产			递延所得税负债	0.65	0.22
固定资产	4.46	4.59	其他非流动负债		
在建工程	0.98	0.31	非流动负债合计	6.35	4.55
工程物资			负债合计	9.74	9.69
固定资产清理			所有者权益	10.29	9.84
生产性生物资产	0.75	0.51	实收资本（或股本）	0.33	
油气资产			资本公积		
无形资产	1.01	0.22	库存股		
开发支出			其他综合收益		
商誉	0.47	0.47	专项储备		
长期待摊费用	0.05	0.00	盈余公积	0.42	0.42
递延所得税资产	0.77	0.50	一般风险准备		
其他非流动资产	0.98	0.12	未分配利润	18.45	15.69
非流动资产合计	10.78	6.72	归属于母公司股东权益合计	38.57	35.65
资产合计	45.10	40.38	少数股东权益	0.19	0.18
			所有者权益（或股东权益）合计	38.76	35.83
			负债和所有者权益（或股东权益）总计	45.10	40.38

利润表

项目	本年金额	去年金额
一、营业总收入	15.53	10.18
营业收入	15.53	10.18
二、营业总成本	9.67	5.45
营业成本	2.09	2.13
营业税金及附加	0.09	0.06
销售费用	5.83	2.31
管理费用	1.54	1.11
财务费用	0.00	-0.11
资产减值损失	0.12	-0.05
公允价值变动收益		
投资收益	0.74	0.25
其中：对联营企业和合营企业的投资收益	-0.00	
汇兑收益		
三、营业利润	6.66	4.98
营业外收入	0.00	0.05
营业外支出	0.01	0.01
其中：非流动资产处置损失		
四、利润总额	6.64	5.02
所得税费用	0.97	0.73
五、净利润	5.68	4.29
归属于母公司所有者的净利润	5.66	4.25
少数股东损益	0.01	0.04
六、每股收益		
基本每股收益	0.00	0.00
稀释每股收益	0.00	0.00
七、其他综合收益		
八、综合收益总额	5.68	4.29
归属于母公司所有者的综合收益总额	5.66	4.25
归属于少数股东的综合收益总额	0.01	0.04

图 6-10　C公司财报"三表同框"

再看现金流量表，就是最左边的报表。占比最大的三个数字分别是支付的其他与投资活动有关的现金 85.82 亿元、收到的其他与投资活动有关的现金 84.86 亿元、销售商品、提供劳务收到的现金 14.50 亿元。跟投资有关的两个"其他"，一个指支出一个指收入。说到这里，就需要重点说一下财务里面的"其他"。之所以要有"其他"，是因为在公司日常经营中不好归类的类别会兜底性地放在这里，财务报表高度提炼了经营的精华，绝大多数经营项目能够在正常列示项目中体现出来，不能体现的才会进入"其他"。通常这个"其他"的金额不会太大，而当你发现财务报表中"其他"项目的数字巨大时，就要高度重视了，要关注公司是不是"不务正业"了。

查看公司年报可以知道，这两笔"其他"都用于理财产品，用 80 多亿元买理财产品，"真有钱"！不过转念一想，公司总资产只有 45 亿元，不可能有一笔 80 多万亿元的投资，肯定是几十亿元反复购买、赎回、购买、赎回，累计达到 80 多亿元。这就容易理解了。你看，通过分析又了解了一些别人看不到的公司秘密！

接着看资产负债表，除了合计数以外，最大的资产项目是其他流动资产 20.55 亿元，又是一个"其他"。这个"其他"跟现金流量表里的两个"其他"会不会有关系呢？查阅公司财报发现，这一项果然也是用于理财产品，这就容易理解了，公司用 20 亿元买了四次理财产品，又卖掉了四次，即倒了四次手。应收账款 7.92 亿元在资产中排第二，在资产的经营类中金额远远大于其他项目，是应该重点关注的项目，可以深挖一下，也可以在后续逻辑关系中分析。固定资产净额 4.46 亿元，在资产中的额度也比较大，相当于公司用价值 4 亿多元的固定资产在一年内生产了 2 亿元的产品，卖出了 15 亿元，这样一分析，C 公司的资产使用效率还是挺高的。再看负债，其他应付款 3.74 亿元，又出来一个"其他"，看来 C 公司的"其他"还真是多呀！这么多"其他"说明公司的经营其实有一些不寻常之处。打开年报找到报表附注，其中有说明 3.16 亿元是应付未付的推广服务费。推广服务费是跟销售费用有关联的，还记得 C 公司的销售费用在收入中占比最大吗？这应该与推广服务有关。

顺便看一下 C 公司销售费用的组成，还是查看年报的报表附注，找到销售费用明细，在总额 5.80 亿元的销售收入中，推广服务费有 4.40 亿元，占销售费用的 76%。这就合理了，说明公司花费大量的推广服务费为产品打开销路，推广服务费比产品本身还要贵！再看长期递延收益，为 0.65 亿元，在负债中占比第二。长期递延收益就是应当在以后确认为收入或收益的项目。通常公司在做政府补贴类项目或科技项目时，会收到一定的拨款，同时需要按照项目要求做出成果，这些项目通常要花费一段时间才能够完成，少则几个月，多则几年。C 公司 0.65 亿元的长期递延收益，如果打开财务报表附注看明细，可以推测这项基本上就是科技项目或政府补贴类项目。这样来看，C 公司的研发能力还是很受认可的。最后看应付账款，为 0.49 亿元，这跟销售成本比起来就比较少了，说明 C 公司基本上不拖欠供应商货款。

3 第三，重点关注数字之间有逻辑关系的项目，且对应着看

如图 6-10 所示，再用业务逻辑的方式来分析一下三大报表中重要数字之间的关系。

（1）销售和收款与应收

利润表中的"一、营业总收入"，15.53 亿元

现金流量表中的"销售商品、提供劳务收到的现金"，14.50 亿元

资产负债表中的"应收账款"，7.92 亿元

这三个数字的逻辑关系是公司产生销售收入，对应的就应当回收现金，没有回收的就形成应收账款。

C 公司收入 15.53 亿元，回收现金 14.50 亿元，说明大多数收入回收了现金。前面我们提到过，利润表里的收入是不含增值税的，而回收现金是包含增值税的，所以如果要算比例的话，15.53×1.17=18.17 亿元（暂且按照 C 公司的收入都缴纳 17% 的增值税率计算。增值税率在 2018 年以后变更为 16%，2019 年以后变更为 13%），那么资金回收率是 14.50÷18.17=80%，算不错的表现，说明 C 公司在市场上是有一定竞争力的，客户的付款是比较快就会回款的。公司应收账款 7.92 亿元，差不多占全年销售收入的一半，而从年初到年末也只增加了 1.27 亿元，相对增长并不多，从另一个侧面表明 C 公司的收款意识比较强，会尽量多回收货款。

（2）采购与存货、成本和应付

利润表中的"营业成本"，2.09 亿元

现金流量表中的"购买商品、接受劳务支付的现金"，1.97 亿元

资产负债表中的"应付账款"，0.49 亿元

资产负债表中的"存货"，2.27 亿元

这四个数字的逻辑关系都是与采购相关，公司为了销售而购买商品形成存货，买入后卖出形成营业成本，买入商品就需要付款，没有付款的就形成应付账款。

C公司全年销售产生营业成本为2.09亿元,而公司的存货为2.27亿元,也就是说,公司备了整一年的库存。一般来说,如果不是稀缺资源,或生产周期不是以年为单位,普通公司是不需要做这么多库存的,这一点可以作为关注重点考察公司的生产情况。公司这一年支付了1.97亿元货款,基本上接近营业成本的金额,表明公司不怎么欠供应商的钱,结合去年的报表看,一年销售的成本为2.13亿元,支付给供应商的钱只有0.88亿元,去年的应付账款也只有0.82亿元,基本上没有拖欠供应商账款,说明C公司的资金筹措能力非常强。因为产品超级赚钱,自己手里也有钱,所以公司面对所有需要付款的事项都能相当从容。你也可以顺着这样的思路继续思考,例如C公司为何如此有竞争力,为何利润如此之高等,这就是财报分析的价值体现。

(3)净利润与经营净现金流

利润表中的"五、净利润",5.68亿元

现金流量表中的"经营活动产生的现金流量净额",4.86亿元

这两个数字间的逻辑关系体现公司的利润中有多少回收了现金,多少还没有收到现金。

C公司这两个数字都是正数,这样就可以正常分析了。公司净利润为5.68亿元,回收了4.86亿元现金,回收率不错,基本上接近净利润。净利润中资产减值0.12亿元、折旧摊销0.28亿元,这是没有支付现金的,可以正常投资收益,收到的0.74亿元现金也不属于日常经营,5.68+0.4-0.74=5.34亿元,5.34-4.86=0.48亿元,也就是说只有0.48亿元没有回收。当然,这里只是列举了几个比较突出的项目,其实影响因素还有好多,暂且用简单的数字做测算,来快速得到一个初步结论。也可按照这样的思路做测算,利用公司发布的年报更加细致地分析、了解公司情况。

快速浏览公司的"三表同框",希望你能用这样的方法快速建立起对财务报表的逻辑概念,养成"三表同框"一起查看的习惯。这一关突破了,基本上你就能自由读报表了。下一章我们会把财务报表中涉及的所有报表项目都进行讲解,学会结构、逻辑以后,再认识报表上的每个项目到底代表什么含义,有什么特殊事项,以及每个项目跟其他项目有什么关系就一目了然了。

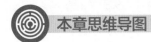 **本章思维导图**

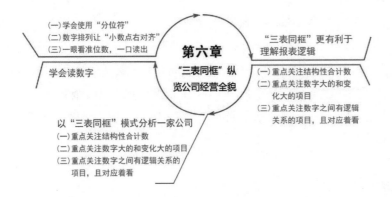

图 6-11　本章思维导图

 学习清单

（1）学会利用"千分符"快速读取大的数字，并找一些上市公司的年报来练习。

（2）用"三表同框"的方式阅读财务报表。

（3）"三表同框"首先要关注结构性合计数。

（4）"三表同框"要关注数字大和变化大的项目，注意挖掘原因。

（5）"三表同框"要关注有逻辑关系的数字，相互对照，用业务贯穿起来解读和挖掘。

三大财务报表项目分解基础

|本章概括

当你拿到财务报表的时候，一定要先关注五个细节事项：是什么表、是哪家公司的、是什么时间／期间的、金额单位是什么、数字的列示顺序。

中华人民共和国财政部（以下简称财政部）对报表内容有明确的格式要求。对于报表使用人来说，熟悉报表格式的渠道有两大种：上市公司和税务填报。上市公司会对外公开财务报表，格式显然是较为固定的，与上市公司有关的人士会更加在意这些报表项目。而非上市公司，特别是中小微企业，更在意的是税务机关要求填报的财务报表格式，这个格式更固定，即在税务申报网站上填数字，格式能由企业任意增减。如图 7-1 所示，财政部在 2019 年发布了供一般企业使用的财务报表格式的修订模板，并废除了前一年刚发布的模板格式，也就是说，报表格式是随着社会发展及相关监管要求等因素的变化而变化的。

现金流量表

企业03表　单位：元

项目	本期金额	上期金额
一、经营活动产生的现金流量：		
销售商品、提供劳务收到的现金		
收到的税费返还		
收到其他与经营活动有关的现金		
经营活动现金流入小计		
购买商品、接受劳务支付的现金		
支付给职工以及为职工支付的现金		
支付的各项税费		
支付其他与经营活动有关的现金		
经营活动现金流出小计		
经营活动产生的现金流量净额		
二、投资活动产生的现金流量：		
收回投资收到的现金		
取得投资收益收到的现金		
处置固定资产、无形资产和其他长期资产收回的现金净额		
处置子公司及其他营业单位收到的现金净额		
收到其他与投资活动有关的现金		
投资活动现金流入小计		
购建固定资产、无形资产和其他长期资产支付的现金		
投资支付的现金		
取得子公司及其他营业单位支付的现金净额		
支付其他与投资活动有关的现金		
投资活动现金流出小计		
投资活动产生的现金流量净额		
三、筹资活动产生的现金流量：		
吸收投资收到的现金		
取得借款收到的现金		
收到其他与筹资活动有关的现金		
筹资活动现金流入小计		
偿还债务支付的现金		
分配股利、利润或偿付利息支付的现金		
支付其他与筹资活动有关的现金		
筹资活动现金流出小计		
筹资活动产生的现金流量净额		
四、汇率变动对现金及现金等价物的影响		
五、现金及现金等价物净增加额		
六、期末现金及现金等价物的余额		

资产负债表

企业01表　单位：元

资产	期末余额	年初余额	负债和所有者权益（或股东权益）	期末余额	年初余额
流动资产：			流动负债：		
货币资金			短期借款		
以公允价值计量且其变动计入当期损益的金融资产			以公允价值计量且其变动计入当期损益的金融负债		
衍生金融资产			衍生金融负债		
应收票据			应付票据		
应收账款			应付账款		
预付款项			预收款项		
应收利息			应付职工薪酬		
应收股利			应交税费		
其他应收款			应付利息		
存货			应付股利		
持有待售资产			其他应付款		
一年内到期的非流动资产			持有待售负债		
其他流动资产			一年内到期的非流动负债		
流动资产合计			其他流动负债		
非流动资产：			流动负债合计		
可供出售金融资产			非流动负债：		
持有至到期投资			长期借款		
长期应收款			应付债券		
长期股权投资			其中：优先股		
投资性房地产			永续债		
固定资产			长期应付款		
在建工程			预计负债		
生产性生物资产			递延收益		
油气资产			递延所得税负债		
无形资产			其他非流动负债		
开发支出			非流动负债合计		
商誉			负债合计		
长期待摊费用			所有者权益（或股东权益）：		
递延所得税资产			实收资本（或股本）		
其他非流动资产			其他权益工具		
非流动资产合计			其中：优先股		
			永续债		
			资本公积		
			减：库存股		
			其他综合收益		
			专项储备		
			盈余公积		
			未分配利润		
			所有者权益（或股东权益）合计		
资产总计			负债和所有者权益（或股东权益）总计		

利润表

企业02表　单位：元

项目	本期金额	上期金额
一、营业收入		
减：营业成本		
税金及附加		
销售费用		
管理费用		
财务费用		
其中：利息费用		
利息收入		
加：其他收益		
投资收益（损失以"—"号填列）		
其中：对联营企业和合营企业的投资收益		
资产减值收益（损失以"—"号填列）		
公允价值变动收益（损失以"—"号填列）		
二、营业利润（亏损以"—"号填列）		
加：营业外收入		
减：营业外支出		
三、利润总额（亏损总额以"—"号填列）		
减：所得税费用		
四、净利润（净亏损以"—"号填列）		
（一）持续经营净利润（净亏损以"—"号填列）		
（二）终止经营净利润（净亏损以"—"号填列）		
五、其他综合收益的税后净额		
（一）不能重分类进损益的其他综合收益		
1.重新计量设定受益计划变动额		
2.权益法下不能转损益的其他综合收益		
（二）将重分类进损益的其他综合收益		
1.权益法下可转损益的其他综合收益		
2.可供出售金融资产公允价值变动损益		
3.持有至到期投资重分类为可供出售金融资产损益		
4.现金流量套期损益的有效部分		
5.外币财务报表折算差额		
六、综合收益总额		
七、每股收益：		
（一）基本每股收益		
（二）稀释每股收益		

图 7-1　财政部 2019 年发布供一般企业使用的财务报表格式模板

一 境内外报表格式和项目的差异及一致性

我们先用"三表同框"的模式看一下整体的样式，用"十六宫格"的框架寻找"三表同框"的架构痕迹。

国内的报表格式与境外的报表格式虽有很大不同，但其实核算和展示的内容大致相同，只是摆放的位置不同、名称略有区别而已。对于财务报表还不太熟悉的，每次看到报表格式的变化可能都会感到困惑，不知道应当如何理解财务报表。报表的格式一直都会有所变化，但通常都不会做翻天覆地的大变动，因为会计行业发展了几百年，已经十分成熟，未来几十年很难会再发展出一个崭新的模式，所以无论报表格式怎么变，都不会跟当下的模式有很大差异，都是为了更加明确地界定一些细微之处，所以报表使用人只要掌握当前的模式就能够比较轻松地扩展到更多的财报样式。

上市公司的财报格式相对比较完整，基本覆盖了非上市公司报表中其他规模、其他行业和其他领域的财务报表项目。我们就按照财政部发布的国内最权威的报表格式中的项目来讲解。只要掌握了这些项目内容的根源逻辑，将来无论报表格式怎么变，你都可以应对自如，掌握了报表的项目实质，换个名字、格式、位置都不是大问题。境外的报表也是一样，很多会计第一次看到境外报表时会傻眼，格式跟国内的完全不同。之所以会傻眼还是因为对报表项目的逻辑不清楚，我们在下一章将会对这些项目进行实战型的讲解，突破所有的报表格式障碍，让你做到对全球财报格式"通吃"。

某些上市公司的报表格式会比财政部发布的复杂，这里选取 2018 年股票价格最高的那家上市公司的半年报财务报表格式作为参考格式。当财政部发布的报表格式与上市公司的不一致时，我们就着重讲一下不一致的原因，以及应如何对待。

如果你接触其他类型的财务报表，如金融行业、保险行业等，报表项目就跟其行业特点有关；如果你接触的是政府报表、非营利企业报表等，它跟报表单位的特性有关；如果你接触的是小微企业，它就跟报表单位的规模有关。综合目前所有的财务报表，上市公司使用的报表格式是相对最完整、最全面、涵盖面最广的格式，掌握财政部发布的报表格式，以及认识上市公司的财报模式之后，再看其他任何财务报表就都不难了，并且能够举一反三地读懂绝大部分财务报表。

三 养成"三表同框"的习惯

如图7-2所示，这是M公司2018年半年报中的"三表同框"。上一章讲过，建议读者养成"三表同框"读报表的习惯，因为割裂地看报表只会加深你跟报表之间的"隔阂"。在企业里，过程管理才是常态的，所以我们选取M公司半年年报数据，来模拟分析一下日常企业经营的状况，用市场和业务的思维模式来尝试还原对数字的理解。这看起来好像有点"事后诸葛亮"，但分析历史数据就是这样，先学会分析过去发生的数据与业务的关联，才能有能力把握企业未来的发展规律。

M公司是白酒类企业，可以想一想这类公司的销售情况一般会是怎样的。首先我们会看到右边利润表的第一个数字：营业收入，半年333.97亿元。这是一个不小的公司呀，这么好的销售业绩，钱有没有收回来呢？我们再看左边的现金流量表，销售商品提供劳务收到的现金为346.11亿元，也是不错的成绩。如果333.97亿元的营业收入加上17%或16%的增值税（根据当年的增值税政策），对应的现金大概是380亿元，这样看来，公司好像还有一些钱没有收回来。没有收到的钱应该就是应收账款了，所以我们再看中间的资产负债表，应收账款为0，应收票据也只有6.90亿元，这是为什么？或许是早早地就把钱收回了，于是我们可以再看资产负债表中的负债部分，预收款项为99.40亿元。这就合理了，说明这家公司的收款情况非常好，基本是先收钱后发货的状况。

如果将三张表分别放在不同的位置，是很难快速找到这些相关联的数字的。第六章一开始我们就谈到，上市公司的财报受限于篇幅，各报表分别展示在不同纸张上，甚至同一张报表要跨两张纸展示，这是极不利于读取数据的。别小瞧这一点点的展示，这可能会直接影响读报表人对整个公司的客观认知。

类似的，这种业务逻辑贯穿企业三大报表的流程还有很多，包括采购的贯穿逻辑、投资的贯穿逻辑、融资的贯穿逻辑、研发项目的贯穿逻辑、固定资产增加与减少的贯穿逻辑等。只要懂得报表上每一个项目代表的含义，以及各个项目之间业务线的关系，就可以透彻地理解财务报表。

合并现金流量表

单位:亿元 币种:人民币

项目	本年金额	去年金额
一、经营活动产生的现金流量		
销售商品、提供劳务收到的现金	346.11	281.52
客户存款和同业存放款项净增加额	25.33	-19.90
向中央银行借款净增加额	-	-
向其他金融机构拆入资金净增加额	-	-
收到原保险合同保费取得的现金	-	-
收到再保险业务现金净额	-	-
保户储金及投资款净增加额	-	-
处置以公允价值计量且其变动计入当期损益的金融资产净增加额	-	-
收取利息、手续费及佣金的现金	17.11	12.58
拆入资金净增加额	-	-
回购业务资金净增加额	-	-
收到的税费返还	-	-
收到其他与经营活动有关的现金	4.89	4.33
经营活动现金流入小计	393.45	278.54
购买商品、接受劳务支付的现金	22.77	21.46
客户贷款及垫款净增加额	0.10	1.68
存放中央银行和同业款项净增加额	-73.79	5.47
支付原保险合同赔付款项的现金	-	-
支付利息、手续费及佣金的现金	0.42	0.64
支付保单红利的现金	-	-
支付给职工以及为职工支付的现金	39.72	34.05
支付的各项税费	215.10	132.84
支付其他与经营活动有关的现金	-	13.05
经营活动现金流出小计	216.10	209.19
经营活动产生的现金流量净额	177.35	69.35
二、投资活动产生的现金流量：	-	-
收回投资收到的现金	-	-
取得投资收益收到的现金	-	-
处置固定资产、无形资产和其他长期资产收回的现金净额	-	-
处置子公司及其他营业单位收到的现金净额	-	-
收到其他与投资活动有关的现金	0.01	0.17
投资活动现金流入小计	0.01	0.17
购建固定资产、无形资产和其他长期资产支付的现金	7.17	4.81
投资支付的现金	-	-
质押贷款净增加额	-	-
取得子公司及其他营业单位支付的现金净额	-	-
支付其他与投资活动有关的现金	0.24	0.07
投资活动现金流出小计	7.41	4.88
投资活动产生的现金流量净额	-7.40	-4.71
三、筹资活动产生的现金流量：	-	-
吸收投资收到的现金	-	0.06
其中：子公司吸收少数股东投资收到的现金	-	0.06
取得借款收到的现金	-	-
发行债券收到的现金	-	-
收到其他与筹资活动有关的现金	-	-
筹资活动现金流入小计	-	0.06
偿还债务支付的现金	-	-
分配股利、利润或偿付利息支付的现金	138.55	3.70
其中：子公司支付给少数股东的股利、利润	0.38	3.70
支付其他与筹资活动有关的现金	-	-
筹资活动现金流出小计	138.55	3.70
筹资活动产生的现金流量净额	-138.55	-3.64
四、汇率变动对现金及现金等价物的影响	-0.00	0.00
五、现金及现金等价物净增加额	31.40	61.01
加：期初现金及现金等价物余额	749.28	627.95
六、期末现金及现金等价物余额	780.68	688.96

合并资产负债表

单位:亿元 币种:人民币

资产	本年期末	去年期末	负债	本年期末	去年期末
流动资产			流动负债		
货币资金	836.60	878.69	短期借款	-	-
结算备付金	-	-	向中央银行借款	-	-
拆出资金	-	-	吸收存款及同业存放	129.96	104.63
以公允价值计量且其变动计入当期损益的金融资产	-	-	拆入资金	-	-
衍生金融资产	-	-	以公允价值计量且其变动计入当期损益的金融负债	-	-
应收票据	6.90	12.22	衍生金融负债	-	-
应收账款	-	-	应付票据	-	-
预付款项	8.19	7.91	应付账款	11.69	9.92
应收保费	-	-	预收款项	99.40	144.29
应收分保账款	-	-	卖出回购金融资产款	-	-
应收分保合同准备金	-	-	应付手续费及佣金	-	-
应收利息	3.82	2.41	应付职工薪酬	5.06	19.02
应收股利	-	-	应交税费	17.13	77.26
其他应收款	0.68	0.31	应付利息	0.31	0.23
买入返售金融资产	-	-	应付股利	25.80	-
存货	220.87	220.57	其他应付款	44.60	30.40
持有待售资产	-	-	应付分保账款	-	-
一年内到期的非流动资产其他流动资产	-	-	保险合同准备金	-	-
流动资产合计	1,077.39	1,122.49	代理买卖证券款	-	-
	-	-	代理承销证券款	-	-
	-	-	持有待售负债	-	-
	-	-	一年内到期的非流动负债其他流动负债	-	-
	-	-		-	-
	-	-	流动负债合计	333.95	385.75
	-	-	非流动负债：	-	-
	-	-	长期借款	-	-
	-	-	应付债券	-	-
	-	-	其中：优先股	-	-
	-	-	永续债	-	-
	-	-	长期应付款	-	-
	-	-	长期应付职工薪酬	-	-
	-	-	专项应付款	-	-
	-	-	预计负债	0.16	0.16
	-	-	递延收益	-	-
	-	-	递延所得税负债	-	-
非流动资产：	-	-	其他非流动负债	-	-
发放贷款及垫款	0.43	0.33	非流动负债合计	0.16	0.16
可供出售金融资产	0.29	0.29	负债合计	334.10	385.90
持有至到期投资	-	-		-	-
长期应收款	-	-	-	-	-
长期股权投资	-	-	所有者权益	-	-
投资性房地产	-	-	股本	12.56	12.56
固定资产	149.07-	152.44	其他权益工具	-	-
在建工程	23.21	20.16	其中：优先股	-	-
工程物资	-	-	永续债	-	-
固定资产清理	-	-	资本公积	13.75	13.75
生产性生物资产	-	-	减：库存股	-	-
油气资产	-	-	其他综合收益	-0.09	-0.07
无形资产	34.88	34.59	专项储备	-	-
开发支出	-	-	盈余公积	132.97	82.16
商誉	-	-	一般风险准备	6.01	6.01
长期待摊费用	1.73	1.78	未分配利润	768.77	800.11
递延所得税资产	12.16	14.02	归属于母公司所有者权益合计	933.98	914.52
其他非流动资产	-	-	少数股东权益	31.07	45.68
非流动资产合计	221.76	223.61	所有者权益合计	965.04	960.20
资产总计	1,299.15	1,346.10	负债和所有者权益总计	1,299.15	1,346.10

合并利润表

单位:亿元 币种:人民币

项目	本年金额	去年金额
一、营业总收入		
其中：营业收入	333.97	241.90
利息收入	18.55	13.03
已赚保费	-	-
手续费及佣金收入	-	0.00
二、营业总成本	123.72	93.70
其中：营业成本	30.25	25.11
利息支出	0.49	0.69
手续费及佣金支出	0.00	0.00
退保金	-	-
赔付支出净额	-	-
提取保险合同准备金净额	-	-
保单红利支出	-	-
分保费用	-	-
税金及附加	46.40	34.19
销售费用	22.00	13.79
管理费用	24.60	20.32
财务费用	-0.04	-0.38
资产减值损失	0.01	-0.03
加：公允价值变动收益（损失以“—”号填列）	-	-
投资收益（损失以“—”号填列）	-	-
其中：对联营企业和合营企业的投资收益	-	-
资产处置收益（损失以“—”号填列）	-	-
汇兑收益（损失以“—”号填列）	-	-
其他收益	-	-
三、营业利润（亏损以“—”号填列）	228.80	161.24
加：营业外收入	0.07	0.06
减：营业外支出	1.67	0.46
四、利润总额（亏损总额以“—”号填列）	227.20	160.84
减：所得税费用	57.99	40.39
五、净利润（净亏损以“—”号填列）	169.21	120.44
	-	-
（一）按经营持续性分类	-	-
1.持续经营净利润（净亏损以“—”号填列）	169.21	120.44
2.终止经营净利润（净亏损以“—”号填列）	-	-
（二）按所有权归属分类	-	-
1.归属于母公司所有者的净利润	157.64	112.51
2.少数股东损益	11.57	7.94
六、其他综合收益的税后净额	-0.01	0.03
归属母公司所有者的其他综合收益的税后净额	-0.01	0.03
（一）以后不能重分类进损益的其他综合收益	-	-
1.重新计量设定受益计划净负债或净资产的变动	-	-
2.权益法下在被投资单位不能重分类进损益的其他综合收益中享有的份额	-	-
（二）以后将重分类进损益的其他综合收益	-0.01	0.03
1.权益法下在被投资单位以后将重分类进损益的其他综合收益中享有的份额	-	-
2.可供出售金融资产公允价值变动损益	-	-
3.持有至到期投资重分类为可供出售金融资产损益	-	-
4.现金流量套期损益的有效部分	-	-
5.外币财务报表折算差额	-0.01	0.03
6.其他	-	-
归属于少数股东的其他综合收益的税后净额	-	-
七、综合收益总额	169.20	120.48
归属于母公司所有者的综合收益总额	157.63	112.54
归属于少数股东的综合收益总额	11.57	7.94
八、每股收益：	-	-
（一）基本每股收益(元/股)	12.55	8.96
（二）稀释每股收益(元/股)	12.55	8.96

图 7-2　M 公司 2018 年半年报“三表同框”

学习报表项目的三大结构

概念性的东西虽然重要，但一般比较枯燥，所以我们就换一种比较轻松的方式来讲解，我们会避免用那种刻板的、教科书式的语言来讲述，而是把日常我们对每个报表项目的理解以聊天的方式娓娓道来。先简单看一下大致的学习框架。

1 三大讲解结构

① **轻概念**。报表项目是什么意思？核算什么内容？用一般人能够听得懂的语言描述项目概念，不求严谨，但求通俗易懂。

② **怎么算**。数据来源于哪里？明细是怎么构成的？绝对值、相对值和变动值的高与低代表什么含义？

③ **怎么管**。应当如何管理？跟其他哪个项目相关联？有无特殊情况？存在什么风险和隐患？

对待任何一个报表项目，我们都将按照这三大讲解结构来剖析，力求让读者一眼就看出项目的原意和数据来源。

2 如何面对会计行业日新月异的变化

这里描述的报表规则都来源于当前"会计准则"的规定，而"会计准则"根据时代的不同和社会的发展会产生或大或小的变化，这就意味着我们此时谈到的所有规则或许在未来都会发生重大变化。那么我们如何看待现在的学习呢？

首先，"会计准则"在多年的发展过程中，针对当下的企业管理方式已经发展得非常完善，即便再有变化，绝大多数只是细节上的变化，大的原则很难被颠覆。所以如果我们学会了大的原则，那么就算准则发生了变化，也不会影响全局。

其次，作为管理者，阅读报表没有必要精准掌握规则的细节，因为时间成本、精力成本实在太高，除非你真的精力充沛。对于普通的企业管理者，能掌握大的原则就可以实现对公司的管理管控了。

最后，财务人员必须要熟悉"会计准则"和"税法"，否则无法真正掌握会计工作的精髓，也很难成为会计高手。作为财务工作者，就必须要在关注细节的同时统揽大局，只有这样，才能让自己在更高的层次上得到成长和锻炼。

3　突出重点的报表项目

本章把常用项目和比较重要的项目做了额外标识，这些是要重点学习的。如果不知道常用项目是什么，很难第一时间看出相应的数字到底代表什么含义。例如，一些管理者认为，从银行借来的款项就是公司的收入，这显然是不对的。遗憾的是，有这样错误理解的管理者不在少数，究其原因就是对报表项目的概念理解模糊、范围划分理解不清、规则理解不明。弄懂这些常用项目的含义非常重要，当然我们也不鼓励死记硬背，而是首先要了解大概，然后在日常使用中反复练习，逐渐就可以游刃有余地运用了。

对于没有重点做标识的部分，如果你对某个项目不太理解，就回到相关章节找到这个报表项目学习一下，加深印象。下面几章如果也能慢慢掌握，加上前面几章的框架学习，你就可以说自己已经完全认识财务报表了。

 四　查看报表要关注的五个细节

当你拿到财务报表的时候，一定要先关注五个细节事项：是什么表、是哪家公司的、是什么时间/期间的、金额单位是什么、数字的列示顺序是怎样的。

1　是什么表

首先，要知道自己看到的是什么报表，是标准的资产负债表、利润表、现金流量表，还是其中某一些数字的节选或明细？

2　是哪家公司的

接着，要看这是哪家公司的报表。乍看起来不起眼的地方，往往是容易被忽略而造成严重时间浪费的地方。有时我们分析财报半天才发现，资产负债表跟利润表不是同一家公司的。这种情况就很尴尬。一开始做一个简单的关注，可以避免浪费时间。

3　是什么时间/期间的

时间和期间是至关重要的环节。资产负债表的数字是"时点数"，指某一个时点公司资产是多少、负债是多少、净资产是多少，所以资产负债表通常体现的是非常具体的"某一天"的数字。而利润表和现金流量表的数字是"时期数"，指某一个期间内发生的进进出出的数额，所以利润表和现金流量表通常展示的是"某一段时间"的数字。例如，利润表的期间是"2017

年度"或"2017 年 1 月 1 日至 2017 年 12 月 31 日",而资产负债表的日期则是"2017 年
12 月 31 日"。

4 金额单位是什么

金额单位也需要关注。单位是"元"或"万元"还是"亿元",是有区别的。当你看到
跟外资相关的报表时,更加要关注金额单位,外资习惯用"千元"作为金额单位。忽略金额单位,
会导致对公司理解上的偏差。

5 数字的列示顺序

最后,要看报表中数字列示的顺序。通常我们看到的报表都有两期数字的对比,也就是
有两列数值。资产负债表通常列示一个年初数、一个当前日期数。以前列示这些数值的习惯是,
最新的数据放在最右边,之前日期的数字放在最左面,从左到右,从旧到新。但现今报表列
示习惯逐渐发生了改变,最新数据放在左边,之前日期的数据放在右边,这样的列示顺序说
明最新的数据才是最重要的,应当首先被看到,而左边的这些数字与报表项目最靠近,看起
来更直接,可以让重点数据更突出。所以,别等把数看完了以后才发现自己看的是老数据,
而最新数据并没有第一时间看到。

读报表是很需要花费时间的,而这五个细节事项能让你少走弯路,少浪费时间。下面的
几章我们将对利润表、现金流量表、资产负债表的报表项目按照前面的讲解结构来逐一解读。

 本章思维导图

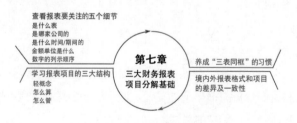

图 7-3　本章思维导图

 学习清单

（1）读任何报表首先要关注五个细节：是什么表、是哪家公司的、是什么时间 / 期间的、金
额单位是什么、数字的列示顺序。

（2）任何报表项目都可以按三大结构展开学习：轻概念、怎么算、怎么管。

8

第八章

利润表项目

|本章概括|

　　利润表是三大报表中管理者最熟悉的一张报表，但也是最容易弄混乱的一张报表。如果你问一位管理者什么是利润，他一定会说收入减去成本或收入减去费用就是利润。框架没错，但当你再接着问什么是收入，什么是成本及费用，很多管理者就说不明白了，更无法清晰地了解什么才是真正影响公司利润的相关因素。

　　任何一位管理者或经营者都有一个基本认识，那就是公司要多赚钱少支出，只要收入超过支出，那么公司就赚钱了。这种认识就是利润表的基本框架。不过利润表中每个项目的确认和计算都有着明确的界限。这个界限并不是每个管理者都能知晓和理解的，不明白项目的界限就无法真正明白利润表的组成，进而可能会导致对整个公司的经营管理产生理解偏差。

 **收入**

※ 营业收入（"※"是重点标识，下同）

① **轻概念。** 营业收入是公司主营业务和其他营业业务的收入总和。简单理解就是从客户那里赚来的不含增值税的钱数总额，不包含投资人的钱、也不含银行贷款。

在"会计准则"中，业务不同、提供的服务商品不同，"确认"收入的方法也不同，要遵守的一个重大的原则就是"当服务或商品的控制权或权利义务发生转移"的时候才是"确认"收入的时候。在这个时点发生之前，无论有没有收款都不能"确认"收入；在这个时点发生之后，无论有没有收款都需要"确认"收入。如果不是与客户的交易款，而是股东给的投资款，就不能算收入；同理，银行给的借款也不能算收入。

财务很注重"确认、计量、报告"这几个动作。没有达到"确认"时点的时候无须"计量"，也不能成为财务报表对外"报告"的内容。在日常工作中，很多会计会把给客户开发票的日期和金额当作"确认"收入的时点和金额，严格意义上讲，这样做是不规范的，不符合"会计准则"的规定。但如果"控制权或权利义务发生转移"时立即开出发票，这种情况下，开发票就可以成为"确认"收入的有力证据，此时依据开发票的不含税金额"确认"就没有问题。

② **怎么算。** 当商品交付或服务结束并得到客户的"确认"时，你交付商品或服务的合同总额就是确认收入的数据源，当然这里的收入也是不含增值税的金额。

例如，你跟客户签订合同注明："当乙方提供的货物送到甲方仓库并且得到甲方书面签收，就代表合同执行完毕，乙方向甲方开具全额增值税专用发票，甲方支付货款。"这里需要注意几个关键词：签收、完毕、全额。签收代表控制权或权利义务发生转移；完毕代表没有后续争端纠纷；全额代表合同总额在没有特殊事项的情况下可以"确认"。

如果合同有这样的说法："当乙方提供的货物送到甲方仓库，甲方需保证在生产完毕交付客户后三个月内无质量问题，并由甲方出具书面签收单，在日期未到之前，货物仍属于乙方，出现任何问题与甲方无关。乙方需在提供货物的同时向甲方开具全额增值税专用发票。"这种苛刻的合同是存在的，此时开发票的时点就不能"确认"收入，原因是对方并没有在交货的时点就认为"控制权或权利义务发生转移"，而是延后了转移时点，此时如果再按照开发票的时点"确认"收入就是不恰当的。

对于零售企业来说，每卖出一个商品就增加了公司的收入，即便不开发票也要"确认"收入。如果你卖出一个商品，同时还负责安装调试，在安装调试之前，客户可以随意退货，那么就只能等到安装调试完毕以后，才可以"确认"收入。

收入是体现公司自我生长能力最重要的指标，所以会多讲一些。

在日常企业里，是怎么做数字"确认"的呢？规模小的企业中，很多会计是给客户开完发票就"确认"收入，这其中有两个重要的原因：第一个原因是很多企业业务比较简单，等客户说开发票就给钱的时候，通常产品或服务已经交付完毕，这个时间差通常不会相隔很久，所以用开发票"确认"收入就显得很合理；第二个原因是税务局是按照开票来"确认"监管增值税的，尽管不开票的收入也应当缴纳增值税，但对于税务局来说，能直接监管到的只是开了增值税发票的部分，开了票就要纳税，那么企业就顺理成章地把开票作为收入"确认"时点，这样会给会计减少不少麻烦，相当于业务、财务、税务同步，可以少做很多额外的工作。但如果公司规模大了，特别是准备上市或想有其他巨大的发展时，就绝对不能简单按照开发票来"确认"收入，而必须按照"会计准则"的要求在"权利义务发展转移"的时候"确认"收入。

在企业管理中，收入绝对不是一个单一的数字，而是根据公司产品类别或服务类别来分类统计。作为管理者，必须要时刻关注公司的经营销售，对自己公司的数据至少要查看按照类别分类列示的收入金额，而且要滚动查看，交易频繁的需要以天为单位滚动查看，交易不频繁的至少也要以月为单位滚动查看。只有滚动地看数字的变化，对照以前年度或月份看，才能更好地了解公司情况。如果有条件，最好对照竞争对手的数据来看，这并不是说非要跟对手一决雌雄，而是要时刻关注跟对手的差距。很多管理者笑谈自己对数字不敏感，所以学不会财务。其实没有哪个管理者是真正对数字不敏感的，不信你把每个月工资降低 10%，而且连续降十个月试试看，我敢保证没有一个人发现不了。管理者要做的就是把以前习惯的"定性"转到"定量"上来，财务指标就是"定量"最好的依据。

那么收入的源头是什么呢？是合同，是订单，是销售。对于零售企业而言，就是每一次走进来的客户从货架上取下的商品。而财务的账面上是不会记录合同和订单信息的，这是财务管理中让人遗憾的一点。因为所有的收入都是从签订合同开始的，这个签订是广义的，订单，或从货架上取下商品走到收银台付款的动作，或是口头的交易约定，都是一个签订"合同"的过程。这个过程可能有几天、几个月、甚至几年的延续，也可能只有几分钟或几秒钟，想要记录下来有现实难度，那么这个难题就不要抛给财务报表了，留给管理者去解决。建议所有管理者都建立一个合同执行清单，无论是销售合同还是采购合同，同时把订单也当作合同来管理进度。而这个清单的某个执行节点，应当恰好与财务报表的收入有勾稽关系，也就是数字要恰好吻合，必须要找到这个核对关系，否则即便有了清单也无法真正管理好公司的销售。

利润表上的营业收入一定要跟现金流量表上的销售商品、提供劳务收到的现金，以及资产负债表上的应收账款和预收账款有一定的联动关系。销售收入产生以后，在交付之前收到的货款就是资产负债表的预收账款，同时也在现金流量表的销售商品、提供劳务收到的现金中记录；在交付之后收回的现金就在销售商品、提供劳务收到的现金里记录，交付之后没有收到的现金就在资产负债表的应收账款中记录。这样几个报表项目就贯穿起了销售行为。

有心的读者会发现，上市公司的财务报表比财政部发布的报表格式要丰富一些，多出一些其他的项目。例如，前面展示的上市公司的报表里第一项是营业总收入，接下来是营业收入、利息收入、手续费及佣金收入，另外一些上市公司可能还有更多不同的收入项目。这是因为上市公司除日常经营业务中的营业收入外，还有一些是与金融、保险等有关的业务，特别是当上市公司的子公司与母公司业务不相同时，合并报表就不应当把完全不同性质的收入合并在一起，应分开来展示。于是，上市公司报表就比财政部发布的报表增加了更多种类的汇总。普通公司的存款利息是在财务费用中核算的，作为费用的负数冲减。收入类如果出现利息收入，就代表这与金融行业有关，是金融行业里的主要业务收入，手续费及佣金收入也是同样的道理。所以你在看一家公司"报表附注"的时候，在财务费用里可能还会看到利息收入、手续费等项目。

③ **怎么管**。关于收入，大多数人的想法是越多越好，收入多了公司才能多赚钱。真的是这样吗？不一定。

收入高意味着需要更多的销售产品或服务。更多的销售产品就意味着需要更多的采购，更多的采购意味着更多的付货款或更多的欠供应商的钱。如果公司能够统筹好，有充足的供应、资金、市场和需求，那销售越多越好。可惜真实情况往往不会匹配得如此完美。更多的销售产品代表占用更多的资源，特别是现金资源。如果没有充足的资金，很难把市场做大。

一些发展很不错的新兴企业为了抢占市场，不惜进行多轮大量融资来补贴用户，如某打车软件公司在很长一段时间内销售额非常大，市场垄断地位显著。销售额越大，代表在每单的租车费用中打车平台抽成的比例越高，也意味着打车费可能会越高，顾客选择打车平台的意愿就会逐渐下降，如果司机的数量下降，就难以提供更优质的服务。长期的高额补贴所消耗的代价很难在几年内消化掉，于是公司就背着亏损的包袱继续高额收费，一旦各方面张力加大，企业很可能出现失衡危机。

在资源能够合理匹配的情况下，收入越高越好。但如果为了收入高而提前匹配大量资源，那么除非有源源不断的资金支持，并且在未来有更好的利润回报，否则很有可能加速企业走向死亡。

 **成本费用**

※ **1** 营业成本

① **轻概念。**营业成本就是与收入直接匹配的那部分成本，包含硬件、软件，也含跟生产组装有关的人工费，厂房、设备折旧费等。这里所有的成本必须是跟收入直接相关的。

例如，你公司是手机生产厂家，你买来手机壳、电路板、手机屏幕和包装盒等，这些总计500元，生产和组装的人工费为100元，车房、设备折旧及车间水电费等为50元，那么生产手机的成本就是650元。你为了卖掉这部手机而租赁销售店面的房租，不能算成本，而应算销售费用，其他部门员工的工资也不是成本，而应算管理费用。你看，只有跟采购生产这部手机直接相关的那部分才是成本。

② **怎么算。**前面的例子已经大体说明了成本的计算，但是企业采购肯定不是一部手机、一套手机零备件地购买，而是一买一大批，然后根据生产计划批量生产。也就是说，肯定有一部分在车间、一部分在仓库、一部分已经发往经销商。零件可以一个一个计算，那么人工呢？厂房呢？怎么匹配到一个手机的成本上呢？这就是会计工作中难度系数超高的、成本会计要干的活。

在会计专业中，有专门的方法来计算批量生产中如何归集所有成本，以及如何将成本分解到每个产品上。零配件损耗、管理不善会增加成本；人工是按月计算，一个月工人可能会生产很多种产品，消耗的工时不一样，生产的难易程度也不一样，生产时还会有不良品出现；同一个厂房、同一台设备，也会生产不同型号的产品，如何在这些产品中进行分配；月初有未生产完的产品，月末也可能会有未完成生产而在流水线上的产品，如何能够准确计算每项进度分解的公摊成本……这些都是造成成本会计工作难度高的因素。不过会计已经把所有这些边界问题解决了，只要询问你的会计这些边界问题是用什么方法解决的，你心里对比就会有一些初步的认识了。

在上市公司财报中，会有一行数字是"二、营业总成本"，这个总成本跟现在讲的营业成本不是同一个概念。营业总成本包括营业成本、各项费用、投资收益、资产减值等除营业外收支及所得税以外几乎全部的成本费用。营业收入减去营业成本会得到毛利润，虽然利润表里没有单列毛利润，但对于企业管理者及报表使用者来说，一定要明确算出这项数据，才能更好地进行日常管理和数据分析。

营业成本与资产负债表的应付账款、预付账款、存货，以及现金流量表的购买商品、接受劳务支付的现金有关联。公司采购商品进行生产销售，采购前支付的货款就是预付账款，同时在购买商品、接受劳务支付的现金中记录；当验收入库以后，公司会在存货里记录；如果对方付款了，就在购买商品、接受劳务支付的现金里记录；如果没有付款，就在应付账款里记录。最终把供应商的欠款还掉，就是增加了购买商品、接受劳务支付的现金，减少了应付账款。这一段虽然描述起来有点绕，但仔细想想其实非常符合管理逻辑，财务记录只有反映真实的管理场景，才是真正有效的数字记录。

如果公司是一般纳税人，采购的商品也收到了增值税专用发票，那么公司成本中硬件部分就是不含增值税的；如果公司收不到增值税专用发票，那么成本就是含增值税的总额。因为如果没有增值税专用发票，那么在大多数情况下只能把这部分增值税放入成本而不能在纳税时作为抵扣项。如果公司是小规模纳税人，那么成本一定是含税的金额，因为小规模纳税人是不能抵扣进项增值税的。

③ **怎么管。**要在有效核算的基础上控制成本。

在财务里，收入成本的匹配关系非常重要，它体现了公司主营业务的盈利能力。如果没有按照匹配关系管理，要么是因为成本不实而误导报表使用人，要么是因为公司内部管理一团乱麻而失去控制。这两种情况都不是一家正常公司应当出现的。在管理者对公司主营业务的管理中，成本和毛利润是重中之重，必须要尽可能细地区分收入成本类别以后，再按照同一类各自配比管理。例如，公司主打三个产品类，第一大类售价低、成本高、毛利低，但销售量大；第二大类售价高、成本低、毛利高，但销售量小；第三大类售价波动大、成本波动大，经常因为进价高而毛利低，或者因为进价低而短期毛利高。这三大类产品一定属于不同的管理模式，如果放在一起管理会呈现互相不协同的状态。读报表也是一样，需要在头脑里建立起根据产品而匹配的成本观念。这也是很多公司老总最头痛的问题，没有成本观念，一方面拼命要资源，另一方面却无法创造更多利润，只会给公司造成更大的负担。所以，每位管理者都应当高度重视成本与利润的关系。

当然，并不是说成本要一味地降低，而是应当把当下成本里的水分尽量挤掉。如果因为压缩成本而降低产品质量，一定会影响客户预期进而影响产品销量，无论客户满意度降低导致的销量下降还是因为产品质量未达到预期而导致的付款账期延长，对公司都是巨大的打击。

在发展相对成熟的生产型公司里，通常会有采购部门和货品管理部门，如采购部和物流部。这两个部门的管理对象就是与成本息息相关的存货进出。采购产生存货必然增加付款额度，采购不及时必然造成生产滞后，采购过多必然造成库存积压，采购质量不高必然造成销售压力加大，采购质量过高必然导致成本居高不下、毛利降低。所以一家公司管理得好不好，关键就是要看主营业务的管理是否有序，是否能够按照公司既定的管理要求真正实施落地，同时既不降低产品质量还能保证足够的利润。这些才是管理当中的重点。

2 税金及附加

① **轻概念**。税金及附加指以公司缴纳的增值税等流转税为计算基础的附加税及其他税费。

② **怎么算**。在公司里最常见的税金种类有城市维护建设税（简称城建税）、教育费附加和地方教育费附加等。城建税是以当月缴纳的流转税（增值税、消费税等）金额为计算基础乘以 7%（这个比例因所在地区不同而不同，一般市区为 7%，县城和镇为 5%，乡村为 1%）。例如，当月缴纳增值税为 100 万元，那么当月的城建税就是 100 万 ×7%=7 万元。这样看来，附加税在收入中的占比就显得非常小：教育费附加是以当月缴纳的流转税（增值税、消费税等）金额为计算基础，乘以 3%；地方教育附加是以当月缴纳的流转税（增值税、消费税等）金额为计算基础，乘以 2%。当然，国家在不同时期出台不同的优惠政策，企业应当随时关注这些优惠政策的实施。附加税还包括一些地方类的税费，如河道管理费、防洪基金等。

③ **怎么管**。附加税需要从计税基础上着手管理，同时正确利用国家出台的优惠政策。虽然跟收入比起来，附加税所占比例非常小，但也需要做好充分的规划和预算，该缴纳的税金一分都不要少，优惠政策也应该充分利用。

※ 3 销售费用

① **轻概念**。销售费用指公司由于销售行为和市场行为而产生的所有费用，包括打广告、请客户吃饭、拜访客户的差旅交通费及为销售而建立销售大区发生的所有费用等。销售费用

有别于财务费用和管理费用，财务费用是跟资金筹措有关的所有费用，管理费用是与公司管理行为有关的所有费用。注意，管理费用与销售费用易混淆，或者说，经常被公司"互用"以体现不同的公司政策。一家公司的销售费用高，表示公司在销售方面投入大，是销售积极型组织，如果销售费用过高甚至超过经营成本的几倍甚至几十倍，代表公司产品的特色并不突出，而是靠销售行为提升了公司的市场占有率。相反，如果公司销售费用很低，代表公司在销售行为上投入不多，说明要么就是公司产品非常稀缺，不需要推销就有客户购买，要么就是公司不重视销售，产品没有市场竞争力。要知道，一个品牌除了需要把产品做好以外，还要靠宣传来扩大影响力，在品牌建设上的投入就属于销售费用。

② **怎么算。**凡是属于由某个时期的销售行为和市场行为产生的费用就是销售费用，也就是说，费用只要发生了就要计入销售费用。例如投入一个阶段的广告费，是算一次性进入费用还是分期进入呢？这就要看合同了，合同会体现业务实质。如果合同规定一次性投入，不管将来有什么延伸效益，那么就需要一次性进入销售费用；如果合同中规定一次性付钱，但是需在 12 个月内根据市场情况分比例投放，那么就需要按照合同规定在 12 个月内进行摊销，而不能一次性进入费用。

再如，公司成立了销售大区，那么销售大区里的行政人员的工资算管理费用还是销售费用？通常应当算销售费用，因为这些行政人员主要是为销售服务的。

还有一些费用是并没有真正支付现金的，如销售提成或佣金，如果规定在销售"确认"时就按销售额的 5% 计算佣金或提成，但会延后半年支付，那么销售当月虽然还没有付出佣金，但这个佣金已经产生了，应当计入当期的销售费用。尽管这个时期的进入费用税务部门是不接受的，也不能抵扣所得税，需要做纳税调整，但会计记账遵循的是"会计准则"和权责发生制，而计算税金依据的是"税法"，所以因为依据不同而产生不同步的情况是正常的。

③ **怎么管。**管理销售费用是一门"艺术"！

销售费用投入过大，必将消耗大量公司资源；投入过小，则无法产生相应的市场效应，其实也算浪费。"我知道我的广告费浪费了一半，问题是我不知道哪一半被浪费了。"全球第一个在报纸上做广告的美国零售巨头约翰·沃纳梅克，一个多世纪以前就有此感叹。不仅是广告费用，任何销售费用都很难直接与真正的销售收入挂钩。当然，这也并不意味着销售费用就不可控。毕竟历史还是可以提供很多参考的。

一般的企业可以把历史上自然形成的销售费用在收入或毛利中的占比作为参考值。当然最佳方式是做预算，因为每个销售行为都要靠精准预算来执行，不过这在大多数情况下只是一个美好的传说，能做到精准预算的企业非常少，大多数企业还是把本公司历史形成的数据作为主要参考依据。在日常管理中，最好不要用大的总数来管理，而应将费用还原到各个明细类别，归属到各个项目，如某项目的交通费多少、差旅费多少、招待费多少等，这样才有利于日常的管理管控。

竞争对手的数据也非常值得参考，当然，竞争对手的数据一定要辩证地查看，而不应盲目参考，要去其糟粕，取其精华。

※ 4　管理费用

① **轻概念。**管理费用指公司由于管理行为而产生的所有费用。

② **怎么算。**公司内部的行政部门、管理层和人力、财务等部门的费用都属于管理费用。管理费用与销售费用的边界有时没有那么清晰。例如，高管层与既是大客户又是战略伙伴的公司产生交流费用，算管理行为也没错，算销售行为也可以。在公司日常管理中，经常会出现这样的"真空区"，具体划分就得看这家企业对内部管理的偏重了。通常企业会根据部门或项目来"确认"是属于管理费用还是销售费用，因为这样计算容易归类，特别适合利用ERP系统的财务记账。

大部分管理费用是支付现金的，少部分是计提或摊销，如固定资产折旧和无形资产摊销，这些都是以前一次性支付过现金的，现在每个月都要将当月折旧摊销的数字放进管理费用。

③ **怎么管。**管理费用与销售费用同样也需要谨慎管理。除了按照权责发生制的要求判断是否计入管理费用以外，日常的监管也非常重要，通常企业会严格按照预算的金额来实施管理。管理费用不会因为销量增加或减少而大幅度变化，只会随着跟管理行为有关的人和事的改变而改变，如果一味增加管理人员，势必造成费用高居不下，表面看起来公司好像非常重视管理，但从另一个角度看也有可能是管理效率低下的表现。有的企业领导爱加班，所有员工就跟着加班，看起来像很勤奋，但也有可能是工作没效果的表现，由此而产生的加班费、水电费等肯定增加了。同时，如果加班效率不高而导致工作无成果或反复修改等，造成的内耗会更加严重。

管理费用高代表公司非常重视管理，不惜花重金投入日常管理。例如，碧桂园房企为了提高管理能力，不惜高薪聘请200名博士做管理储备，这些费用归于企业管理费用，而这样的投入在短期内肯定是无法得到回报的，万一这些管理储备博士培训后跳槽，那么公司的这部分投入就打水漂了。当然，企业管理者的考量并不是靠一个财务指标就能看透、看清的，通过财务指标看到客观事实，就是很大的收获。管理费用高，也有可能是人浮于事的表现，会造成浪费。

如果管理费用过低，则代表公司对管理的投入不多，这种情况多出现在初创企业里。初创企业重视销售、重视产品，对管理的投入普遍不多，表面上看资源优势集中、重点突出，实际上可能会给将来大规模发展埋下严重的管理隐患。例如，开心网发展初期就不重视管理，后来公司发展壮大了还依然聘请代理记账，最后导致公司陷入危机。

※ **5** 研发费用

① **轻概念。** 公司因为研发活动而产生的费用化支出，都归在研发费用里核算。

这里需要额外提一下，以前中国几乎所有版本的财务报表都不会单列研发费用，因为研发费用是管理费用里的一个明细项目，从来不会在利润表里单独列示。但是 2018 年财政部发布的新报表格式改变是巨大的，将研发费用从利润表里单独列示出来，这就意味着现在研发费用已经重要到必须单独列示了。中国越来越重视研发工作，国家税务总局不断加大研发投入的税收优惠力度，使研发行为越来越被企业管理者所重视。

在企业中，研发支出主要分为两大类：一类是不能形成未来无形资产的，也就是早期研究状态的研究支出，这个阶段没有具体的产品项目研究课题，也不会产生具体产品或技术，这个阶段的所有支出是费用化的，就要在研发费用中核算；另一类是企业明确要开发的技术或产品，在内部也做了明确的立项，也有财务会计的独立核算，能够计算完整的支出，所以这些支出就可以归于开发支出，也可以作为资本化的费用归集，将来研发成功则会成为企业的无形资产。

② **怎么算。** 研发费用计算的核心在于按照研发课题或研发项目归集费用。企业的研发经费一定是有明确的工作方向的，一定也有其存在的目的和目标，那么这些目的和目标就可以转化为一个一个的课题和项目。无论是日常支出还是人工费用，都应划入某个项目，或在项目间分摊，才有利于合理计算。如果研发费用没有按照课题或项目独立核算，那么公司的研发支出将很有可能出现混乱的状况，未来很难归集任何一项研发成果的真正成本。

③ **怎么管。** 虽然研发部门应当独立核算，但在真实的企业里，财务部门和研发部门的核算往往会产生脱节，研发部门清楚研发的课题，但没有完整地传递给财务部门，致使财务部门记账并没有客观、真实地记录项目支出。而当财务部门根据课题预算来核算真实支出时，又发现要么超额，要么没有任何支出，预算与实际状况完全脱离，这样的情形在早期的纵向项目结题之前表现尤为突出，原因就在于缺乏足够的日常监督和辅导。有些高新技术企业在

申请项目或接收审核的时候，发现大量不符合项集中在财务类中，就是因为缺少日常的整理归集，所以返工现象严重。

公司的研发费用，无论是资本化还是费用化，都应当纳入项目制管理，任何一笔费用都要进入某个课题项目中，即便是日常杂费也应设置一个默认课题项目来进行日常归集，逐渐养成项目制习惯。

※ 6 财务费用

① **轻概念。**财务费用是公司与资金筹集有关的所有费用，如银行存款利息、贷款利息、银行手续费等。

② **怎么算。**财务费用通常不需要发票，形式以银行的回单为多。经常有微信公众号搞噱头说"不用发票也能报销"，说的就包括财务费用。财务费用不用开发票，是因为银行回单中注明的手续费、利息等可以直接入账计算。贷款利息是根据合同按月计提记账的，也就是说，无论当月是否归还利息，都要在财务账面上记录当月应当负担的利息。存款利息就是负数的财务费用，是减少费用的意思。有一些公司存款额比较大，财务费用这里往往出现负数，这个"负费用"就是收入。

尽管报表上列示了"其中：利息费用、利息收入"，也不表示利息费用和利息收入合计就等于财务费用，因为财务费用还包括其他项目，如金融机构手续费，这部分对于交易频繁的企业而言也是一笔不小的开支。

③ **怎么管。**财务费用既然与资金筹措有关，那么管理好资金就相当于管理好了财务费用。例如，在可能的情况下尽量少贷款，如果资金有富余就要考虑除了存活期，是不是可以存定期或买国债（从风险管控的角度来说，不建议买高风险投资产品，要确保资金足够安全），只要资金是安全的，就需要考虑更高的利息率。如果公司必须要贷款，需要多方面考察贷款利率。对于大资金贷款，贷款利率下降 0.1% 都可以节省不少资金。

普通公司使用不多的利润表项目

1 资产减值损失

① **轻概念。**公司的资产依照公允价值来衡量比较当下的价值与账面上的价值,如果价值"下跌",则跌的价值就记录在资产减值损失里。

资产减值损失这个概念在上市公司的报表里非常普遍,但在普通公司的财务报表中经常是零。其计算的原理是,由于财务账是按照历史成本记录的,而报表使用人又希望得到公司最真实的资产价值评价,来判断公司当下资产价值究竟是多少。如果当下市场价值下跌了,或此资产未来给公司创造收益的现值将降低,而账面上的价值高于市场价格或未来现金流量现值,那么就需要做减值准备来减少资产价值,同时减少公司利润。哪个企业管理者都不想看到自己的资产有减值,所以减值是不得已而为之。

如果这些曾经减值的资产在市面上的价值又回升了,如果是流动资产则可以重新转回,也就是说能够重新增加利润;如果是长期资产(非流动资产),目前在中国则不允许转回被减值的那部分。

② **怎么算。**暂时不考虑未来现金流量现值的计算,因为的确比较麻烦,这里暂时以市场价值为例来讲解。例如,你的公司一年前买了一台技术非常先进的机器,价值 1000 万元,你预计三年折旧完毕(按照公式计算,暂且估计残余价值为 5%),那么计算如下。

$$1000-1000\times(1-5\%)\div3\times1=683.33(万元)$$

当下账面价值是 683.33 万元。第一年年末发现市场价格下跌严重,新设备只能卖 800 万元,那么按照同样的公式计算如下。

$$800-800\times(1-5\%)\div3\times1=546.67(万元)$$

那么账面价值为 683.33−546.67=136.66(万元),就需要做减值准备了。前面讲过,长期资产的减值是不能转回的,也就是说,当下一年这个设备的市场价值突然暴增了,也不能再转回这个减值,目的就是避免少数公司利用这个政策来调节利润。

再如,公司的应收账款账面上有 500 万元,公司有一个坏账政策,就是账龄在一年以内的应收账款坏账率估计是 10%,一年到两年账龄的应收账款坏账率估计是 20%,公司超过两年账龄的应收账款坏账率估计是 50%，假设公司账龄在一年以内应收账款为 350 万元，一年到两年之间的为 100 万元，超过两年的为 50 万元。则总共需要计提的坏账准备如下。

350×10%+100×20%+50×50%=80（万元）

这80万元就是公司账面上总共需要减值的金额。而且每年都需要按照这个模式进行测算，每年再将账面上的坏账金额与计算的总坏账金额进行比较，差额就是每年需要调整的资产减值损失。这里就有可能出现负减值了，也就是会增加利润。当然，坏账准备还可以针对每个客户单独考量，如果发现这个客户的应收账款出现了危机，则对这一家公司进行独立的减值。个别上市公司会采取这样的减值，在"丰年"的时候"储备"一部分利润，等到"灾年"的时候再放出来，确保公司不出现亏损。当然，这是操控利润行为，一旦被查处，会面临严重的处罚。

有人会问：坏账率是怎么来的？靠历史经验或职业判断，以及同行业公司的参考。如果有与你的公司同行业的上市公司，则可以参考他们的坏账政策。

又有人问：同行业上市公司的坏账政策是怎么制定的呢？同样依靠历史经验或职业判断，上市公司之间也会互相参考。

管理正规且规模比较大的企业较多计算减值准备。如果是小企业，基本上很少会计算减值准备。因为这种减值是依据"会计准则"执行的，而"税法"并不认可这种准备金抵免所得税，所以需要做纳税调整，这是比较麻烦的，普通会计一般不愿这么做，除非请会计师事务所审计时才会做这种减值测试。

③ **怎么管。**这里用四句话来总结如何管理：随时关注、寻找参照、期末评价、慎重减值。

随时关注，是说公司所有的资产都需要随时关注其市场价值的变动。即便抛开报表本身的金额，管理企业的时候也需要关注资产的市场价值。例如，你公司的存货是钢材，那你一定是市场价值的高度关注者，否则你无法对外报价，因为国际钢材市场的价格与你的报价息息相关。再如，你公司的资产里如果有房产，那么房产的市场价值你一定也相当关注，尽管房价增长并不能调整报表，但毕竟是你自己的资产，市场上是什么价格你要心中有数。如果你做不到对自己资产的市场价值随时关注，其实就需要冷静思考是不是对公司的掌控力不足。

寻找参照，是说公司的资产最好能够找一个公开市场的公开报价来参考市值。如果没有公开市场，那你的采购渠道报价会是一个很好的参考。

期末评价，是说每一个期末都需要对资产进行评价，特别是年末，管理规范的企业可以细化到月末。当你的日常管理和测算都能够相对自动化的时候，这些测算其实不会占用太多的人工，特别是有明确规则的，如应收账款按照账龄计提的坏账准备。

慎重减值，是说减值不是一个调节阀，随意增减肯定是不对的，有明确规则的按规则办，没有明确规则的要对调节减值格外慎重。

2 其他收益

① **轻概念**。这是财政部发布的报表格式中新增加的项目，主要用来核算公司与日常经营有关的政府补贴等。以前政府补贴统一在营业外收入里记录，而营业外收入中核算的事项很多，政府补贴只是其中之一，现在把与日常经营有关的政府补贴单列出来，是为了能够更加清晰地从报表项目上反映日常经营的项目。

② **怎么算**。政府补贴基本上是钱到账了才能计算，除非政府的批文里明确指出不管钱到不到账都绝对会给企业补贴。基本上任何一个政府部门都不会做这种承诺，这相当于形成了政府欠款。所以绝大多数情况下钱到账才可以记录，到多少就记多少。

③ **怎么管**。政府补贴也并非都能算收益，因为有一些政府补贴要求公司提供产品或服务，甚至要求有明确的研发成果等，在产品、服务或研发成果没有交付之前，补贴是不可以作为收益的，也就是说，必须要符合权责发生制原则。只有当产品、服务或研发成果交付了，才可以作为收益呈现在利润表里。

3 投资收益

① **轻概念**。公司对外投资只要有了收益或损失就在投资收益项目中计算呈现。投资收益基本上分为两种，一种是收到的真实收益，另一种是账面计算的理论收益。

真实收益就是对外投资收到了其投资的收益，如购买股票获得这支股票的现金分红，并购一家企业并绝对控股（股权超过50%）或股权没有重大影响（股权不足20%）而收到了这家企业的利润分配等。

账面计算的理论收益是指投资的公司股权有重大影响但不控股（股权在20%到50%），在这类公司每年的净利润中，投资比例部分就是投资方的账面投资收益。

② **怎么算**。实际收到的收益计算很简单，收到多少就记录多少。在权责发生制原则下未宣告或未真实支付的，就不记录，除此之外都记录在投资收益项目中。

对于有重大影响的被投资单位的利润，则按照规则计算。例如，本公司投资了一家公司，投资比例是30%，当被投资方年底审计后的净利润是100万元时，投资方的投资收益就应当是100×30%=30（万元）。

即便是被投资方今年没打算分红，这部分投资收益也要这样计算。

在投资收益下方有一个"其中：对联营企业和合营企业的投资收益"，是投资收益的一个明细项目，专门展示投资收益中对联营企业和合营企业的投资所产生的收益，也就是说，当联营和合营均不控股且具有重大影响，这部分的投资收益可以理解为账面计算得来的，并不一定是实际分配到现金的那部分。

另外，投资回收所有资金后，除了利息股利以外比本金多出来的那部分，也属于投资收益。

③ **怎么管**。投资收益按照投资的主体、权重不同，确认收益的方法、金额也不同，最根本的还是要看投资本身是否可靠，以及投资额度或比例。作为一个有主营业务且主营并非投资的公司来说，把大部分的精力用于日常经营是对的，如果公司日常经营惨淡，实现利润常年依靠投资收益，就略显"不务正业"。

当然，如果公司有闲散资金，不投资也是一种资金浪费，关键看如何投资，是财务性投资还是战略性投资，不同投资获得的收益和投资效果是不同的。财务性投资是为了赚取股利利息或价差，这都是投资收益。而如果是战略性投资，就代表投资的目的是整合资源或投资上下游产业，扩大整个市场的占有率。有时明知道投资后会亏钱也还是要投资，这就要结合公司的整体战略来分析原因。

4 公允价值变动收益

① **轻概念**。这个概念在"会计准则"里的描述是比较拗口的：公允价值，是指市场参与者在计量日发生的有序交易中，出售一项资产所能收到或者转移一项负债所需支付的价格。而公司相关资产或负债的账面价值通常不会跟公允价值完全一致，或高或低。首先，这里的相关资产或负债一定是有"有序交易"模式的，通常是金融资产或金融负债，也就是在公开市场可以自由交易的股票投资、债券投资等，这些价格是随市场波动而增减的，而超出或低于账面价值的那一部分，就是公允价值变动的收益和负收益。

简单点说，公司里最常见的就是买卖股市里的股票，目的就是买进卖出赚差价，而不是控制这家公司，那么，当买入价格跟当下的价格不同，无论是涨还是跌，这个差额都应当记录在公允价值变动收益项目里。

② **怎么算**。通常在年底做一个统一的公允价值判断。假设你当年买的股票是 10 元，年底还没有卖出去，目前公开市场收盘价是 12 元，那么你就在账面上盈余 2 元钱，要在公允

价值变动收益中记录；同理，如果收盘价是 8 元钱，那么你就需要在公允价值变动收益中记录亏损 2 元。尽管什么交易都没有发生，但账面显示仍需要与市场价格接轨。

③ **怎么管。**公允价值变动是一个需要慎重考虑的项目，这里如果有数字，基本上就代表你的公司持有市场波动性比较大的资产，或许会突然赚好多，同样也可能突然赔好多。如果这些变动金额不大，不会影响公司的整体业务，但如果把主要精力放在这里，就有可能引发公司的财务恐慌甚至动荡。

5 **资产处置收益**

① **轻概念。**资产处置收益，从名称上很好判断，就是把自有的长期资产进行处置而产生的收益或损失。要注意的是，这里的资产通常指非流动资产，而且是指卖掉而非报废；如果是报废，在营业外支出中核算。

说到这里需要提示一下，"会计准则"对会计科目和报表项目的核算列示有很多非常细致的区分要求，将来可能会越来越细化，目的就是让报表阅读者在看到报表时能马上区分出报表中每个项目描述的事实真相。"会计准则"非常严谨、细致地描述了规则要求，而绝大多数普通财务工作者甚至从来没读过"会计准则"，这不能不说是非常大的缺憾。不过，这种细化的规则越多，普通人越难以区分，学习成本的提高是阻碍普通报表使用人学会财报的重要因素。

② **怎么算。**只要公司发生了长期资产的处置出售，无论是赚了还是赔了，所有处置的收入与账面价值的差额都在这里体现，除非这个长期资产买来的目的就是为了销售。

③ **怎么管。**资产处置一定不会是一家正常经营企业的常态化动作，也就是说，这个项目里的金额不应当是经常性的多笔交易，零星出现或从不出现才是比较正常的。一家正常经营的企业怎么可能频繁出售自己用来生产经营的长期资产呢？当你发现企业频繁出现资产处置状况，就要加倍小心了，无论获得的收益或亏损金额有多小，都不要被所谓的重要性原则所掩盖。

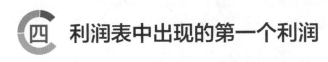

利润表中出现的第一个利润

营业利润

① **轻概念**。终于讲到了利润表里出现的第一个利润。从名称上看就容易理解,营业利润是指由于日常生产经营而产生的利润。

在利润表里有四个重要的利润,其中三个可以在表中直接看到,即营业利润、利润总额和净利润,还有一个是隐藏的,即毛利润。很多报表使用人恰恰对毛利润更重视,因为它才是真正体现一家企业存在价值的考量因素,只有毛利润足够高才能持续往下分解,才能有"资格"支付更多的"费用",企业才能真正持续地发展下去。

② **怎么算**。从利润表自上而下加减下来就可以计算出营业利润,公式如下。

营业收入—营业成本—税金及附加—销售费用—管理费用—研发费用—财务费用—资产减值损失 + 其他收益 + 投资收益 + 公允价值变动收益 + 资产处置收益 = 营业利润

③ **怎么管**。营业利润主要考量的是公司的日常生产经营是否正向有效,即公司通过日常经营能否养活自己。营业利润为正数,代表公司有能力自给自足,不需要外部支援也能获得盈利。如果增加外部资金能够进一步扩大市场、增加利润,说明公司具备掌控更大市场的能力,这时投资人可能要向你抛橄榄枝了。相反,如果公司的营业利润是亏损的,除非是刚开始创业,发展还不成熟,否则大多数投资人都不会对营业利润亏损的企业感兴趣,因为无法确保市场扩大了以后这种亏损不会再放大。很多创业公司在公司规模比较小的时候还能盈利,公司规模扩大以后反而开始赔钱,就是因为还不具备掌控更大市场和更多员工的管理能力,这种能力在公司规模很小的时候是很难考量出来的。

从财务角度来说,所有公司无论规模大小,都应当有养活自己的能力。那些一心想要借融资骗取投资人钱的公司是无法真正赚到钱的,只有踏踏实实把自己的业务做精,把自己的服务做细,才能获得市场的认可,进而不断积累客户,实现盈利。当然也不是凡事都只能依靠自己的力量,成熟的经营者必须要懂得利用外力,否则企业规模会难以扩大。同时,成熟的企业也应当均衡发展,不能一味扩大市场,增加销售,也要考虑公司的支撑体系是否能够承载发展,否则一旦支撑体系崩塌,将得不偿失。

营业利润是一项能很好地考量企业是否有自我生存能力的指标。基本上除营业利润以外就没有跟日常经营有太大关系的项目了，其他的一般是非经营性的项目，所以经营者应高度重视营业利润的高低。

五 利润总额

1 营业外收入

① **轻概念**。营业外收入就是跟主营业务没有关系的净收入，如资产盘盈、获得捐赠、与日常经营无关的政府补贴、债务重组利得等。

以前在"会计准则"里，政府补贴和资产处置收益都被列入营业外收入核算，现在把与日常经营有关的政府补贴单列出去，列入其他收益项目，把对非流动资产的出售处置放到了资产处置收益项目中。

② **怎么算**。举个例子，公司盘点现金时发现比账面上多出 500 元，怎么查都无法找到原因，经过公司领导批准，这部分即可作为公司的营业外收入。再如，公司获得了政府发放的与日常经营无关的补贴 100 万元，当公司收到补贴款的时候即应记入营业外收入。这些收入是净收入，如债务重组，一定是把重组后与账面债务增值的那一部分净额作为营业外收入，而不是把债务重组的全部作为营业外收入。

③ **怎么管**。营业外收入额不宜过大，原因很简单，如果营业外收入巨大，甚至超过了日常营业收入，那就有些喧宾夺主了。既然是营业外收入，一般就是不太经常发生的，一旦发现营业外收入额比较大，同时营业利润比较少，就需要考虑企业的经营是否出现了状况，甚至可能有操纵利润之嫌。

2 营业外支出

① **轻概念**。营业外支出跟营业外收入相互呼应，是指跟主营业务没有关系的净支出，如资产报废损失、非货币性资产交换损失、债务重组损失、捐赠支出、非常损失、资产盘亏损失、

政府罚款等。

② **怎么算。** 营业外支出核算的大多是净支出。以资产报废为例，账面上资产原值为 100 万元，折旧摊销以后的账面净值是 20 万元，当资产报废以后卖废品收回 5 万元，那么报废损失就是 20－5=15（万元）。直接在营业外支出里记录 15 万元损失即可，不会在营业外收入记 5 万元收入，在营业外支出记 20 万元支出。再如，公司资产盘亏了一台电脑，账面原值 5000 元，折旧以后的账面净值是 2000 元，当事人赔偿了 800 元，那么公司计入的营业外支出是 2000－800=1200（元）盘亏损失。

③ **怎么管。** 营业外支出是企业漏掉利润的一个"后门"，一旦管理不当，将对公司产生沉重打击。所以公司应当严控营业外的支出，也尽量减少营业外的各项损失。

3　利润总额

① **轻概念。** 营业利润加上营业外收入减去营业外支出以后就计算出了利润总额。也就是说，利润总额与营业利润之间只相差了营业外收支。

② **怎么算。** 营业利润＋营业外收入－营业外支出＝利润总额

③ **怎么管。** 只要管理好营业外收支就能管理好利润总额。

利润总额是公司管理层和很多投资人非常在意的一个指标，原因就是它跟净利润之间只差一个所得税，所以，利润总额也被称为"税前利润"。所得税的多少除了会因管理不善而造成税负过大以外，跟企业自己的身份有很大关系，由于身份不同，所以所得税税率不同，导致最终的净利润不同。这并不能完全证明公司的经营水平和能力，所以为了避免所得税对利润的影响，管理层会更多地使用利润总额来考量日常管理。

六 净利润

※ 1 所得税费用

① **轻概念**。企业所得税就是企业由于盈利而缴纳的所得税。在"税法"里，计算所得税的基数并不是利润总额，而是应纳税所得额。利润总额跟应纳税所得税的相同之处是都要从收入中扣减成本费用等计算所得，而它们之间最大的区别在于计算的依据不同。利润总额计算的依据是"会计准则"，应纳税所得额计算的依据是"所得税法"。所得税向来是财务人员的工作难点，也是企业税收筹划的重点，因为在中国所有的税种中，企业所得税的调整事项最多，优惠政策也最多。

例如，按照"会计准则"的规定，企业发生的招待费只要跟生产经营有关都可以计算在内；但按照"税法"规定，任何一笔招待费只能计算其金额的 60%，而且总额不能超过营业收入的 0.5%，超过部分不能计算在应纳税所得额中。这就是利润总额和应纳税所得额计算差异的典型实例，诸如此类的规定还有很多。

所得税是中国第二大税种，地位仅次于增值税。以 2019 年数据为例，中国所有税收为 15.8 万亿元，企业所得税为 3.73 万亿元，占全部税收的 23.6%。对不了解"所得税法"的人来说，所得税就是一个"大坑"，一不小心就会增加很多税负。仅从这一点上讲，不能一味抱怨税负高，而要更加深入地了解"税法"和各项规定，企业应当充分利用国家出台的优惠政策，按照"税法"规定对于限制性收支的要求进行合理控制，减少不必要的"超支"。也就是说，必须要了解"税法"，才能做一个精明的管理者。

中国的普通企业所得税税率是应纳税所得额的 25%。对于小微企业，国家每过一段时间就会出台税收上的优惠政策，2018 年的税收优惠政策就是"对年应纳税所得额低于 100 万元（含 100 万元）的小型微利企业，其所得减按 50% 计入应纳税所得额，按 20% 的税率缴纳企业所得税"。而 2019 年的税收优惠政策力度更加大："对小型微利企业年应纳税所得额不超过 100 万元的部分，减按 25% 计入应纳税所得额，按 20% 的税率缴纳企业所得税；对年应纳税所得额超过 100 万元但不超过 300 万元的部分，减按 50% 计入应纳税所得额，按 20% 的税率缴纳企业所得税。"也就是说，小微企业在 2019 年及未来的两年最低可享受 5%

的所得税税率。随着国家的发展壮大，企业享受的各项优惠政策也会更加多元。

②　**怎么算。**所得税有直接计算法和调整计算法两种算法。

直接计算法就是把公司所有的收入、成本和费用支出等全部按照"税法"的规定重新计算，完全脱离"会计准则"，直接计算出应纳税所得额，用应纳税所得额乘以税率就计算出所得税。

调整计算法是先算出公司利润总额，然后把收入成本支出中不符合"税法"要求的单独列出来作为利润总额的调整项，调整完毕以后就可以计算出应纳税所得额，再乘以税率就得到所得税。调整计算法是目前普遍采用的方法，工作量不大，不像直接计算法那样需要把全年的账重新算一遍。不过，调整法的技术含量比较高，要做到无懈可击，的确需要投入不少精力。如果日常的会计记账已经按照两个口径进行了归集，那么年底所得税汇算清缴的时候工作量就会大大降低。另外，所得税费用跟当期缴纳的所得税还会有一些"时间性差异"，这是由纳税调整事项造成的。

③　**怎么管。**还是那句话，一定要充分了解"税法"规定和各类优惠政策，并充分利用好优惠政策。例如，2018 年出台了关于企业研发支出的"加计扣除"优惠政策，将政策惠及范围从以前的高新技术企业或科技型中小企业，扩大到几乎所有中国科技企业，而且所有研发费用（无论费用化的还是形成无形资产资本化后滩销的），全部按原金额的 175% 扣除，所得税税负大幅下降！关注税收政策的人可以登录国家税务总局网站，及时了解最新的"税法"政策，进而可以在第一时间为享受税收优惠政策而做相应准备。相反，很多企业管理者，包括会计在内，还只是停留在刷微信朋友圈上，刷到了就读一读，刷不到就完全不知道，而有些微信公众号对"税法"的解读也不准确。这肯定不是一种好的管理模式。要知道，所得税对内就是要严加管控，对外就是要多掌握"税法"规定，也只有掌握了"税法"规定，才能有的放矢地对内严加管控。

※ 2 净利润

①　**轻概念。**净利润就是公司的税后利润，是所有经营者都在努力提高的指标，也是所有经营者最担心变成负数的指标。

②　**怎么算。**利润总额 − 所得税费用 = 净利润

③　**怎么管。**净利润可以说是利润表中最重要的一个指标，而现实企业中的经营者往往忽略对净利润的管理。绝大多数销售型管理者期望通过开源节流中的开源增加利润，就会把注意力集中在开源上。中国某家房地产企业的老板是相当厉害的战略和营销高手，不惜花费高

达 30% 的贷款利率去投资房地产，不断扩大的市场份额，给其他的资金或利润造成了巨大压力，盈利的项目不少，但亏损的项目也很多。虽然每个人都知道利润重要，但真正在经营管理的时候，很多人往往会忽略净利润而一味追求市场扩张。

很多民企管理者想不明白，为什么外企能够给员工那么高的薪水？外企的产品价格也未必比民企的产品价格高很多，为什么外企还能赚钱？民企给员工的工资相对较低，产品价格也差距不大，利润空间却越来越小，究竟是哪里出了问题？

很多跨国企业的管理者十分精通财务管理，对利润的构成非常清楚，企业发生任何业务时都能清楚地知道这将对财务报表产生怎样的影响，也就是非常清楚什么能够导致利润增加或减少。他们能够根据常年积累的经验不断优化流程和内控体系，让内耗尽可能降低，同时还给经营管理留有空间。他们对于客户的选择也相对理性，在做项目之前总是会做详细的资金预算，判断是否有能力掌控各项资源，特别是资金。这些细节管理是减少成本的重要步骤。民企管理者应多掌握一些财报思维模式，提升净利润在管理中的作用，才能更好地让企业发挥经营效益，提升经营成效。

七 净利润下面的各项内容综述

利润表在净利润的下面还有一些报表项目，这部分内容对日常经营管理的影响没有那么大，所以在经营管理中的关注度普遍不高。对于企业管理者而言，掌握净利润及之前的项目基本上就够用，所以我们对净利润以下的项目不做重点分析，仅对其中几个相对重要的项目加以讲解。

1 持续经营净利润和终止经营净利润

2018 财政部发布的报表格式第一次体现出关于是否持续经营的利润分类，即明确划分哪些是持续经营的，哪些不是持续经营的，以便报表使用人了解公司是否存在不能持续经营的状况，以及利润的性质。

2 其他综合收益的税后净额

有些项目的收益不影响企业损益，但影响所有者权益（也就是净资产），这些项目就在其他综合收益的税后净额中列示。例如，资产负债表中有一项"可供出售金融资产"，这个项目核算的资产需要根据公允价值变动而变动，"会计准则"规定，这个变动不能影响利润，只影响所有者权益，所以就在净利润下方再增加一个其他综合收益的税后净额项目来记录。

3 综合收益总额

净利润与其他综合收益的合计就是综合收益总额。

上面就是对利润表所有项目的讲解。利润表是三大报表中管理者最熟悉，但也最容易混淆的一张报表。

本章看起来没那么有趣，因为格式化报表本身就很固化，概念也很固定，内容相对较多。这是用普通语言对利润表基本概念进行"扫盲"的重要一章，建议管理者在看利润表项目对概念有疑问的时候常回来翻看本章。只有真正掌握了每个报表项目的深层含义和核算的内容，才能够真正做到对报表的解读和理解。同时要记住，懂得看报表并不是终极目的，利用报表做决策才有更加重大的意义。

 本章思维导图

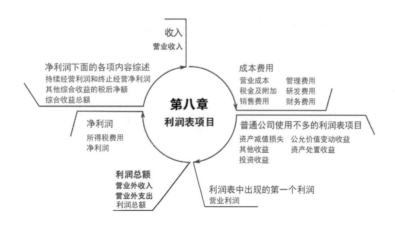

图 8-1　本章思维导图

学习清单

（1）首先关注重点报表项目，了解书中标"※"的项目，从轻概念、怎么算和怎么管三个角度来掌握。

（2）关注每项"利润"的计算：营业利润、利润总额和净利润。

（3）关注收入与成本的匹配原则，关注各个项目的形成原因及对利润的影响程度。

现金流量表项目

|本章概括

　　对于管理者来说，现金流量表理应是所有财务报表中最容易理解的一张报表，因为现金流量表记录的都是现金收支，大多数管理者对现金的流入和流出还是很敏感的。读懂现金流量表的前提是了解每一笔收支的"性质"，只要了解报表中每个项目究竟代表什么含义，很快就能读懂现金流量表了。

　　前面学习报表结构的时候已经学过，现金流量表分为三大结构：经营性现金流、投资性现金流、筹资性现金流。我们讲解报表项目的时候从上往下讲解，是为了让讲解更有条理性，当你弄懂了每个报表项目所代表的含义后，建议你每次看现金流量表的时候从下往上看。首先看筹资性现金流，因为筹资性现金流最简单，内容最清晰，交易量最小，最容易读明白；其次看投资性现金流，正常公司的投资不会很频繁，比融资的交易多一点，但绝对会比经营性现金流的交易少得多，也很容易快速看清；最后就可以集中精力详细阅读经营性现金流了。经营性现金流交易笔数多，涉及类别广，而且与资产负债表和利润表匹配的情况也多，需要仔细阅读才能发现问题和线索。

　　现金流量表的特点非常鲜明，只要有现金流动就一定会在这张表里体现；如果没有现金流动，就完全不会在这张表里体现（汇兑损益除外）。也就是说，这张表是纯粹的"收付实现制"。需要注意的是，现金流量表在现实中是最让管理者看不明白的一张表，甚至很多会计都不会编制这张报表，原因就在于每笔现金的收支都有它固有的"性质"，这个"性质"就是现金流量表中的每个项目。而恰恰是"性质"的多样性导致不熟悉这张表的人摸不着头脑。

现金流量表中的现金通常是指企业库存现金及近期可以用于支付的存款。只有符合这个条件的项目，才能在现金流量表中体现，否则就不能体现。

根据现金的定义，会有一些特殊情况需要注意。例如，公司的银行存款中有一部分是作为商业汇票质押金的，在比较长的一段时间内是不可以自由支配的，相当于暂时冻结的资金，虽然这部分还属于公司的存款，但在现金流量表中就不能把它当作现金。

在现金流量表中还有一个概念就是现金等价物。现金等价物指虽然现在还不是现金（如短期投资、短期债券等），但是在三个月内一定会变为已知金额的现金，即三个月内到期会变现，那么这一部分在现金流量表中就可以当作现金。这跟资产负债表中的货币资金有差异。前面讲过，如果没有特殊事项或没有现金等价物，那么现金流量表的当期净流量，就应当等于资产负债表中期末货币资金与期初货币资金的差额，如果不相等就一定是错的。也就是说，当你看到现金流量表的净流量与资产负债表货币资金净变动不一致的时候，首先就应考虑公司是否存在现金等价物、是否存在银行冻结资金等情况，这将形成你读现金流量表的思维模式。

下面我们就对现金流量表的每个项目进行讲解。

 经营活动产生的现金流量

经营活动产生的现金流量部分，是现金流量表三大结构中最重要的部分——经营性现金流。这里列示的所有现金流都是跟日常经营有关的。如果你判断不了哪些不是跟日常经营相关的，那么就先把投资性和筹资性的刨除在外，剩下的就是经营性现金流。需要提示的是，公司购买或处置固定资产、无形资产等超过一年的资产属于投资行为，经营性的行为均属于一年以内的。

无论是管理者还是投资人，学会对经营性现金流的管理非常重要，这部分现金流是企业经营状况在现金中的体现，也是对企业自我造血功能的直接展示。规模越小的公司越依赖经营性现金流的支撑，因为小规模企业大多缺乏融资能力，只能依靠自己生存，依靠经营性现金流的绝对正向积累。

※ **1**　销售商品、提供劳务收到的现金

①**轻概念。**销售商品、提供劳务收到的现金，就是由于公司营业收入而收到的所有现金，包括销售产品价格中含的增值税。前面讲利润表的时候提到过，利润表里的营业收入是不含增值税的，而现金流量表的销售商品、提供劳务收到的现金是含增值税的。如果销售了商品没有收回现金，在这里是不会体现的，而在利润表的收入里还是会体现的，这就是这两个不同报表项目之间的逻辑关系。如果以前销售产生的货款现在收回来了，那么在销售商品、提供劳务收到的现金项目就会体现出来，而利润表的收入则不会有任何变化，资产负债表里的应收账款则会减少。

②**怎么算。**收到的销售款全部都应计算在内，无论是支付完马上收的还是支付前预收的。但是，如果收到不属于营业收入的，则不可以记录在这里。当然也可以通过资产负债表和利润表推算出来，用来作为合理性验证。

销售商品、提供劳务收到的现金＝含增值税的营业收入－（应收票据及应收账款期末数－期初数）＋（预收账款期末数－期初数）

③**怎么管。**当然这个公式只是用来推算或者进行趋势验证，如果结果相差非常大，则需要关注哪里出现问题，或有什么特殊事项，而不是追求金额的绝对一致。现实过程中也不排除特殊状况的存在。例如，客户同时也是供应商，用相互之间的欠款互抵就不会产生任何现金流，如果通过这个公式来验证就会出现差额。再如，销售商品以后客户用其他方式偿还货款，那么账面上有可能记录在其他应收款里，这也会导致验证出现差额。所以上面的公式仅供验证合理性参考，不能绝对化。

从另外一个角度看，这也恰恰体现了三大财务报表的逻辑关系。我们非常强调"三表同框"一起看，就是为了让这些公式在一个平面上达到相互验证，不合理的地方就是进一步深究的线索。如果收到的现金远远超出了当期收入额，则很有可能是前期的大量没有回收的欠款在本期回收了；如果收到的现金远远低于当期收入额，则可能是当期实现销售收入却没有回收现金。当做出这个初级判断以后，就需要找到更多的数据来进行验证，如果验证一致，说明这个数字可信，否则就要检查是否存在错报情况。

2 收到的税费返还现金

① **轻概念**。政府的税费返还现金都记录在收到的税费返还项目里，也就是说，凡是你收到的税务部门返还给你原先上缴的与企业经营有关的税费，无论什么税、无论多少金额都会在这里列示。

② **怎么算**。政府税务部分返还到你账户中的金额是多少就填列多少。

③ **怎么管**。政府税务部门有一些政策性的退税，只有享受这些政策的企业才会可能出现税费返还，无论这个返还政策是普惠性政策还是单一性政策。普通企业能够享受到的税费返还政策不太多，所以很多企业报表中这个项目是空列的。

3 收到其他与经营活动有关的现金

① **轻概念**。公司收到的款项，只要不是与销售、返还税、投资和融资有关的，就都在这里填列。

② **怎么算**。正常计算时将所有收到的现金都标注上相应性质，然后全部相加就可以。网上有不少通过资产负债表、利润表分析填列的公式，其中涉及的科目比较多，现实工作中很少有人真的这么做，最多就是"倒挤"出一个数字，即在所有收到的现金中，刨除与销售有关的、税费返回的、投资和融资的部分，剩下的就记录在这里。

③ **怎么管**。从管理角度上讲，建议管理者再细化这个类别，如具体收到的是哪一细项类别的项目，是收到了银行利息、员工还款，还是营业外收入等，只有细项分析才能对管理起到真正的作用。

4 经营活动现金流入小计

① **轻概念**。这里记录的是经营活动中所有现金流入的总和。

② **怎么算**。*经营活动现金流入小计 = 销售商品、提供劳务收到的现金 + 收到的税费返还现金 + 收到其他与经营活动有关的现金*

③ **怎么管**。经营性现金流入肯定是越多越好，越快越好，特别是与销售商品、提供服务有关的现金流入，只有收到足够多的经营性现金，才有足够的空间支付给供应商、支持各项费用。一项生意就算利润再高，如果收钱不及时，也会把公司拖到倒闭。一项生意就算利润

很低，只要能及时收钱并暂缓支付，也可以支撑一段时间。所以，企业经营者应当分配足够的管理精力来关注营业款项的回收工作。

※ 5 购买商品、接受劳务支付的现金

① **轻概念**。与收入相匹配的商品采购及购买服务所支付的现金，从字面上基本就能理解，这个支付项目跟公司的存货购买相关，跟公司营业成本有一定的关联关系。

② **怎么算**。所有采购商品或与收入直接相关的支出金额的总和。这个金额是含增值税的全价。也有一些计算这个项目的公式：

购买商品、接受劳务支付的现金＝含增值税的营业成本＋（存货期末数－期初数）－（应付票据及应付账款期末数）＋（预付账款期末数－期初数）

③ **怎么管**。公式依然不是绝对的，而仅是用来对此项目进行合理性验证的。如果差额巨大，则需要考虑是否存在特殊事项。有一点需要提示，因为制造行业的营业成本中是包含生产工人工资的，而支付的工资需要在"支付给职工以及为职工支付的现金"项目中列示，所以上述公式中如果成本中的工资占比很大，那么公式是不成立的，仅供参考使用。

通常这个项目里记录的是给供应商支付的货款，这就需要认真做好资金平衡，如果收到的现金不够多或不够及时，而仅对供应商信守承诺及时付款，那公司很有可能会陷入资金危机，甚至导致资金链断裂。当然，这绝对不是让你对供应商不及时付款，恰恰相反，应当真正做到信守承诺，前提是确保公司资金充足，这就要求公司将应收的营业款足额、及时回收，才能形成良性循环。

※ 6 支付给职工及为职工支付的现金

① **轻概念**。公司用现金为员工支付的所有工资、奖金、补贴、补助、社保和公积金等，都在这里记录。个人所得税也应当在这里记录而不是记录在支付的各项税费项目中，原因是个人所得税是公司代扣代缴，真正的纳税义务人是员工而非企业，相当于企业将全额的工资支付给员工（这个全额也包括个税），再由企业代替个人把个税缴纳给税务部门。当然在现实中，很多公司将个税记录在支付的各项税费中，原因也很简单，因为是公司缴纳的税，月底对账的时候好核对。

② **怎么算**。公司用现金支付给员工的工资、奖金、补贴、补助、社保和公积金等的总和。

③ **怎么管**。支付给员工的现金非常容易理解，特别是针对规模小一点的公司，这一项目与资产负债表中的应付职工薪酬有勾稽关系。很多企业在分析人工成本的时候往往喜欢使用这个数据来做判断，因为对于普通企业来说，这个数字是真金白银支付出去的，在一定程度上反映企业的人工成本。

※ **7** 支付的各项税费

① **轻概念**。公司支付给税务等政府部门的所有税和费全部都需要在这里记录。

② **怎么算**。普通公司缴纳的税通常有增值税、城建税、教育费附加、地方教育附加费、企业所得税和印花税等，有些企业还需要缴纳消费税、房产税和契税等，这些缴纳的税统统要记录在此。关于个人所得税前面讲过，应当在支付给职工以及为职工支付的现金项目里核算。但的确有不少公司的会计将个税记录在支付的各项税费项目中，所以读报表的人需要知道可能会出现这样的差异即可。

③ **怎么管**。公司所有税负都在这里体现，除了个税以外可能引起歧义的很少，这个应当与资产负债表中的应交税费有勾稽关系。很多企业在分析整体税负的时候也喜欢用这个数字来测算，毕竟都是真金白银支付出去的税费，对于规模不大的公司来说，用以计算整体税负还是比较准确的。

8 支付其他与经营活动有关的现金

① **轻概念**。凡是支付的，除投资性质、筹资性质和用于支付购买商品和劳务，以及付给职工和缴税的之外，就记录在这里。

② **怎么算**。就是按照概念里说的，凡是支付的不是投资性质、筹资性质，也不是支付购买商品和劳务及付给职工和缴税的，都列示在这里，就不会遗漏什么。网上有人分享了很多用资产负债表和利润表项目计算这个现金流的公式，有可能会漏项，而且涉及的项目很多，也比较烦琐。

③ **怎么管**。经营性现金流中支付的部分比较多，最典型的就是日常的开销，如差旅费、交通费、招待费等，应当像管理利润表中各类费用一样严谨地管理这部分现金流。另外，在其他应收、其他应付项目中支付的现金往来款，也应在这里核算。当然，这里支付的现金越少越好，公司在任何时候都应当留有足够的现金。

　　这里需要讲一下管理的细节。绝大多数公司对于日常费用的开支用管理费用、销售费用的明细项来编制报表，其实很多的费用支出是直接支付的现金，应该归属到支付其他与经营活动有关的现金里。如果在这个现金科目项下也能编制出一个类似管理费用的明细表，就会更加直接地看出日常资金管理与费用支付的关系，进而清晰地把握这些支出究竟多少是费用，多少是往来，同时滚动查看，就形成了自己公司的管理报表，这个报表对于企业日常管理、管控费用支出会起到非常大的作用。

⑨　经营活动现金流出小计

　　① **轻概念**。这项是指经营活动所有支出的现金总和。

　　② **怎么算**。经营活动现金流出小计 = 购买商品、接受劳务支付的现金 + 支付给职工以及为职工支付的现金 + 支付的各项税费 + 支付其他与经营活动有关的现金

　　③ **怎么管**。从管理角度讲，支出的金额越少越好。并不是说支出都攒到以后支付就好，也需要与收入的金额相匹配，这样才比较协调。另外，在日常管理中依然建议列出更细的分类，这样才是加强管理真正有效的方法。

⑩　经营活动产生的现金流量净额

　　① **轻概念**。经营活动收入减去经营活动支出的净额就是经营活动产生的现金流量净额。所以只要区分出什么是经营类的，什么是投资类的，什么是筹资类的现金就会一目了然了。

　　② **怎么算**。经营活动产生的现金流量净额 = 经营活动现金流入小计 − 经营活动现金流出小计

　　③ **怎么管**。在正常经营的状况下，经营活动现金流一定要为正数才算健康。因为经营企业一定要赚钱，有钱才能活下去，而经营性现金流恰恰就体现了企业的"自我造血"功能是否健康、有效，并且持续。当然，很多创业公司在初期经营活动净现金流基本上是负数，资金全部来源于融资性现金流，也就是让投资人暂时养活自己，就像刚出生的婴儿必须要靠外部的供养才能慢慢长大一样。在这个期间，经营活动现金流是负数没关系，因为企业还不成熟，但不可能永远这么负下去，投资人也期望在未来你能"赚大钱"来反哺投资人，以证明投资人的眼光。如果一家企业持续的经营活动无法赚到钱，那就需要考虑它有没有生存下去的必要了。

对于经营性现金流的日常管理，建议企业管理者不要仅限于使用现金流量表这么"粗放"的分类，而应把每一个项目再细致分类列示。例如，销售商品、提供劳务收到的现金就可以按照公司产品线或服务线来划分明细，甚至按照项目一个一个来划分；与此同时，将购买商品、接受劳务支付的现金也按照收到现金的种类加以分类，让收支匹配起来。这样的对照查看模式才是真正具有管理意义的模式。支付其他与经营活动有关的现金项目对于管理来说范围太过宽泛，应当进一步拆解为交通费、差旅费、咨询服务费、招待费等，如果能再进一步按照项目或部门来分解列示，那么你得到的管理数据就会更丰富，对管理者的帮助会更大。

对于很多企业来说，日常费用大多是支付现金的，所以在现金流量表中体现的支出几乎能够涵盖企业的大部分支出项，除非有的支出没有支付现金或暂时未支付现金。同时，这也符合管理者对企业现金的管理、管控，还可以满足对企业日常经营的管理，一举多得。

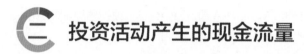

二 投资活动产生的现金流量

接下来讲解"投资活动产生的现金流量"部分，这也是现金流量表三大结构中的第二部分——投资性现金流。从这里开始，所有的现金流就脱离日常经营的范畴，进入投融资环节，这一部分是只跟投资行为有关的所有现金流。

※ 1 收回投资收到的现金

① **轻概念。** 这部分都是收回投资收到的现金，是指公司以前对外的投资，现在通过转让或出售将资金回收的记录，这里不包括回收中所含的利息、股息等。当然，如果你回收的投资不是以现金形式呈现，那就不会在这里体现。

从内容上讲，收回的投资包括短期投资、长期投资等不以控股为目的的投资，具体来讲，这些在财务报表项目中分别为"以公允价值计量，且其变动计入当期损益的金融资产""衍生金融资产""可供出售金融资产""持有至到期投资"等。

② **怎么算。** 公司以现金形式回收的投资都在这里合计。

③ **怎么管。** 公司对外投资的回收部分，如果赚了超额现金再回收是最好的情况，即便没

有赚到超额现金，至少也要做到保值，最可怕的是"割肉"回收，即贱卖自己的投资，这也释放出一个信号，说明要么公司这项投资实在糟糕不得不"割肉"，否则亏得更惨，要么就是公司实在缺钱，不得不放弃投资以回笼资金补充到日常经营中。所以你看，进入投资环节中的分析、管理跟经营性现金流环节的分析管理就有所不同了，经营性现金流收入是越多越好，而投资性现金流在一个阶段的增加反而可能成为危机信号。

※ **2** 取得投资收益收到的现金

① **轻概念。** 取得投资收益收到的现金是指企业对外投资获得的现金利息或股利。无论短期投资还是长期投资，其目的无非就是通过财务投资赚钱或进行战略投资，希望保值增值。增值的部分除了市价的增长以外，也包括被投资方的利益分享和分配。如果投资的是债权，则应当收到利息；如果投资的是股权，则可能收到股利分配，这些都会在这里体现，当然这里并不包括投资原值的那部分。

② **怎么算。** 取得投资收益收到的现金 = 收到的投资的债权利息 + 投资的股权分红（就是股利）

③ **怎么管。** 取得投资收益收到的现金通常情况下越多越好。在没有特殊情况时，投资方在投资后都希望被投资方能够源源不断地产生更多利息或分红，所以对这一部分的管理会集中体现在回收的现金收益与投资原值之间的比例上。2019 年，银行五年定期整存整取的利息大约为 2.75%，同期的五年期国债利息大约保持在 4.27%，同期的通货膨胀率基本在 4.5%以上。也就是说，你通过存款储蓄、购买国债这些非常稳健的投资所获得的投资回报还赶不上通货膨胀率。当年大量圈钱跑路的 P2P 企业给出的收益承诺，其实只有 8%~15%，且风险极高。这几年的股票市场也动荡不已，在投资市场中很难找到高于通胀率的稳健投资。在这种情况下，选择对外投资就是非常重要的环节了。所以表面上我们是在分析投资回报率，但实际上是在考量投资决策是否经得起市场检验。

※ **3** 处置固定资产、无形资产和其他长期资产收回的现金净额

① **轻概念。** 从项目名称上就能看出，这是指公司出售或处置固定资产、无形资产和其他长期资产收回的现金净额。所谓净额是指减去支付的现金，而非减去账面价值，这一点不要混淆。

② **怎么算。** 处置固定资产、无形资产和其他长期资产收回的现金净额 = 出售或处置固定

资产、无形资产、其他长期资产回收的现金 – 因为出售处置而支付出去的现金

③ **怎么管**。公司出售固定资产不一定是在释放积极信号，因为固定资产是用来生产经营的，出售固定资产相当于售卖自己的经营家当，那以后怎么经营？出售固定资产、无形资产等原因只有三种可能性：第一是卖旧买新；第二是产品线缩减或改行；第三是公司缺钱。

卖旧买新要么就是为了更新换代，要么就是恰好有人需要你的固定资产，你可以借此大赚一笔，然后再购买同样的设备，不过这种机会非常少见。如果是为了更新换代，那么就必定会涉及一个问题，即需要筹集更多的资金来购买新设备，这个资金来源如何解决？通过售卖旧设备只能解决一部分资金，如果要借助融资，那么融资代价是多少，公司的盈利能力是否能覆盖融资代价？

如果是产品线缩减，那么则要考虑公司是否需要转产和改行，原先的产品是否要放弃，以及新的市场和产品会是什么。

如果是因为公司缺钱而不得不出售长期资产，那就是在释放危险信号了。公司缺钱时，第一个要考虑的是把客户的钱收回来，也就是从经营上"挤"出资金；第二个考虑的是融资，可以向金融机构贷款或找投资人投资股权；如果以上这两条路都行不通，就只能"沦落"到出售长期资产维持公司生存了，这个危险信号可不容忽视。

所以，当看到公司出售长期资产时，一定要格外注意公司出售的目的是什么，表面上看回收了不少现金，现金流也是正数，但如果目的不同，则会带来截然不同的判断结论，这些是读报表的人需要深度思考的。

4 处置子公司及其他营业单位收到的现金净额

① **轻概念**。此项目与上面处置固定资产等长期资产的项目有异曲同工之处。公司将投资的子公司或其他营业单位转让出售而收回现金，使子公司完全或部分转让以便不再受被投资方控制。既然是子公司，就是以控股为主要目的的投资，通常公司在财务中占有超过 50% 的投资比例即可视为绝对控股，当然，在被投资单位的公司章程里有其他额外规定的除外。

② **怎么算**。凡是公司通过转让、出售等处置子公司所获得的现金，减去因转让而付出去的现金，计算出的净额就在这里体现。

③ **怎么管**。与出售固定资产一样，公司虽然获得了不少现金，但这不一定是积极信号，需要进一步了解为什么要出售这个子公司，出售是赚是赔，以及出售子公司是否对公司的战略产生影响。

一般来说，一家公司"控制"另一家公司的目的有两个，一是投资方的战略考虑，二是赚取红利。既然是战略考虑，就是比较长期的投资，现在又处置掉，那么很可能说明公司的战略发生调整，或被投资方已不具备战略意义。如果投资仅是为了获取超额红利，那么处置子公司就意味着有更好的买家愿意出更高的价钱收购，让公司大赚一笔，或者被投资方的盈利能力大幅下滑，已经不具备超额回报的能力，尽早处理可以止损。这些不同的处置目的背后隐藏着不同的经营信号。

财务工作中特别重视"控制"，无论是对资产的定义，还是对控股的定义。那么什么是"控制"呢？

拥有公司决策超过半数的表决权即可认定为"控制"。例如，公司虽然投资额不足50%，但股东表决权中占比超过半数，即可以控制决策结果，就已经算对这家公司"控制"了。另外，投资方能够任命或批准被投资方的董事长总经理，掌控董事会等的任命也是控制的表现。只要确认是"控制"了，被"控制"一方就是投资方的子公司，处置这些子公司收到的现金就需要在此项目里核算。

也就是说，如果你确定"控制"了一家公司，哪怕投资额没有超过50%，它也算子公司，也可以合并报表；如果你确定没有"控制"一家公司，即便你投资额在50%以上，也不算子公司，也不能合并报表。

5 **其他与投资活动有关的现金**

① **轻概念。**凡是收到投资性质的资金，又不能归入前四类的，就统一记录在这项目里。有一些理财性质的存款其实已经不算企业可动用的资金了，当解除理财回到正常存款账户以后，通常会在这里核算。

② **怎么算。**其他与投资活动有关的现金是指投资性质的现金收入扣除上述四项以后其他的合计数。

③ **怎么管。**流入时要关注具体是什么投资。只要是其他类的，在财务报表中都需要高度重视，特别是金额比较大的。要知道，在财务报表格式的设计中，针对重复性高、金额大的项目都会单列，也就是说，如果公司存在大额的资金无法在现有明确项目中记录的情况，那就说明这是比较特殊的内容，特殊内容必须高度关注，然后挖掘隐藏的问题，发现潜在的危机。

6 **投资活动现金流入小计**

① **轻概念。**投资活动现金流入小计是指投资活动产生的所有现金流入的合计。

② **怎么算。**前面讲到的五项之和。

③ **怎么管。**综合前面讲到的每个分解的项目可以知道，投资性现金流增加未必是好现象，这跟经营性现金流非常不同。对于每笔增加的投资性现金流入，都要格外慎重地去分析，看其对于公司未来的影响是什么，对于公司当下现金的需求是否有必要等。

※ **7** **购建固定资产、无形资产和其他长期资产支付的现金**

① **轻概念。**这里开始讲解投资流出现金流。购建固定资产、无形资产和其他长期资产支付的现金是公司购买固定资产、无形资产等长期资产所支付的现金。公司为购买设备、房产等花费的现金都在这里记录。

② **怎么算。**购建固定资产、无形资产和其他长期资产支付的现金等于公司当期购买固定资产、无形资产等长期资产所花费现金的总和。当然，如果公司购买了固定资产，但暂时没有付款，就不能在这里体现。如果公司购买了固定资产，用的是非现金支付形式，也不能在这里记录。这里只记录公司支付的现金总和。

③ **怎么管。**从长远来说，购买固定资产虽然减少了公司的资金，却增加了更多的盈利机会。例如，增加生产经营资产，对企业来说就是在构建一个未来盈利的模式，通常来讲是好事情。这个流出的现金流也要跟前面处置固定资产流入现金流作一个简单匹配对照，看是否存在卖旧买新的状况。这个流出的现金流，通常也要跟资产负债表中的固定资产、无形资产的增加作一个匹配对照，看是否同步减少或增加。

当然，固定资产、无形资产的购建也属于在短期内支付大量现金的行为，会占用不少资金，企业也需要考虑这些资金的来源是什么，如果占用经营性现金流，那么要考虑是否会影响采购资金；如果占用筹资性现金流，那么要考虑是否能够覆盖其融资代价。

※ **8** **投资支付的现金**

① **轻概念。**投资支付的现金是指公司以现金形式对外的投资。如果不是以现金形式进行的投资，就不会在这里体现。从内容上讲，包括短期投资、长期投资等不以控股为目的的投

资（这些在财务报表项目中分别为以公允价值计量且其变动计入当期损益的金融资产、衍生金融资产、可供出售金融资产、持有至到期投资）。

② **怎么算**。只要是公司以现金形式进行的对外的投资，就都在这里加总。

③ **怎么管**。这部分虽然减少了公司的现金，但相当于公司把资金投在外部，让外部力量代替公司"造血"，一来可能是公司有很多闲置资金，需要找更高收益的投资，二来可能是公司发现了低风险、高收益的投资机会，选择为之付出资金。

9 取得子公司及其他营业单位支付的现金净额

① **轻概念**。取得子公司及其他营业单位支付的现金净额是指公司以现金形式收购公司成为自己的子公司所付出现金的净额，注意与"投资支付的现金"区别开来，此处通常指长期股权投资，且投资方往往是控制被投资方的。

② **怎么算**。购买子公司的总价 − 因购买而收到的现金的净额 = 于取得子公司及其他营业单位支付的现金净额

③ **怎么管**。看到这里有金额就说明公司有"大动作"了，因为普通公司对外投资并"控制"一家企业并不是常规经营事件，一定是公司决策层经过层层决策、一轮轮谈判最终才成功的。所以，只要有这类投资，就应当更加深入了解公司投资了什么企业、什么行业，以及对公司未来有什么建设性预见。公司管理层对此项也需要高度关注，这是对外释放出来的信号，毕竟投资控制一家企业对任何一家公司都是重大事件。

10 支付其他与投资活动有关的现金

① **轻概念**。支付的投资类现金流凡是不属于购建固定资产、无形资产和其他长期资产支付的现金，投资支付的现金，取得子公司及其他营业单位支付的现金净额三项的就都在这里体现。

② **怎么算**。所有投资类现金支付减去购建固定资产、无形资产和其他长期资产支付的现金，投资支付的现金，取得子公司及其他营业单位支付的现金净额三项的差。

③ **怎么管**。凡是看到"其他"就应当重视，需要了解究竟支付了什么投资而无法归类到已有的项目中。

11 **投资活动现金流出小计**

① **轻概念**。投资活动现金流出小计是指所有投资支出现金流的总数。

② **怎么算**。购建固定资产、无形资产和其他长期资产支付的现金，投资支付的现金，取得子公司及其他营业单位支付的现金净额，支付其他与投资活动有关的现金这四项流出现金之和。

③ **怎么管**。投资现金流的流入、流出一般不会是企业经常性的频繁交易，所以读取报表的人需要深究每笔细细分析。每笔投资都不是小事情，特别是占用公司资金比较多的大事件，因此每笔都需要了解其真实目的以及所面临的风险。

12 **投资活动产生的现金流量净额**

① **轻概念**。投资活动产生的现金流量净额是指投资活动全部资金流入减去全部资金流出的差额。

② **怎么算**。投资活动现金流入小计 – 投资活动现金流出小计的差额 = 投资活动产生的现金流量净额

③ **怎么管**。投资活动整体上不会因为简单的资金增加或减少而被评判好或坏，资金增加不一定是好事，资金减少也不一定是坏事，需要对每笔投资详细分析才能够判断。

三　筹资活动产生的现金流量

筹资活动产生的现金流量就是只跟融资有关的所有现金流。融资活动在普通企业里是不多见的行为，应当更加细致地了解资金走向的成本和代价，如借款的利率和额外条件，投资人的投资条款及是否包含对赌协议等。筹资性现金流的学习几乎可以与投资性现金流对换角度来理解，一个投资方，一个融资方，有一项投资，就会产生一项被投资方收到的投资款；有一项对外借出资金，就一定有另外一个单位获得了贷款融资。所以理解起来并不复杂。

※ **1** 吸收投资收到的现金

① **轻概念。**当有投资人用投资换取你的股权或其他权利，或者发行股票、债券，你收到的现金扣减发行手续费付出去的现金就在这里记录。

② **怎么算。**公司获得投资人的资金，或发行股票、债券等－为此付出的发行佣金费用的净额＝吸收投资收到的现金

③ **怎么管。**包括公司原始股东投入的注册资本金在内，获得投资都是一件好事，一方面可以获得充足的资金，用于发展扩大企业经营，另一方面也相当于获得了投资人的认可，特别是比较著名的投资人或投资机构、投行等。所以当你看到这一项有金额时，首先就要详细了解是什么人做了投资。当然，报表读取人还需要了解这些资金的代价有哪些，如出售多少股权，是否有额外苛刻条款等。

※ **2** 取得借款收到的现金

① **轻概念。**取得借款收到的现金，是指公司获得金融机构短期、长期贷款收到的现金。

② **怎么算。**公司收到借款的现金总和，即取得借款收到的现金。

③ **怎么管。**收到借款与收到股权投资最大的区别就是，借款要限时还钱且要付利息，股权投资款则不限时，退款也没有利息。所以，当收到借款时就一定要高度关注什么时间还款、要付多少借款利率。公司借钱通常用作日常经营的周转资金，资金临时周转不开对企业经营来说是比较常见的情况。例如，某段时间客户没有给钱而供应商的付款期又到了，就需要考虑借款。当然也有公司把专项借款用来对外投资，这里需要区分贷款目的是什么。任何借款都是有代价的，这个代价不仅是贷款利息，也包括其他的监管措施，如银行通常会设置提前结束贷款的限制性条款，这条红线不能碰，一旦触及红线则很可能打乱公司资金计划，甚至危及公司生存。公司内部一定要安排专人关注贷款条款的各项要求在企业中的变化，以便一旦出现不好的情况时及时作出应对。

3 收到其他与筹资活动有关的现金

① **轻概念。**只要是收到的融资性质的钱，又无法归类到投资性质和借款性质中，就在这里体现。

② **怎么算。**融资收到现金总额－吸收投资收到的现金以及取得借款收到的现金＝收到其他与筹资活动有关的现金

③ **怎么管。**见到"其他"就要列明细，要弄明白都包括什么内容。

4 ▶ 筹资活动现金流入小计

① **轻概念。**筹资活动现金流入小计是所有筹资活动收到现金的总和。

② **怎么算。**上述三项金额的合计。

③ **怎么管。**筹集资金是企业的一项重大决策，一般情况下能够获得金融机构或投资人认可，是企业盈利能力的体现。管理者对每一项融资都应当高度重视、详细了解，因为对融资代价的控制和管理，是企业管理的一项重点任务。

5 ▶ 偿还债务支付的现金

① **轻概念。**企业以现金形式偿还借款或债券本金等债务，即形成偿还债务支付的现金。

② **怎么算。**归还借款和归还债券本金的合计数，即为偿还债务支付的现金。

③ **怎么管。**如果归还的借款或债券中有利息部分，则不能在这里计算，而应在"分配股利、利润或偿付利息支付的现金"中记录。企业归还到期借款的资金来源也需要特别关注，有一些资金紧张的公司，会用新借来的贷款归还老的借款，这一点通常在现金流量表里也会有所体现。

6 ▶ 分配股利、利润或偿付利息支付的现金

① **轻概念。**分配股利、利润或偿付利息支付的现金，是指公司以现金形式支付的所有股利、分红和利息等。无论这个借款是长期还是短期，无论借款的性质是日常经营还是构建长期资产。

② **怎么算。**现金支付的所有股利、分红、利息之和，即为分配股利、利润或偿付利息支付的现金。

③ **怎么管。**借用分配股利、利润或偿付利息支付的现金数据也可以测算出公司的贷款利率，进而大体了解公司的资金成本是多少。如果有利润分红，也可以借以了解公司利润分配的政策和额度。

7　支付其他与筹资活动有关的现金

① **轻概念**。支付所有与筹资有关的现金，刨除债务、股利利息等其他现金外的诸如发行股票或债券所支付的审计费、律师费等现金。

② **怎么算**。所有支付筹资现金 – 偿还债务现金、分配股利支付的利息 = 支付其他与筹资活动有关的现金

③ **怎么管**。同样，见到"其他"就需要列明细，要弄清每一项内容都是什么，才能够更好地掌控和管理公司。

8　筹资活动现金流出小计

① **轻概念**。筹资活动现金流出，是指所有由于筹资活动而支付的现金总和。

② **怎么算**。偿还债务支付的现金，分配股利，利润或偿付利息支付的现金，支付其他与筹资活动有关的现金三项金额合计。

③ **怎么管**。主要需要区分筹资活动现金流出是用于归还本金还是分配股利，同时应关注大额筹资款项归还以后，公司的资金是否受到巨大影响。弄清公司归还借款的资金来源，可以判断出公司的资金状况究竟如何。

9　筹资活动产生的现金流量净额

① **轻概念**。筹资活动产生的现金流量净额，是指所有筹资活动流入现金减去流出现金的差额。

② **怎么算**。筹资活动产生的现金流量净额 = 筹资活动现金流入小计 – 筹资活动现金流出小计

③ **怎么管**。一般来说，筹资活动现金流保持为正数会比较好，至少表明公司有钱可以从容经营。例如，中国某打车软件公司在最初几年有大量融资，才能有足够的底气给司机和乘客补贴，也才有足够的底气打压其他竞争对手，甚至直接实现现金收购。融资收到的钱可能全部是投资人提供的，可以帮助企业扫去发展道路上的阻碍，一旦企业控制了市场，达到绝对垄断地位，就有了绝对的定价权。如果最初没有大手笔的融资，根本没有任何企业敢如此

"高举高打"。换句话说，任何资金都是有成本的，使用得当会使企业发展加速、业绩突增，使用不当会给企业造成沉重的资金压力。很多房企在房地产发展势头好的时候拼命融资，买地盖楼，但当房地产行业没有那么景气的时候，特别是三四线城市房价出现下跌的时候，高额的贷款利息就成了企业的沉重负担。

企业管理者不能只注重企业发展而忽略发展代价，特别是大型企业，哪怕增加0.1%的利息率都会造成大量的资金流失，这是很现实的问题。对小企业而言，拿到借款的难度比较大，创业公司可能会收到投资人的资金，但如果产品不能快速上市及扩大市场，那么这些投资反而会成为消耗公司资源甚至误导公司发展的导火索，一味迎合投资人喜好而忽略市场真正的需求，这样的企业也难以得到真正发展。

四 流量表其他内容和净流量

1 汇率变动对现金及现金等价物的影响

① **轻概念。**只有在公司有外币现金交易的时候，才会出现汇率变动对现金及现金等价物的影响。此处出现的金额并非指真正的外币交易流动，而是发生外币交易所产生的汇率变动差异的体现。交易产生时依照的是交易当天或平均汇率，而报表上展示的是期末汇率，这两个汇率之间会产生差异，如果未考虑此项差异，会导致现金流量表缺乏连贯验证性。

② **怎么算。**汇率变动对现金及现金等价物的影响应当等于每一笔外币交易的额度乘以期末汇率与交易当时汇率的差。

③ **怎么管。**公司有外币交易的时候就会产生汇率变动影响，如果这一项的金额较大，则说明交易量大或汇率变动的幅度比较大。

2 现金及现金等价物净增加额

经营活动产生的现金流量净额、投资活动现金流出小计、筹资活动产生的现金流量净额、汇率变动对现金及现金等价物的影响的汇总即为当期现金净流量，当期现金流量如果都是正数，代表公司的现金量在不断增加。不过这只是直观的判断，具体是否全面、准确，还是要查看每一个项目详情后分析。

最后，还有两项内容就是"期初现金及现金等价物余额"和"期末现金及现金等价物余额"，指的是现金的期初余额和期末余额。这两个数字如果不涉及现金等价物或其他事项，应当等于资产负债表中货币资金的期初数和期末数。这正体现了现金流量表和资产负债表之间的强逻辑关系。

讲到这里，现金流量表的每一个项目我们基本上都做了落地式讲解，力求通俗易懂，目的只有一个，让读者看懂现金流量表。当你拿到一份现金流量表的时候，建议还是按照三大结构从下往上的顺序看，先看融资，再看投资，最后留出足够的时间深入了解经营性现金流，这样会更加聚焦，也可以排除不必要的干扰，以便发现报表中隐藏的秘密。

 本章思维导图

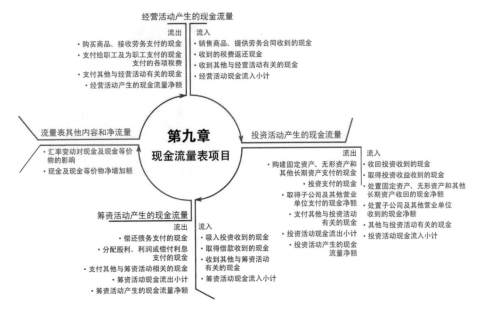

图 9-1 本章思维导图

学习清单

（1）首先关注重点的报表项目，了解书中标"※"的项目，从轻概念、怎么算、怎么管三个角度来掌握。

（2）关注不同性质"现金"的计算：经营性、投资性、筹资性。

（3）关注投资性和融资性现金流的正负性质，并判断优劣。

（4）关注经营性现金流的正负性质，并与利润表适度匹配对照查看，建立三大报表间明细对应的观念。

资产负债表项目

|本章概括

资产负债表，如果按照"会计准则"晦涩难懂的语言来严谨描述，那么估计绝大多数管理者会望而却步，因为资产负债表中各项目的确认和计量规则实在太多。所以我们不追求照搬"会计准则"，而追求让管理者能读懂报表，这在绝大多数普通公司的日常管理中是有效的，也只有这样学习才更有效地掌握整张报表。

资产负债表对于很多管理者可能很陌生，但却不能忽视其重要性，因为几乎所有的财务报表都会以资产负债表为根基来扩展或细化。例如，现金流量表可以当作资产负债表中货币资金的变动原因明细表；利润表可以当作资产负债表中股东权益自我积累的原因明细表；股东权益变动表可以当作资产负债表中股东权益部分的明细表。

现金管理作为整个企业财务管理的核心，处于绝对重要的地位。以前一些规模较小的企业负责人不关心资产负债状况，只关心公司账户上还有多少钱，够不够支付下个月工资，这是比较基础和原始的管理模式，以现金为管理中心。随着时代的变迁，管理者的能力不断提升，企业财务管理的中心转移到利润，即形成了以利润表为中心的财务管理模式。这时往往有企业不管盈利带来的风险和代价有多大，只追求多盈利、赚大钱。当下有不少企业虽然提升了一些管理能力，但大多还是采取这种盈利为王的管理模式，这种模式虽然比以现金为中心的管理模式稍微进步了一些，技术含量高了一些，但其实还有很多弊端和瑕疵。

全球的企业管理发展到今天，普遍将财务管理的中心转移到了资产负债表，这才真正体现了公司财务管理的全局观和平衡观。三大报表中我们之所以最后才讲资产负债表，就是为了能让管理者先从自己最熟悉的报表开始了解，逐渐过渡到最重要的这张报表。

资产负债表中有一些项目会被频繁使用，而有些项目或许永远都用不上。例如，资产负债表的资产中有一项是"生产性生物资产"，主要是针对农业畜牧类企业应用的项目，如奶牛场的奶牛就属于"生产性生物资产"，但对于普通公司来说，几乎用不到这个项目。所以本章还是延续前几章的模式，将重点的、经常出现的项目用"※"标注，读者可以选择性地学习这些内容，以便把握重点、合理安排时间。

下面先从资产负债表的资产部分开始讲，资产上半部分是流动资产，下半部分是非流动资产，通常能在一年以内变现的就是流动资产，其他就是非流动资产。

一 流动资产

流动资产自上而下也是按照变现能力排列的，越往上的变现能力越强，越往下的变现能力越弱。

※ 1 货币资金

① **轻概念。** 通俗地说，货币资金就是钱，就是现金，即放在银行或保险箱里的属于公司的钱。

② **怎么算。** 货币资金＝公司所有银行账户上的钱＋其他金融机构账户上的钱＋保险箱里的钱

③ **怎么管。** 公司所有金融机构账户上的钱，都应当对账并核对每一笔收支。公司出纳负责对公司所有现金收支的管理，而公司会计负责对公司所有现金收支记账和监管。因为现金是公司内控最为重要的，如果对账不及时就会出现现金核对不上的可能性，任由这些差异扩大下去的话，报表上显示的货币资金的金额就与实际不吻合了，这也就是我们经常说的账实不符，企业必须严格杜绝账实不符的情况出现，以免资金被贪挪。

不过，财务上也有一种"被允许"的账实不符，称为"未达账项"。由于记账延后或资金收支延后，而导致账面实际账户的金额不一致时，出纳就需要编制"未达账项余额调节表"，将所有财务账目与银行账户收支不一致的项目统统罗列出来，进行调整，直到调整至银行账目和财务账目完全一致。所以表面上看好像账实不符，实际上也是在完全受控的状况下进行管理的。

❷　以公允价值计量且其变动计入当期损益的金融资产

① **轻概念。**这么长的名字一眼看去不容易看懂，其实这就是以前财务报表中的短期投资，如投资于有公开市场的股票、债券、基金等。而新的"会计准则"把这样的投资都归类到了金融资产中。而金融资产分好几种，这种有公开市场、有客观价格变动的金融资产，买入卖出就是为了赚取短期差价或利息股利，公司报表需要根据市场的波动调整账面价值，确保金额显示为公允的市场价格。

在财务中的金融资产，大体上分为四类：贷款和应收款项、持有至到期投资、以公允价值计量且其变动计入当期损益的金融资产、可供出售的金融资产。下面用一个简单的小案例来解释，案例中的操作在现实经营中根本行不通，此处只为让读者方便理解财报项目，实际可行性暂且忽略。

你跟客户做生意，发了一大批货给他，本来想大赚一笔，结果客户不给钱，那么他欠你的钱就是你的应收款项。

过了一段时间，这位客户因为没钱，就到公开市场上发行企业债。客户告诉你，应收账款不给你了，我给你办个手续（现实中能不能办另说），将应收账款转成我发行的这些债券，到期了就给你钱。你一看有利息，挺划算，就接受了，那么这部分钱就变成了持有至到期投资。

又过了一段时间，这位客户还是缺钱，于是到股市上发行了股票，成为上市公司。可是债券没到期，你还是没拿到钱。客户又找你商量，把你的债券变成可转债（现实中能不能办先忽略），到期就能变成股票了。你一想，把股票卖掉可以多赚一点，就同意了。于是你就有了可以公开买卖的上市公司普通股，可以随时买进卖出，甚至炒股票。这部分钱就变成了以公允价值计量且其变动计入当期损益的金融资产。

你拿着股票，原先打算卖出，结果发现股票涨势不错，暂时不准备卖了，于是这部分钱变成了可供出售金融的资产。

没想到不久之后这家公司退市了，你别无选择，被活生生套进去了。你一想算了，我也不卖股票了，反正这家公司属于我的上下游企业，我干脆就多收购一些股份加入董事会，参与该公司管理吧！于是，这部分钱就变成了长期股权投资。

虽然在现实中这种模式是行不通的，但这样举例能了解各种金融工具之间的差异和特点。

② **怎么算**。最初，公司对外投资的股票、债券、基金的原始投资成本就是账面价值，随着市场波动，每个期末都按照公开市场价浮动的变化对这项金额进行调整，最终，你看到的报表数字就应当是市场价。而这个变动值，同时会记录在利润表的公允价值变动收益中。

③ **怎么管**。对于公司短期投资的管理需要格外谨慎，很多公司甚至明文规定不允许企业买股票，原因就是其风险过高，不可控。这不是说企业不能做短期投资，也不是说短期投资风险都不可控，而是强调公司应当时刻关注被投资的这些资产的价值走向，并在报表中对其价格变动加以反映。

3️⃣ 衍生金融资产

① **轻概念**。衍生金融产品的购买，实质上也是一种短期投资，只不过衍生金融资产风险更高，价格变动幅度更大，所以需要单独列示，以便报表使用人了解企业所有投资中高风险的投资有多少。

② **怎么算**。企业购买的衍生金融产品的价值，即为衍生金融资产。

③ **怎么管**。即便是上市公司，也很少购买衍生金融产品，更别说普通公司了。当企业管理者没有足够知识和能力掌控衍生金融产品的时候，风险极高的衍生金融资产还是尽量不要触碰。

※ 4️⃣ 应收票据及应收账款

① **轻概念**。应收票据及应收账款是大部分公司会用到的一个报表项目，应收账款和应收票据都是由销售行为产生的，代表公司销售行为发生以后暂时没有回收的货款或服务款。

应收票据及应收账款项目在报表中也会单独表现为两个项目：应收票据、应收账款。应收票据表示客户支付的承兑汇票，等到期后直接去银行转账即可。这一点与应收账款还不一样，应收账款是不管是否到期，只要客户不转账，你就得等下去。所以，应收票据和应收账款虽然本质上都是客户欠款，可回收情况其实差距很大，汇总起来显示，会掩盖掉一些绝对可回收的信息。应收票据几乎不太可能出现坏账，而应收账款时常会出现客户恶意拖欠的情况，所以应收账款应当按照一定的规则计提坏账准备来核减将来有可能无法回收的应收账款，这样从表面上看应收账款好像减少了，但实际上没有减少，只是用这样的方式提前减少了利润而已。

② **怎么算**。应收账款和应收票据的账面余额－坏账准备金额＝应收票据及应收账款

③ **怎么管**。应收票据和应收账款的管理是企业财务管理的重点之一，由于这两项内容的管理模式很不同，所以下面分别来讲。

应收票据是客户已经支付的明确金额、明确日期的承兑汇票。如果你资金充足，那么只要日期一到，去银行办理相应转账手续即可到账，也就是说，从你收到票据那一天起，你的客户就不欠你这部分钱了，而变成银行欠你这部分钱，你需要做的就是保管好这张票据，不要遗失、不要毁损即可。如果你资金紧张，也可以提前到银行办理贴现手续，即损失一部分相当于利息的现金，银行提前把钱转给你，你可以提前获得现金，用于日常开支。

应收账款则是你的客户还未支付的账款，甚至什么抵押物都没有，你需要花费时间、精力、人力、物力催收，才有可能避免出现坏账，这对几乎任何一家企业来说都是巨大的管理难题。国企这些年有一项重要的管理要求就是"两金压降"，"两金"指的就是应收账款和存货。越是大公司，应收账款的管理任务就越艰巨，说明大部分采购方愿意延后付款来确保自己公司的资金运转正常！或者说，谁对我更重要、谁的货更稀缺、谁催得最急，或许我对谁的付款就更积极。了解了这一点，下面就要做一系列对应工作了。要想让自己的公司突然在业内占有重要地位不太现实，而保证自己的产品能够持续稀缺也是难以实现的，那么制定相关考核机制，让员工严格遵守，有效催收就成了唯一的路径。这个机制每家公司都不同，可以发挥各自的优势来确定，不过至少需要做到以下几点。

（1）随时能够看到清单。要求相关管理者必须随时都能查看所有相关的欠款情况，并且需要关注将要欠款的客户情况，而不是公司一缺钱就大搞清欠运动，公司资金稍微缓和就全体放松。管理者如果做不到紧盯，那么员工更不会积极，即便制定了相对完善的考核机制，该收不回来的账款还是收不回来。总之一句话，管理者不仅口头上要重视，行动上更要随时关注清单变化。

（2）随时掌握服务进度。这就要扩展到公司所有在执行和执行完毕，以及尚未执行的合同进度，这些都需要高度关注，管理者不用关注执行细节，但要随时掌握执行进度。每个

合同款都有最佳催收时点，当这个时点将要出现的时候，就要有人全力以赴地迎接这个时点到来，将各种验收、签字、手续等都及时办理完毕。

（3）及时催收过期不候。一旦最佳催收时点到来，就必须有专人负责展开狂轰滥炸型的催收模式。当然，每个公司的催收态度和模式不同，但这个最佳催收时点必须高度重视，一旦错过，双方负责人都会从这个最佳时点的高峰热度上退下去，再去催收就难上加难了。

（4）延后催收落实到人。一旦形成拖欠货款或历史拖欠，必须要落实到个人，千万不要成立一个领导小组就打住了，有道是"齐抓共管，谁都不管"，看起来大家都很有积极性，但到了关键催收执行时就都默不作声了。所以必须落实到具体的个人，给予一定的正激励和负激励政策，促其执行到底，才有可能减少长期欠款。

以上都是管理应收账款的一些小提示，等真正做到杜绝长期欠款、持续减少应收账款的时候，公司的资金状况就会实现良性的循环。

5 预付款项

① **轻概念。**预付款项是由采购行为产生的，代表公司在采购之前给供应商支付的预付款。

② **怎么算。**此项即给供应商支付的预付款项的合计。当合同执行完毕以后，这个预付款就应当转入应付账款，并将剩余的款项支付给供应商。

③ **怎么管。**公司存在预付款项，证明采购的商品具有一定的稀缺性或价格优势，也可能是你的供应商谈判力较强，否则很多公司直到货物完全交付后几个月，也拿不到一分钱的付款，这种情况在小供应商那里比较常见。当然，销售方先收到定金或预付金后组织生产是最有保障的。采购方并不愿提前支付预付款，因为这相当于在供货之前承担了比采购方更多的风险。不过从合同的互相承诺来讲，这也是相对公平的，不能单从资金一方面考虑。所以公司如果有预付款，一定要紧密跟踪预付对方的合同进度，确保预付款能够按期交付。

有些公司账面上长期挂有"历史悠久"的预付款项，其中大部分是因为账务处理不得当，另外也有可能是供应商出现了无法交付的状况，而不得不进入胶着状态一拖再拖，这相当于公司的资金被消耗而并没有获得预期的交付，久而久之，就会形成跟应收账款一样的坏账。

※ 6 其他应收款

① **轻概念。**其他应收款是指所有应收款中除了应收票据、应收账款、预付账款以外的其

他各种应收款或暂付款，如企业经常出现的员工出差借款、员工备用金、项目投标保证金等，都是其他应收款。

② **怎么算。**只要是与销售行为采购行为，以及分红利息无关的那些往来款，都应当在这里核算，然后减去坏账准备金，就能计算出报表上的金额。

③ **怎么管。**几乎每家公司都会有其他应收款，即便是刚成立不久的公司也可能立即出现。其他应收款如果管理不好，将会成为公司长期无法解决的坏账，成立时间越长的公司越容易存在历史上难以清理的遗留问题，时间越长越少人知道其形成的原因，久而久之就长期留在账面上无法解决，最终都变成坏账而降低公司的利润。

除了非正常往来以外，正常的往来款也一样会形成坏账，通常公司会按照欠款年限来设定一个坏账准备的比例，时间越长坏账的比例越高。当然，对于小公司或初创公司来说，基本上也不会核算什么坏账，账面上挂多少就是多少。

有一些公司的其他应收款里也会隐藏一些历史问题，我们称之为"垃圾桶"，如公司其他应收款下的某些奇怪的分类，"暂估""其他""历史""待处理""某某股东名"等都需要进行详细的了解，并制订相应的解决方案，否则就会长期无法清理。

对管理者来说，应像管理应收账款一样，一定要列清单管理其他应收款，确保自己随时都能看到这个清单，对于每一笔欠款都能清楚其缘由，而且也知道每一笔欠款的进度，做到随时跟进，确保公司的资金及时回笼。

※ **7** 存货

① **轻概念。**存货，就是企业里购买的原材料、商品、生产的半成品、成品及在产品等的统称。

② **怎么算。**公司账面上的原材料、商品采购、在途物资、半成品、成品、在产品等加总，如果有存货跌价准备金则减去，算出的净额就是存货金额。

③ **怎么管。**存货在企业管理中也是重头戏。我们在讲应收账款时提到过"两金压降"，这"两金"一个是应收账款，另一个就是存货。对制造企业来说，存货管理是一门艺术：存货过少难以保证生产进度，市场满意度会下降；存货过多则会造成大量库存积压，不仅占用资金，还会造成常年使用率低的存货坏损。在存货出入库的管理上也存在大量问题，很多企业用 ERP 系统来管理存货，但往往财务账面上是一个存货金额数，ERP 系统上显示的是另一个存货金额数，而真实库存又是一个不同的金额数。管理同样的存货，却有各种不同的数据，导致企业的存货数据失真，却又没有任何办法让它保持一致，很多企业存在这种看起来简单

却谁都算不对的数字错误。一些零售企业甚至常年不盘点存货，究其原因竟然是"盘也盘不准"，这样的企业真的很难进一步发展。

存货本身也存在管理上的难题，既要保证生产又不能库存太多，再加上进销存数据缺乏准确性，就给存货管理蒙上一层沉重的阴影。难怪众多大型企业搞"两金压降"运动难有成效。究其原因就是缺乏严格的内控管理及科学化的整体管理，单就存货量的高低及存货准确度进行专项治理，只能是治标不治本。

存货的管理，应当从需求开始设计环环相扣的链条式数据管理模式，首先要保证生产或市场需求相对准确，然后根据需求分解出相应的货物量，检查库存总量中是否有足够的可使用量，确保不要过多采购货物。同时，在安排生产各环节时也应当有过程管理，确保物资不在流程中有过多损耗。

某些常年使用的原料、生产急需的原料、采购周期长的原料，就应当有"红线管理"，也就是需要常年做存货储备，确保在下次采购之前能足够使用，不要过多，也不能停产。很多人听说过丰田汽车的"零库存"管理，当年国内不少企业纷纷效仿却少有学成。零库存的前提条件是供应商足够"快速"，除了距离不远以外，还要提前准备好你可能需要的所有原料和零配件，其实相当于把存货全部放在了供应商仓库里，这就需要你把计划做得非常精准，而且计划要足够长，这对管理的要求其实是非常高的，所以大量效仿的普通公司难以学成。对于大多数公司来说，还是从理想回归到现实中来比较可行，首先应该脚踏实地一步一步完善自己的管理体系。

对于长期未使用的库存，存在的必要就是"万一哪天需要怎么办"，所以这样的"不时之需"存货就越积越多。对于此类的存货，就需要你找到自己"零库存"的方法了。努力寻找这样的供应商作为你的伙伴，让你的这些"不时之需"的存货"存放在"供应商的仓库里（货物还是供应商的，只是等你需要了可以直接采购），这样既不会积压库存，也不会占用资金。

存货的日常出入库管理是一个具有严格流程的模式，全部流动均须记录在案，哪怕存货是从供应商仓库直接运到你的外协加工厂或客户那里，都需要办理自己仓库的一进一出。这看起来不太重要，但实际上不这么做所造成的管理混乱已经成为很多企业存货管理的顽疾。所以存货进出的细节需要严格记录下来，并随时核对。

存货除了需要考虑环境要求以外，存放有序也是管理的重点，需要时能够快速找到才不至于额外采购。你在自己家里摆放东西也是这样，重要的就要好好放起来，不能等需要的时候忘记放哪了，如果因临时摆放忘记在哪而再买一个，就相当于浪费了库存且多花了钱。企业管理也是同样的道理，所以要做好存放有序的管理。

上述这些虽然只是一些基础的管理，但往往就是这些基础管理决定了管理的准确性。如果你的企业也存在上面所说的问题，不妨尝试一下上面对应的解决方法。

8　持有待售资产

① **轻概念**。这是一个新的报表项目，主要是指某个长期资产已经决定出售，且在一年之内要完成交易，或已经签订了出售合同，同时并没有其他形式的限制交易，那么这个要出售的长期资产应记录在持有待售资产里，也就是说，该项目进入了流动资产的行列。

② **怎么算**。公司已经决定出售的，且在一年内能够完成交易的长期资产账面价值，以及已经签订出售合同但暂时没有完成交易的长期资产账面价值，二者合计即为持有待售资产额。

③ **怎么管**。持有待售资产多存在于大公司里，对于小公司而言，很多长期资产说卖很快就卖掉了，不需要作出重大决策，而其企业财务管理也没有规范到这种程度，所以，这个报表项目小公司基本用不上。

9　一年内到期的非流动资产

① **轻概念**。如果某个非流动资产一年内会变现，那么就在这里记录，该项目进入流动资产行列。

② **怎么算**。还有不到一年就到期的持有至到期投资账面价值与还有一年就到期的长期应付款等账面价值的合计。

③ **怎么管**。这个报表项目也多出现在内部核算相对规范及规模较大的企业里，上市公司的报表中经常会有此项目。而规模较小的公司通常不会核算得这么细致，所以规模较小的公司可以暂时忽略这个项目。

10　其他流动资产

① **轻概念**。所有流动资产中，只要不能归到前面那些确定名称的项目中，就都在这里核算。

② **怎么算**。那些无法归到前面任何一个项目中，却又能够在一年之内变现的资产的账面价值合计。

③ **怎么管**。凡是出现在"其他"中的款项，都需要罗列清单，逐一排查是否存在问题资产。规模较小的企业几乎不会用到这一项，因为资产负债表的设计几乎覆盖了所有的业务，而没有覆盖到的都是比较特殊的事项，这些特殊事项也很少会在规模较小的公司里出现，所以这里一旦出现数字且金额巨大时，就需要高度重视。

11 流动资产合计

① **轻概念**。公司所有一年以内能够变现的资产的总和。

② **怎么算**。公司所有一年以内能够变现的资产项目的合计。

③ **怎么管**。流动资产是所有资产中极其重要的资产，是企业经营活力的体现，也是偿付短期债务的有力保障。管理者对流动资产的变动要有足够的敏感性，无论哪个项目增减，背后都一定有其逻辑，这些逻辑隐含着管理的问题，通过报表项目的变化来发现这些问题并将其治理到位，才是企业管理的要义。

二 非流动资产

接下来进入非流动资产的行列，下面来对每一个项目进行讲解。

1 可供出售金融资产

① **轻概念**。前面我们举过例子来说明可供出售金融资产，即购买的金融资产不是为了随时买入卖出，而是为了让它有所增值，或出于其他目的将来卖掉它，而这个将来通常是超过一年的。

② **怎么算**。购买的那些不打算马上卖掉，但在将来会被卖掉的金融资产的合计。

③ **怎么管**。是可供出售金融资产，还是以公允价值计量且其变动计入当期损益的金融资产，在很多情况下取决于管理者的一念之差。因为这些资产基本上都能找到比较好的交易平台，如股市上的股票、债券市场的债券等，说卖随时真的卖掉就不是可供出售状态；如果管理者

决定不随时卖，为了几年后更大的增值再卖，那么就是可供出售状态，因为目的还是卖掉它。当然，管理者也不能太任性，今天想三年也不卖，到了明天又想马上卖掉，这可不行，一旦决定了就不允许随意转换。

2 持有至到期投资

① **轻概念。**这也是金融资产的一项，从名称上可以看出既然是"持有至到期"，那就一定有明确的期限。股票没有明确期限，那就只能是债券了。债券有明确期限，而且持有它的目的是到期卖掉。

② **怎么算。**公司购买的所有打算到期交割的债券账面价值总和。

③ **怎么管。**这是一笔有明确期限的金融资产，这是先决条件，你买它的目的一定是等到期以后拿回本金，赚取利息。那么这种资产就不允许中间卖掉吗？当然不是。购买目的是一回事，买卖行为又是另一回事。例如，你公司缺钱发不了工资了，如果等这笔资产到期再提现就太晚了，所以你可以提前卖掉。"会计准则"并不限制你必须如何，而是一种准则参照，你是可以中途卖出的，只要你起初的购买目的不是中途卖出就好。

"会计准则"为经营者提供了非常大的决策空间，也充分尊重经营者的意愿，让读报表的人能通过不同报表项目来了解管理者，了解他们的决策和目的。

3 长期应收款

① **轻概念。**长期应收款就是超过一年的应收款，这种应收款通常都变成了一种融资方式或分期付款的一种形式。

② **怎么算。**公司所有超过一年的应收款的合计。

③ **怎么管。**这种应收款绝不是指那种长期拖欠超过一年的应收账款，长期拖欠是被动行为，而长期应收款在合同里已经明确了还钱期限和还款频率，以及还款利息等，是有目的的融资行为。例如，你购买了一台设备，如果当时付款，则购买价格为 1000 万元，如果分 5 年陆续支付，则总共需要支付 1500 万元，也就相当于供应商给你提供了一个融资手段，让你能不用立即拿出太多现金也可以拥有资产的使用权。

※ 4 长期股权投资

① **轻概念。**公司投资另外一家公司以拥有占一定比例的股权，投资目的是长期持有，"控制"或影响其决策，这一类的投资都是长期股权投资。

② **怎么算。**按照定义，即长期股权投资的所有账面价值之和。

③ **怎么管。**长期股权投资在财务核算和管理中是非常重要的难点，因为各种影响因素实在太多，针对不同的因素要做出不同的核算。很多常年做会计工作的人如果不了解"会计准则"，就很可能不知道如何对长期股权投资账务做不同的处理。我们也无法几句话就将长期股权投资说明白。其实一般正常的普通企业只要知道 20% 的关键内容，就可以解决 80% 的日常事务了，正所谓"二八原则"，下面就讲解那重要的百分之二十。

长期股权投资里有两个重要比例：20% 和 50%。当一个公司股权占比超过 50% 的时候，只要没有其他特殊约定，那么就是绝对"控制"了，被"控制"的公司叫作子公司，你可以合并它的报表。如果投资股权占比在 20% 到 50%，就意味着你对公司决策具有重大影响，被投资的公司叫作参股公司，你不能合并它的报表。如果投资比例不足 20%，则意味着不具有重大影响，你可能就是一个小股东，对公司的决策或许有一定的影响，但绝对达不到"控制"的程度。

对于股权占比超过 50% 或不足 20% 的投资成本都用"成本法"来计算，被投资的公司无论赚钱还是赔钱，只要不分配股利就不会影响投资方的利润。而如果投资比例在 20% 到 50%，则按照"权益法"核算，也就是说，不管这家公司有没有分配利润，不管每年这个公司赚还是赔，都会直接影响投资方的投资收益，即影响了投资方的利润。

为什么这样规定呢？这还是要看"控制"和"重大影响"的界定。当你投资了对方超过 50% 的股权时，你已经"控制"了这家公司，说白了就是这家公司的赚赔你是有可能"控制"的，所以不能让这家公司的账面赚赔来影响你的利润。当你投资了对方不超过 20% 的股权时，你并不能对被投资方产生"重大影响"，这家公司赚赔你说了不算，既然这样，这家公司盈亏与你的关系也没那么大，也就不能因为账面盈亏来影响你的利润。当你投资了对方 20% 到 50% 的股权时，你对这家公司的经营决策有"重大影响"，这个"重大影响"也就仅限于影响层面，而达不到"控制"其利润的能力，这家公司的盈亏与你有很大的关系，所以这家公司的账面盈亏会直接影响你的投资收益是赚还是赔。

5 投资性房地产

① **轻概念。**投资性房地产，是指公司买房产、地产用来出租赚租金或买卖赚差价。当然，这不包括房地产公司的销售房，那是房地产公司的存货。

② **怎么算。**公司已经出租的房产、建筑物、土地，以及购入目的为增值卖出的房产、建筑物、土地的账面原值，减去折旧的金额，就是投资性房地产项目的报表金额。

③ **怎么管。**投资性房地产有别于公司用来生产经营和办公自用的房地产，后一部分属于公司的固定资产。单独设立这样一个报表项目，是为了让读报表的人能更加清晰地了解管理者持有房产的目的。

※ 6 固定资产

① **轻概念。**固定资产是指公司拥有和"控制"的使用期超过一年、能帮助公司赚钱的实物资产。不过因为这个范围实在太广，所以很多公司更愿意把资产限定在一个额度以上。例如，有些公司限定单价超过 5000 元的算为固定资产，单价不足 5000 元的算为低值易耗品或办公费用，直接从账面上消耗掉。也有些规模大一点的公司会将其限额定为 8000 元，这在"会计准则"中没有明确限定。

② **怎么算。**固定资产组建或购买原值减去按照规则折旧的金额，即为固定资产的报表金额。

③ **怎么管。**固定资产在企业里是重点的管理对象，通常公司会按照不同的固定资产做不同的分类，也会根据分类做不同折旧年限的规定。折旧年限基本上是按照固定资产使用寿命来计算的，如电子设备的年限通常都在三年左右。尽管"会计准则"没有明确规定，但中国的"所得税法"有折旧年限的规定：（一）房屋、建筑物，为 20 年；（二）飞机、火车、轮船、机器、机械和其他生产设备，为 10 年；（三）与生产经营活动有关的器具、工具、家具等，为 5 年；（四）飞机、火车、轮船以外的运输工具，为 4 年；（五）电子设备，为 3 年。很多公司为了避免纳税调整的麻烦，会直接按照折旧年限进行操作，通常按照平均年限法计提折旧。"税法"也允许一些固定资产加速折旧，也就是前几年折旧金额大，后几年折旧金额逐渐缩小的操作。双倍余额递减法、年限总和法等都是加速折旧的方法，这些方法具体怎么算对于管理者并没那么重要，如果真想知道，上网查询即可。我们的关键目的是让管理者知道都有什么方法存在，大致起到什么作用。

7 在建工程

① **轻概念。**公司自建工程或承包给别人的让其帮自己盖楼或组建设备等固定资产，在没有完工之前就是在建工程。注意，在建工程是做出来给自己用的，不管将来如何处置，至少现在是为自己公司使用的。

② **怎么算。**公司为新建、改建、扩建、改造、更新、大修、装修等给自己使用的设备或建筑物等，尚未完成的时候，总共投出的价值总和。

③ **怎么管。**在建工程通常必须在内部立项，要明确建什么及用途。过程中需要购买工程材料、自行施工或外包施工，最终验收合格以后，即财务上称为"达到预定可使用状态"，此时就会把所有投入的人力、物力、财力总和金额全部转入固定资产。所以当看到在建工程有金额的时候，就应该判断出其将来会转入固定资产。在建工程在转为固定资产之前，是不需要计提折旧的。

8 生产性生物资产

① **轻概念。**生产性生物资产在普通公司里几乎是不会出现的数字。它指在农林牧渔业中为生产出相应产品而持有的生物资产。

② **怎么算。**公司如果有生产性生物资产，就把这些资产的采购价格或把这些生物资产从小养到大所耗费的资金合计作为账面价值。

③ **怎么管。**举例说明一下，你有一个养牛场，其中一部分牛用来杀掉卖牛肉，另一部分牛用来挤牛奶。为杀掉卖肉而养的牛就是你的存货，为挤牛奶而养的牛就是生产性生物物资，相当于有生命的固定资产。这样一举例，定义就比较容易理解了，在实际管理中就有针对性了。

9 油气资产

① **轻概念。**油气资产是只有油气企业才有的，如开采油田、生产油气等设备和矿区等。

② **怎么算。**组建这些资产所投入的资金总和，就是油气资产的合计金额。

③ **怎么管。**油气资产跟生产性生物资产一样，是特殊行业才有的。这也相当于固定资产，相当于具有特殊目的的固定资产。

※ 10　无形资产

① **轻概念。**无形资产与固定资产的性质几乎一样，只是没有形态，指公司拥有的和"控制"的、使用期超过一年、能帮助公司赚钱的、没有实物的资产，如软件、专利、技术等。

② **怎么算。**无形资产组建或购买原值，减去按照规则摊销的金额，就是无形资产的报表金额。

③ **怎么管。**一位企业家问我，他公司开发了一门技术，价值几千万元，为什么不能在账面上体现。我问他公司开发实际花费了多少，他回答大概 100 万元。那没办法了，账上最多确认 100 万元的无形资产。这就是无形资产确认账面价值的方法，你实际花费多少就入账多少，而且还必须办理内部立项等各种相关手续。无形资产对于很多创业公司来说是非常重要的资产，如果没有前期有意识的积累，那么就不会在账面上被真正记录下来，最终只能费用化，都变成减少当期损益的费用支出而减少了利润，不会成为积累下来的资产。

无形资产的日常管理也需要设置相应的管理制度和内控流程，因为其本身就是无形的，如果不加以管理，一旦信息删除或证书丢失，就什么都没有了。所以公司内部必须要有明确的管理人和监管人来负责无形资产的管理。

※ 11　开发支出

① **轻概念。**开发技术、专利、软件等无形资产的过程中，能够资本化的归集起来，将来转到无形资产中，能够费用化的就在当期转入研发费用中当期消耗。

② **怎么算。**所有在公司内部有立项管理的技术开发、软件、专利等所花费的金额的合计。

③ **怎么管。**开发支出与无形资产的关系，就好像在建工程与固定资产的关系一样。不过开发支出中要区分费用化项目和资本化项目两种。

费用化项目是指处于研究阶段，还不知道要做什么，只是研究一下，做做实验等。这一部分的花费最好也进行内部立项，确定想要研究的方向。这个阶段的一切花费都属于费用化，都在研发费用中体现，在开发支出中归集，但不会在资产中存留。

资本化项目是指处于开发阶段，已经明确知道要开发什么，要明确立项。基本上所有相关的费用都可以归集在一起，等将来研发成功以后，这些费用全部加起来就是公司新的无形资产的价值。

近些年中国政府高度重视科技研发，不断加大免税力度。2018 年将中国很多公司的研发费按照 175% 的额度在所得税前加计扣除，也就是额外减免一部分所得税。即便是资本化的研发，研发成功以后转入无形资产，也同样可以享受这样的所得税抵免政策，所以无论是为了增加自身的竞争力还是出于税收的筹划，企业都应当高度重视研发费用的管理。

🔟2️⃣ 商誉

① **轻概念**。商誉是由于并购公司而形成的，简单的理解就是，你花了比被购买公司净值或市场公允价值高的那部分价格，基本上就是你报表里的商誉了。

② **怎么算**。按照并购以后形成的商誉价值减去商誉减值的净值，就是记录在报表中的金额。

③ **怎么管**。商誉的计算十分复杂，如果你的公司有商誉，就看并购企业的账面价值是多少，评估价值是多少，以及你花了多少钱买的，可以尝试测算一下。商誉计算中最可怕的就是减值。当被投资单位并不像你投资时预计的那么赚钱，甚至开始亏损时，那么按照公允价值的测算，商誉就有可能减值，一旦减值对企业的利润影响会很大。如果你并购了一家企业，那么就应当好好管理和治理它，以确保你自己账面上的商誉不被减值。

🔟3️⃣ 长期待摊费用

① **轻概念**。公司已经花费的比较大额的支出，这个支出对企业的贡献是超过一年的，那么就在长期待摊费用里核算，如房屋装修、固定资产改良修理等。

② **怎么算**。上述实际花费多少全部归集在长期待摊费用项目，直至花费完毕以后，开始按照提前规定好的年限来逐月平均摊销。

③ **怎么管**。例如，公司的办公室一般情况不会每年都装修，这部分装修款就可以在长期待摊费用里核算。如果你预计这次装修能维持 5 年，那么在 5 年内平均摊销是合适的。如果企业里有多项长期摊销费用，就必须要列示清单管理，每一项摊销都要记录开始时间、结束时间、每月摊销金额、剩余金额等信息，否则就会出现管理混乱。

🔟4️⃣ 递延所得税资产

① **轻概念**。这是一个较难理解的项目。当你计算所得税时，依据税法的口径计算要交的

所得税比依据会计的口径计算要交的所得税多时，多的这一部分是有时间性差异的，也就是说，未来税务口径是认可可以不交的，那么这一部分就可以暂时放在递延所得税资产项目中，等到税务认可的情况出现时，就可以抵掉这部分所得税了。

② **怎么算。**每个期末都需要按照税法口径计算一个所得税金额，再按照会计口径计算一个所得税金额，这两个金额之间的时间性差异需要逐个计算，即将税法计算比会计计算多的那部分时间性差异的明细汇总起来，就等于递延所得税资产项目的金额。这部分计算在会计工作中也是一个难点。

③ **怎么管。**还是举一个例子来说明。例如，你公司应收账款 1000 万元余额中有 10% 是计提坏账，那么在你的利润表中减值损失项目需要记录 100 万元，也就是说，你计算所得税的利润总额项目少了 100 万元，算出来的税相当于少了 25 万元（按 25% 的所得税率）。这个就算是一个时间性差异，因为既然你预计了，那么将来客户就有可能永远不给钱（如客户的公司倒闭了），这部分钱就成为坏账。如果是真的坏账，且税法认可了，那到时候税法就允许把这 100 万元作为税前抵扣项。如果你已经将这个税缴纳给税务部门了，那么将来应该交税的时候，你就可以少交这 25 万元，在还没有到应该交这笔税的日期之前，这 25 万元就记录在延递所得税资产中，这就叫作可抵扣递延所得税，即未来可抵扣的所得税。

这部分的计算和判断过程比较复杂，小企业的会计通常就忽略了这个数字的计算。当然这不会影响应该交给国家的税的金额，只是可能会让财务上的利润并不是那么准确。不过这个影响通常都很小，所以小企业的忽略计算也不会给报表读取人产生巨大影响。对于管理者来说，需要意识到企业所得税日常管理的必要性，尽量避免出现一些税法不允许抵税的事项，这样才能更好地对企业所得税进行筹划。

15 其他非流动资产

① **轻概念。**所有非流动资产中不属于本小节前面提到的任一项目的，就属于其他非流动资产。

② **怎么算。**除上述明确了项目的非流动资产以外的其他非流动资产的合计。

③ **怎么管。**还是那句话，见到"其他"就要列明细，看看究竟这些"其他"都包括什么，然后才能逐一排查，进而进行管控。

16 非流动资产合计

所有非流动资产的合计金额，就是简单加总，所以在合计项目中就不适用"轻概念""怎么算""怎么管"的结构，后面的合计也是如此。如果非流动资产在企业资产中占比比较大，通常说明企业运转比较重，因为这些资产变现能力往往都比较弱，如钢铁厂、化工厂等企业中的这些固定资产占比都会非常大，也是由行业特性决定的。

17 资产总计

流动资产与非流动资产的合计，就是公司所有的账面总资产。总资产越大说明公司体量越大，也就较难转身；总资产越小说明公司体量越小，抵御风险的能力也就越弱。在前几章反复介绍总资产，就是要加强读者对于资产总量的理解，这部分就告诉你总资产究竟是由什么组成的，这些组成的性质有什么不同，以及都代表什么样的经营模式和决策想法。

其实财务并不是数字的堆砌，而是每一个业务逻辑的嵌套和叠加，只有理解了业务逻辑，才能够真正懂得财务数字。在财务里没有任何一个数字是孤立的，每一个数字都有自己独有的业务含义，了解了业务也就了解了财务。当你懂得了财务记录业务的逻辑，那么看到的任何一个财务数字，都会在你脑海里转化成一项一项活生生的业务，这才是学会财务真正的价值。

三 流动负债

公司里凡是不超过一年的借款或者欠款，无论是欠供应商的还是欠客户的，欠员工薪酬或者欠国家税收等，都属于流动负债。

※ 1 短期借款

① **轻概念**。短期借款就是企业从银行等金融机构借入不超过一年的贷款。

② **怎么算。**自借款日开始计算到借款结束为止，这期间银行总共贷给企业的款项总和。银行利息需要逐月计提，在约定日支付。

③ **怎么管。**资产负债表里还有一个长期借款项目，这里的长期和短期之分以一年为限，一年内的都是短期，超过一年的都是长期。短期借款需要非常关注利率、借款期和特殊条款的管理。如果借款笔数比较多，就一定要列示清单管理，列出所有的借款名称、时间周期、利率、每期还款额、利息支付日等，并设定财务计提计算和支付提醒。

通过短期借款的额度和利率，可以分析出企业的资金状况甚至是资金压力的承受度，包括是否存在借新还旧等情况，这些都可以在报表中有所体现。

2 以公允价值计量且其变动计入当期损益的金融负债

① **轻概念。**以公允价值计量且其变动计入当期损益的金融负债，概念比较难懂，为了便于读者理解，我们举例说明。例如，企业发行的有公开市场的债券（可以随时赎回的那种），因为可以方便地买入卖出，所以属于以公允价值计量且其变动计入当期损益的金融负债。

② **怎么算。**公司如果发行这样的公开市场债券，那么基本上它的市场价格就是报表中显示的金额。

③ **怎么管。**像管理金融资产一样，需要随时关注以公允价值计量且其变动计入当期损益的金融负债的市场价格波动，每一次市场变化都有可能影响该项目的报表金额，所以还是建议采取清单管理法，随时关注每一次的价格变化，确保公司的风险始终保持在可控范围之内。

3 衍生金融负债

① **轻概念。**这里可以对照衍生金融资产的概念来理解，衍生金融资产就是公司购买的负债性质的衍生金融工具，如购买的套期保值合约。在市场行情下，衍生金融工具如果是正数就属于金融资产，如果负数就属于金融负债。

② **怎么算。**公司所拥有的衍生金融负债的市场价格。

③ **怎么管。**很少有企业愿意购买高风险的金融工具，除非为了套期保值以降低大宗交易或国际交易的风险，所以这个项目的管理是比较复杂的。从财务上讲，需要尽可能地降低风险；从管理行为上讲，就是要列示清单管理，并随时关注市场变化，一旦出现超出预期的波动，就需要做好足够的预案来果断应对。

※ **4** 应付票据及应付账款

① **轻概念。**应付票据和应付账款是由公司采购行为而产生的供应商的欠款，新报表格式由分到合，又从合到分，最终还是采取了两项独立列示的形式。应付票据通常是指银行或商业承兑汇票，是一个有担保的票据，到期后如果没有特殊原因是一定要支付款项的。而应付账款则只是一个欠债行为，所谓的期限是指合同或其他的约定，并不会因为到期不支付而立即采取强制措施，这也是企业账户上总是有那么多的"应收账款"的原因。从理论上讲，全社会有多少应收账款就应当有多少应付账款。

② **怎么算。**应付票据通常是公司从金融机构开出的承兑汇票并支付给供应商的金额；应付账款是供应商交付货物或服务以后，公司对供应商的欠款总和。

③ **怎么管。**应付票据和应收账款的管理模式完全不同。

应付票据通常都是有高额甚至高达百分之百的抵押金或授信提供担保的，到了票面承兑日期就会全额支付现金，而不再需要你公司的同意。所以应付票据可以缓期支付现金，但日期一到就必须立即支付。对票据的管理同样需要罗列清单，看公司总共开出了多少承兑、都是在什么时间到期，到期之前必须要把现金准备好，否则就会出现违约情况，甚至会因此被降低信用评级。

应付账款则是供应商欠款的总和，绝大多数公司账面上的应付账款应当是已经收取的供应商的发票，但发票并不一定是"确认"应付账款的金额，而要看供应商的货物或服务是否完整交付。当然，在现实中很多规模较小的公司直接把供应商开的发票默认成应付账款的依据。应付账款需要进行格外慎重的清单管理，并且必须至少一个月完整核对一次。很多公司往往在货物进销存与供应商欠款之间没有建立起完整的核对逻辑，导致公司应付账款在财务账面上是一个数，在公司 ERP 里是另外一个数，而采购部门掌握的可能是与财务和 ERP 都不同的数字。这种现象绝非少见，必须要堵住这种日常管理的缺陷和漏洞，否则公司采购管理很容易出现腐败等不良行为。

5 预收款项

① **轻概念。**预收款项是由销售行为产生的，指客户在采购产品或服务之前预先支付的款项。

② **怎么算。**预收账款账面金额的合计。这里必须要考虑一种情况，即从每一笔明细中看

是否存在表现为负数的预收账款，如果有，则应当将负数的预收账款更改为应收账款。

③ **怎么管。**预收款项代表客户的预付金、定金等，接下来需要开展供货工作。如果公司账面上长期挂有历史预收款，就需要认真查看是什么原因导致没有给客户供货。如果已经完成供货，只是账面上没有做相应处理，即没有与应收账款在同一家公司的对冲账务中处理，这样会导致资产负债表中的资产和负债同时虚高。

※ 6　应付职工薪酬

① **轻概念。**应付职工薪酬是指与公司员工有关的薪酬、福利、补贴、保险、公积金等，全部都在这个项目核算。

② **怎么算。**与员工有关的薪酬、福利、补贴、保险、公积金等，还没有支付给员工或还没有支付出去的金额，都在这里体现。如果公司下个月支付上个月的薪水，那么公司资产负债表上的金额通常是一个月的职工薪酬成本。

③ **怎么管。**这个报表项目是非常重要的，因为凡是与员工有关的都不是小事，特别是工资薪水的核算，这往往是公司管理运营中最为重要的环节。可惜在现实公司中，很多与员工有关的数字都是人力资源部的员工确定和计算的，如果人力资源部的员工没有经过专业的培训，那么算出来的数字往往会与财务部门的有偏差，最终导致公司多付钱或员工少拿钱。虽然这种偏差额度一般不会很大，但这个偏差本身会直接影响员工的工作情绪，所以是不能有任何偏差的。

比较合理的做法是，人力资源部门制定薪酬政策，根据这些政策每月编制相应的工资薪酬计算金额，会同财务部门一起检查核对是否有误。不过，有些公司的工资保密程度很高，甚至连财务员工也不能看到工资明细，那么就应当将工资计算标准和计算模式制成一个相对固定的模板，其中自带验算验证功能的计算，以确保数字本身不会出现逻辑错误，这样就可以替代财务部门的明细复核。

※ 7　应交税费

① **轻概念。**公司所有与税有关的费用都在这里核算，无论是企业相关税还是个人所得税，以及其他带有税性质的收费。

② **怎么算。**公司当月和历史上应当缴纳而尚未缴纳的各项税费之和。

③ **怎么管**。有收入就可能要缴纳增值税，有采购就有可能产生进项增值税抵扣，有合同签约就有可能要缴纳印花税，有利润就有可能要缴纳企业所得税，有员工就有可能要缴纳个人所得税……你看，想要把应交税费管理好不容易，至少要知道你的企业业务中都与哪些税有关，并掌握这些税的计算规则和相关的优惠政策，才有可能把应交税费计算正确。而计算正确仅仅是税务管理的开始，对业务进行规划，进而对税的规划过程计算，是更加重要的税务筹划手段。

※ 8 其他应付款

① **轻概念**。只要不是与销售、采购有关的，也不是跟股利、利息有关的负债往来款，都属于其他应付款。

② **怎么算**。公司所有其他应付款的余额合计。

③ **怎么管**。其他应付款的范围非常广泛，包括收到其他单位临时筹措资金、收到个人临时借款、报销后暂时未支付款项、收其他单位保证金等。跟其他应收款一样，其他应付款如果不用清单管理就会非常混乱，到最后很可能连自己公司的会计都弄不清楚究竟应付给谁，以及欠了谁的钱没还。

还是建议公司对所有往来款项都列示清单管理，而且清单的合计一定要与账面上的余额完全一致，只要出现不一致就必须严查。

有些公司会在其他应付款项目中记录一些隐含事项，或是历史上无法清理的问题。这时就与管理其他应收款一样，对于每一笔交易都需要了解其资金收支目的。不过，公司历史账如果过多，想要了解全过程几乎不可能，太高的核查成本也是无法让交易露出真面目的重要原因。

9 持有待售负债

① **轻概念**。持有待售资产组中的负债部分，即为持有待售负债。

② **怎么算**。持有待售资产组中的负债部分金额。

③ **怎么管**。持有待售负债，到目前为止仅在"持有待售资产组"中存在的负债金额里显示，就是说公司有一个准备出售的资产组，这个资产组里既包括资产，又包括负债，放在一起称为资产组，而这个资产组中的负债部分，就在"持有待售负债"中记录核算。这个项目

在很多普通公司中是极少用到的，也不会在报表中单独出现。

🔟 一年内到期的非流动负债

① **轻概念。**一年内到期的非流动负债，是指在非流动负债中，将要在一年内到期的那部分会在报表中的这个项目中显示。

② **怎么算。**需要对长期借款、应付债券、长期应付款等非流动资产逐笔核查，把那些将要在一年内到期的金额单列出来放入这个项目。

③ **怎么管。**长期负债中有一些是有固定到期日的，那么就需要有人随时关注它们的到期日，只要到期日不足一年，也就是说，需要在一年内支付，那么这些负债就变成了流动负债。

1️⃣1️⃣ 其他流动负债

① **轻概念。**凡是一年内到期或需要支付的负债且不属于上述所有流动负债项目的，都在这里体现。

② **怎么算。**不属于有明确项目的流动负债的总和。

③ **怎么管。**老规矩，见到"其他"列清单，必须要知道究竟"其他"都包括什么。有一种负债叫作"或有负债"，通常会被放在其他流动负债项目中，是指未来很有可能变成负债的那些事项。例如，有人跟公司打官司，公司很有可能要赔偿30万元，那么这个30万元虽然还没有支付，但按照谨慎性原则，也需要列入报表。不过这样的核算虽然符合准则要求，但在现实中，只要不是上市公司或者大型公司，基本上是不会把这部分做成报表内容的，所以还是应该从实际出发来了解报表。

1️⃣2️⃣ 流动负债合计

本小节所有的项目都属于流动负债，所有项目之和就等于流动负债合计。流动负债对于公司来说，是利用负债资金促使公司加快发展进程、扩大生产销售的手段，如果不利用任何负债，那么公司的发展规模将很难快速扩大。不过，这个负债额也不能过大，否则在公司自有资金极少的情况下，如果遭遇供应商挤兑，很容易让公司陷入资金危机之中。

四 非流动负债

非流动负债在规模较小的公司里几乎是不会出现的，因为规模较小的公司本身的融资能力普遍较弱，短期借款都比较难拿到，更不用说长期借款。而凡是有非流动负债的公司，都应当对这一项目格外重视，加强管理。

1 长期借款

① **轻概念**。长期借款就是公司在金融机构贷款中期限超过一年的所有借款。

② **怎么算**。公司所有长期借款尚未归还部分的总和。

③ **怎么管**。对于长期借款的管理，与短期借款大致相同，同样要关注周期、利息和特殊条款。不同的是，短期借款多用于日常经营的资金周转，而长期借款多用于项目建设或长期开发，后者更具统筹性和预见性。在向金融机构借款的时候，应当明确自己归还本金和利息的方式、方法，特别是到期本金的归还方式，需要在借款到账之时就开始做还款的筹划准备，而不要等借款快要到期才考虑资金筹措。

2 应付债券（其中：优先股、永续债）

① **轻概念**。应付债券通常是指以公司为主体发行还本付息的有价证券。

② **怎么算**。公司发行的所有债券中尚未归还部分的合计。

③ **怎么管**。与长期借款的管理基本相同，在关注周期、利息、特殊条款的同时，还应关注资金统筹性和预见性。括号中还出现了"其中：优先股、永续债"，细心的人会发现在权益类项目中同样出现了这个项目，区别就在于所发行的优先股和永续债中的性质，如果偏重于债务性质，就在应付债券里核算；如果更偏重于权益性质，就在其他权益工具中核算。

3 长期应付款

① **轻概念**。长期应付款多出现在融资租赁业务中，是指采用分期付款方式购入固定资产

或无形资产所发生的应付款，通常周期都超过一年。

② **怎么算**。公司除长期借款、应付债券以外，其他具有融资性质的长期应付款的总和。

③ **怎么管**。长期应付款也是具有融资性质的应付款，分期付款事先不用一次性支付过多现金而可以提前使用所要购买的资产。航空公司多采取融资租赁的方式采购飞机，通过融资租赁公司的融资租赁业务，总额支付比当下采购要多出一部分金额，在未来的几年或更长时间里分期付款。这样公司就能够用日常经营赚取的现金流支付融资租赁费用，当融资租赁到期以后资产便归采购方所有。当然，在到融资租赁结束期之前，融资租赁的资产会由被租赁方完全控制，作为被租赁方的固定资产核算。

4　预计负债

① **轻概念**。公司对外的担保、被诉讼、质量保证等，如果很有可能出现赔付，则需要将预计赔付金额"确认"为预计负债。

② **怎么算**。公司已经"确认"为预计负债尚未完结的金额总和。

③ **怎么管**。预计负债里有一个概念就是"很有可能"，在会计工作中普遍认可只要可能性超过半数就是"很有可能"；可能性超过 95% 被认定为"基本确定"；可能性不足 50%但超过 5% 的被认定为"可能"；可能性不足 5% 的就是"极小可能"。可能性只要超过半数，就需要考虑是否要在报表中体现了。除担保、质量保证、被诉讼外，固定资产或矿区等到期遗弃所产生的未来将要支付的遗弃费用，也属于预计负债。

5　递延收益

① **轻概念**。递延收益就是尚待确认的收益，即此刻尚未真的出现权利和义务的转移，等到权利和义务转移的那一刻才是"确认"收入的时刻。

② **怎么算**。公司所有已经收钱但尚未到达收入"确认"时点的时间，周期又超过一年的项目，均可在这里核算。当然，在极少情况下没有收到钱也可能"确认"为递延收益。

③ **怎么管**。递延收益与预收账款有点像，真正符合"会计准则"的递延收益应用范围并没有那么广泛，不过在日常会计使用时，经常将提前收款且在以后每一个月中定期"确认"收入的都使用递延收益来核算，虽然这看起来并不太符合"会计准则"的规定。当收入总时

限在一年以内，建议用预收账款来核算；超过一年的，在递延收益核算更合适。这里特别需要关注的是，在核算中不可忽略"确认"收益的时点，更不能忘记"确认"。少数公司会长期在公司账面上挂有递延收益，应当确认收入的时点早已出现，但依然不转为收入，就会出现核算不真实的情况。

6 **递延所得税负债**

① **轻概念。** 递延所得税负债是指未来应纳税而当下暂时不需要纳税的那部分所得税。

② **怎么算。** 所得税因时间性差异当下允许抵扣，但将来要纳税的那部分所得税之和。

③ **怎么管。** 递延所得税负债与递延所得税资产是一对"双胞胎"，只是一个是未来可抵扣（递延所得税资产），另一个是未来应纳税（递延所得税负债）。既然是未来应纳税，就代表现在已经提前抵扣了，"税法"认可一部分现在可以抵扣的成本费用未来再去缴纳税款，尽管这种情况比较少。现实较多出现递延所得税资产，也就是现在交税，以后可以抵扣的情况。

7 **其他非流动负债**

① **轻概念。** 所有非流动资产中不属于本小节上面讲述的项目，都在这里核算。

② **怎么算。** 与轻概念相同，所有非流动资产中不属于上述项目的，都在这里核算。

③ **怎么管。** 非流动负债在普通公司里非常少见，其他非流动负债就更加少见了。所以一旦出现必须要了解详情，列出清单逐一排查和管理。

8 **非流动负债合计**

所有非流动资产的合计金额，就是上述项目的简单加总。

非流动负债金额通常都是比较大的，对公司的影响度也比较高，获得难度也比较大，所以在日常的管理中就更应当重视，特别是资金临近归还期的前几年，更要注重资金的筹措，避免出现无资金归还的窘况。

9　负债合计

流动负债合计 + 非流动负债合计 = 负债合计

负债是资产负债表中重要的组成部分，通常公司利用负债来扩大经营规模，在一定范畴内可以节省自有资金。当然，负债过高说明存在风险隐患，除非持续的高利润、高回报、高频交易等可抵消高负债所带来的风险，如房地产公司、银行等。房地产公司在很长一段时间内利润回报都不错，金融机构也敢将大额的贷款借给房地产公司，而房地产行业通常付现资金比较多，没有贷款几乎难以支撑足够规模的地产采购。

普通公司的负债通常不会特别多，很多资产负债率占 50% 左右（资产负债率 = 负债 ÷ 总资产），过于依赖负债，往往会给公司埋下很大的资金隐患。负债的首要特质就是要如期归还，如果到期没有资金偿还就会导致公司资不抵债；负债另外一个特质就是需要偿还利息，无论什么形式的借款都有代价，利息是最常见的代价之一，做好资金筹划是管理好负债最重要的方法之一。

五　所有者权益 / 股东权益 / 净资产

接下来进入资产负债表最后一部分主要内容，即所有者权益，也称为股东权益或净资产。

※ 1　实收资本（或股本）

① **轻概念。**实收资本是指公司股东实际投入公司的注册资本金，这部分资本金属于股权占比内的资金，即溢价前的那部分。

② **怎么算。**股东按照工商登记的比例投入公司的实际注册资本金部分的合计。

下面用一个例子来描述。赵总和钱总共同投资一家公司，注册资本 100 万元，赵总占 80%，钱总占 20%。如果二位的资金都完整到位的话，公司实收资本就是 100 万元，其中赵总 80 万元，钱总 20 万元。孙总看好这家的生意，打算入股，占公司的 10%，双方商定，孙总投入 1000 万元增资占公司 10% 的股份。注意下面的计算公式。

孙总的 10% 在实收资本中的金额 =100÷90%×10%=11.11 万元

1000 万元剩余的金额 988.89 万元（1000 － 11.11=988.89 万元）会记录在资本公积中。

③ **怎么管**。实收资本必须按照投资人的名称或姓名来记录清单，而且要区分哪些是实收资本，哪些是资本公积。每一次增减股东或比例额度时，都必须要详细记录。

股东与股东之间的交易从财务账面上看是没有金额变化的，只有股东名称的变更。实收资本记录的股东名称或姓名必须与在工商部门登记注册的完全一致。

这样的描述看起来很简单，但实际上公司中的账务往往不会完整记录所有股东变化的全过程，甚至记录的股东名称或姓名与在工商局注册的也不一致。看似荒唐的情况，在现实中却大量存在。会计人员绝对不能犯这种简单、低级的错误。管理者也应当有这样的管理意识：一方面给会计人员提供相应的记录，另一方面也要对会计的工作加以监管。

2 其他权益工具（其中：优先股、永续债）

① **轻概念**。这里可以结合应付债券一起来看。公司发行优先股或永续债等时，通常具有明确的附加条件，如回购、注销、参与分配等。当发行的金融工具更加偏重于股的时候，就在其他权益工具中核算；当更偏重于债的时候，就在应付债券中核算，以此区分股与债的不同性质。

② **怎么算**。公司发行的所有偏重于股的优先股、永续债等权益工具的合计。

③ **怎么管**。普通公司基本上是没有机会发行债券或优先股的，对于规模较大的公司，在其有机会发行债券或优先股的时候，就要重点关注发行协议中对回购、注销等条款的描述，以区分其债的性质或股权的性质。

3 资本公积

① **轻概念**。资本公积中最常见的就是资本溢价或股本溢价（股份公司称为股本，其他有限公司称为资本），还有一些与投资和金融资产分类有关的资本公积等。

② **怎么算**。资本公积归属于资本溢价及其他资本公积的合计。

③ **怎么管**。资本公积中除了资本溢价以外，其他情况在普通公司里比较少见，在会计工作中也只有比较特殊的业务才会涉及。所以，关于资本溢价，只要能看懂实收资本部分讲过

的那个案例，基本上就能够明白。

4　库存股

① **轻概念。**通常部分股份公司会有库存股，是指公司中暂存的、尚未有真实股东购买的那部分股份。

② **怎么算。**与轻概念相同，即通常部分股份公司会有库存股，公司暂存尚未有真实股东购买的那部分股份。

③ **怎么管。**库存股在中国普通非股份公司里基本是不存在的，相当于公司而非股东持有自己公司的库存股。当公司有库存股的时候，说明其实公司的实收资本并不是真实的实收资本，而应当减去这部分库存股以后，才计算出真正的实收资本。

5　其他综合收益

① **轻概念。**企业的不影响损益利润，但影响权益的那部分收支，即为其他综合收益。

② **怎么算。**与轻概念相同，即企业的不影响损益利润但影响权益的那部分收支。

③ **怎么管。**这部分可以参考损益表中其他综合收益的税后净额的描述。

6　盈余公积

① **轻概念。**公司在税后净利润中提取一部分，作为公司发展或弥补亏损的准备金。盈余公积金是弥补完以前年度损失后当年税后净利润的 10%。

② **怎么算。**弥补完以前年度亏损以后，从当年净利润中提取一定比例的准备金，这部分即为盈余公积金额。

③ **怎么管。**法定盈余公积金的目的是要求公司每年留出用于公司发展的资金而不能全部分配给股东。当然，一些公司在"公司章程"里还添加了更多关于额度比例的计提规定，这种情况按照章程规定执行即可，当然，比例至少不能低于 10%。当盈余公积超过实收资本的50%，法定的部分可以不用再计提。

※ 7 未分配利润

① **轻概念。** 未分配利润就是公司可以用来分配但尚未分配的那部分累计利润。

② **怎么算。** 未分配利润最常见的算法就是每年利润表中的净利润金额转入未分配利润中来，并逐年累计。

③ **怎么管。** 未分配利润是资产负债表与利润表连接的纽带，利润表无论怎么变化，总会将最终的净利润金额转入未分配利润中，无论多少，也不管正负。未分配利润用于未来分配，盈余公积就是分配内容之一，也就是说，从未分配利润中分配出盈余公积。

8 所有者权益（或股东权益）合计

上述所有者权益的各项加总，扣减掉库存股以后，就是所有者权益合计。所有者权益代表股东投资人的权益，也称净资产，就是股东占有这一公司真正属于股东的那部分价值，而这并不代表股东不能"控制"其他的资产，公司股东可以"控制"公司所有的资产。

在所有者权益中，实收资本、其他权益工具、资本公积、库存股这几项属于"股东投入"的资金，就是股东投入的资金。剩余其他都可以理解为"经营赚取"，就是企业日常经营赚取的。

当公司决定解散或不得不清算关闭的时候，公司变卖所有资产（如果能够以账面价值出售的话）归还了所有债务后，剩下的净资产部分就是股东最终能够享有的那部分。在日常管理中，所有者权益主要提供公司的资金来源，而这部分资金来源又分为股东投入和公司经营赚取两部分。

9 负债和所有者权益（或股东权益）总计

公司的负债与所有者权益加总，就等于资产总额，这就是"资产 = 负债 + 所有者权益"的完美诠释。

以上就是公司资产负债表中的所有项目，我们对每一个项目的描述力求通俗易懂。说实话，把资产负债表每一个项目都仔细深究是一件难度非常大的事情。会计这门学科不断发展演变，内部的各项目分工已经非常细致，这种细致在核算项目非常精细的大公司和上市公司有很好的体现。对于小公司的管理者来说，不建议死抠细节，而更应当关注整体结构，加深对常见报表项目的理解。报表本来就是为管理者服务的，如果不能给管理者提供判断决策依据，那便失去了学习的意义。

管理者如果不能理解报表的整体结构，而一头扎进报表的每一个具体项目里学习细节，我相信绝大多数人不能真正学会报表，而且耗时久、效率低。

对于财务人员来说，在学习"会计准则"之前，如果没有建立起整体的报表框架思维，那么每学一个准则都是一场旷日持久的煎熬。

希望这三章对财务三大报表的内容讲解能够帮助管理者从报表框架入手，建立基本的财报思维，通过对报表项目的了解来弄懂报表数字背后的逻辑关系，弄明白报表究竟揭示了公司的什么状况，或者反映了哪些对公司理解的偏差，并找到发生误判、遗漏的原因，纠正自己对公司的理解，让公司能够依照自己的管理意图和管理意愿来发展。

对于投资人、券商等金融人士，财务报表是帮助其发现公司真正价值最好的渠道和途径，也是帮助投资人看清公司、发现舞弊的最好工具。公司业绩的最后落点在财报，公司舞弊的最后落脚点也在财报，财报是公司能力强弱、资金有效与否、整体健康状况如何的最直接体现，学会读报表就相当于医生看懂了各类体检报告。

而对于财务会计行业的工作人员，特别是基层的会计、出纳来说，当你真正掌握了财报思维，并逐渐建立起自己的逻辑思维，即便遇到没有接触过的业务，也能够做出正确的判断，进而成为财务高手。

 本章思维导图

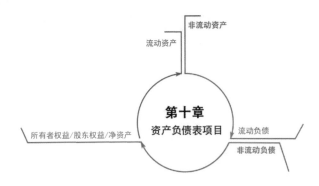

图 10-1　本章思维导图

学习清单

（1）首先关注重点的报表项目，了解书中标"※"的项目，从轻概念、怎么算、怎么管三个角度来掌握。

（2）关注公司的业务如何体现为报表中的金额，以及这其中的逻辑是如何建立起来的。

（3）关注资产负债表与利润表相结合的平衡关系，在此基础上深入了解每个与你公司相关的项目。

（4）初学时不必深究每个项目，大体弄清楚其代表的内容即可。

3

读懂财报

当你认识了财务报表，也熟悉了财务报表各项目之间的逻辑关系，就可以开始深入解读财务报表了。财报背后隐藏的信息都体现在数字间的逻辑关系上，通过一些固有的分析，结合业务本身的特性，才能够真正读懂财报。

第十一章

财务报表初步分析

|本章概括

　　财务报表分析基本上是靠数字的逻辑验证和推理，分析的过程就是剥茧抽丝的过程，一点一点发现线索、发现问题。当报表能够通过数字逻辑解释通时，就用报表的数字逻辑关系来判断；当报表中数字逻辑出现问题的时候，就是开启业务分析的时候了。当然，你无法获得更多的上市公司内部资料，就只能依靠经验判断，即不用任何财务专业指标也能做出对行业和管理的判断。如果将这个判断与财务指标分析能力共同使用，就会发挥极大的作用。

　　我们要了解一个人，不会只停留在记住他的容貌，更加希望了解这个人的行为习惯和内在的品格、品质。看财报也是一样。当我们花费好大精力认识了财务报表以后，接下来就要开始深入解读财报了，也就是分析财务报表。

　　分析财报的方法有很多，单是比较固化的财务分析指标就有几十个。在网络上有人写出了财务分析的 110 个公式，或许你也会把这些公式收藏在自己的手机里，不过很可能从此就不再看了。其实，这样的公式就算再多对你也没有太大帮助，因为单纯的死记公式是没用的。本书更希望能提供一些真正能帮到管理者的分析方法和分析工具。

　　下面我们对财务报表的分析提供了三个层级的方法，即数据占比分析、数据对比分析、财务指标分析，以及各层次分析的相互对照。数据占比分析与数据对比分析相对比较简单，我们放在本章讲述，财务指标分析有一些技术含量，我们在下一章单独重点讲述。

简单却有效的数据占比分析

占比是指某一个项目金额占某个总金额的比例，以此可以判断其在金额上的重要性。下面以通信行业的 L 公司的数据为例进行讲解。

1 资产部分的占比分析

如图 11-1 所示，我们选取了一家上市公司 L 公司的公开数据，为了能够描述清晰，我们把年份都更改为"第几年"，同时由于篇幅所限，我们重点把第三年、第四年和第五年的数据呈现出来。

报表日期	第五年	第四年	第三年	第五年占比	第四年占比	第三年占比
流动资产						
货币资金	85,311.02	366,914.64	272,977.81	4.77%	11.38%	16.07%
应收票据	200.00	588.47	90,913.09	0.01%	0.02%	5.35%
应收账款	361,440.80	868,585.51	335,968.31	20.19%	26.95%	19.78%
预付款项	57,438.61	61,933.13	51,817.98	3.21%	1.92%	3.05%
应收利息	2,433.27	1,811.00	-	0.14%	0.06%	-
其他应收款	122,038.88	69,601.61	16,562.04	6.82%	2.16%	0.98%
存货	65,315.79	94,517.94	113,878.74	3.65%	2.93%	6.71%
其他流动资产	97,221.62	122,964.33	29,061.65	5.43%	3.81%	1.71%
流动资产合计	791,399.97	1,586,916.64	911,179.62	44.22%	49.23%	53.66%
非流动资产						
发放贷款及垫款	5,866.96	71,414.18	-	0.33%	2.22%	-
可供出售金融资产	79,761.86	169,052.91	15,952.98	4.46%	5.24%	0.94%
长期股权投资	208,996.45	207,030.21	1,004.53	11.68%	6.42%	0.06%
固定资产净额	54,687.89	114,031.56	62,934.82	3.06%	3.54%	3.71%
无形资产	456,703.52	688,201.81	487,983.24	25.52%	21.35%	28.74%
开发支出	14,808.52	69,657.82	42,415.53	0.83%	2.16%	2.50%
商誉	74,758.53	74,758.53	74,758.53	4.18%	2.32%	4.40%
长期待摊费用	80.67	154.64	108.21	0.00%	0.00%	0.01%
递延所得税资产	5,517.09	76,334.34	50,725.15	0.31%	2.37%	2.99%
其他非流动资产	97,183.46	165,829.96	51,152.86	5.43%	5.14%	3.01%
非流动资产合计	998,364.94	1,636,465.96	787,035.84	55.78%	50.77%	46.34%
资产总计	1,789,764.91	3,223,382.60	1,698,215.46	100.00%	100.00%	100.00%

（单位：万元）

注：关注线为 15%

图 11-1　L 公司资产部分占比分析

先看 L 公司的资产部分，通常情况下占比最大的几个项目都是值得关注的，因为它们能说明 L 公司的运行状况。L 公司资产中占比最大的是无形资产，在近 179 亿元的总资产中占四分之一，为 45.67 亿元，这还不包括无形资产减值准备的情况（如果这笔无形资产已经不能达到账面价值，即发生了资产减值，就需要根据公允价值做核减）。无形资产的特点之一就是为企业带来价值的周期性限制和一定的不确定性。例如，企业购买的专利看起来是一个门槛很高的产品，但实际上在科技发展迅猛的今天，一个技术很可能在非常短的时间内就被另一个新技术替代，这种不确定性是存在的。再如，版权通常都是有时间限制的，如果在规定的时间内没有做好足够的市场营销投入，没有让市场产生更多的购买行为，那么版权就会成为一个极大的负担。L 公司的无形资产占所有资产的比重如此之大，或许后期会因此付出更多的市场推广费用，以保证经济效益的后续推进，否则很容易被沉重的负担拖垮。

L 公司资产中占比排在第二位的是应收账款，约占总资产的五分之一，为 36.14 亿元，如果仅从这个数字上看还不足为奇，当结合上一年数字看就会让人大跌眼镜。从上一年的 86 亿多元锐减到当年的 36 亿多元，原因是收到了客户的 50 亿元现金还是其他？应收账款的来源是销售，是客户的欠款，一家公司的主要资金来源应当是经营所得，经营所得最重要的资金来源就是客户的付款，如果客户长期拖欠不付款也会把公司拖垮。只要打开 L 公司的报表附注查看应收账款的组成就会发现，账面上的应收账款其实是 97 亿元，因为其中存在大量可能无法回收的欠款，导致计提了 61 亿元的坏账准备，这个数字的占比已经超过所有资产项目而"稳居第一"。数额如此之大的应收账款会让人马上想到，L 公司开始放任自流或失去了对经营最基本的管控，摊子铺得越大越容易造成这样的状况。

通过对资产占比的分析不难看出哪些资产是需要关注的重点，占比大的一定是对公司经营影响比较大的，看报表就需要首先关注这些占比比较大的项目。

另外，还需要关注本身就很重要的项目，如货币资金，应收账款、其他应收款、长期股权投资、固定资产、无形资产等。以货币资金为例，L 公司货币资金仅占总资产的 4.7%，而且每年的占比都在下降。不论公司经营规模扩大还是减小，货币资金的占比都一直在下降，这其实就是一个危险信号，暗示着公司的现金出现了危机。分析 L 公司上一年的流量表数据发现，其仅一年支付的经营现金流出额就达 168 亿元，平均一个月流出 14 亿元，而到了年底，公司账面上仅存 8.5 亿元，还不足一个月的日常经营开销，这无疑是企业经营的巨大危机，如果此时供应商纷纷来要款，公司就会陷入"挤兑"风暴之中。

2 负债和权益部分的占比分析

我们用分析占比的思路再来看一下负债和权益部分。如图 11-2 所示，负债中占比最高的是应付账款，占总资产的 36.40%。这里需要提示的是，在对负债和权益做占比分析时，我们依然是以总资产为分母来计算，原因是在总框架的基础上做分析才不会偏离重点。当然你自己分析时，将总负债作为分析负债占比的分母，或将总权益作为权益项目占比分析的分母，都是可以的。

报表日期	第五年	第四年	第三年	第五年占比	第四年占比	第三年占比
流动负债						
短期借款	275,482.66	260,036.10	173,500.00	15.39%	8.07%	10.22%
应付票据	-	22,688.40	-	-	0.70%	-
应付账款	651,448.30	542,124.75	323,074.33	36.40%	16.82%	19.02%
预收款项	45,675.49	18,266.99	173,307.63	2.55%	0.57%	10.21%
应付职工薪酬	122.89	960.99	515.77	0.01%	0.03%	0.03%
应交税费	56,466.87	77,419.89	57,754.98	3.15%	2.40%	3.40%
应付利息	11,176.84	8,187.57	5,264.52	0.62%	0.25%	0.31%
应付股利	4,344.62	2,585.09	-	0.24%	0.08%	-
其他应付款	68,185.14	10,502.97	1,937.07	3.81%	0.33%	0.11%
一年内到期的非流动负债	151,522.24	264,640.17	9,897.57	8.47%	8.21%	0.58%
其他流动负债	185,000.00	40,914.07		10.34%	1.27%	
流动负债合计	1,449,425.03	1,248,327.00	745,251.86	80.98%	38.73%	43.88%
非流动负债						
长期借款	-	302,444.58	30,000.00	-	9.38%	1.77%
应付债券	-	-	190,055.84	-	-	11.19%
长期应付款	13,158.68	14,209.42	3,455.95	0.74%	0.44%	0.20%
预计非流动负债	34,033.18		-	1.90%		-
递延所得税负债	303.79	303.79	648.99	0.02%	0.01%	0.04%
长期递延收益	24,598.98	48,394.80	55.76	1.37%	1.50%	0.00%
其他非流动负债	334,894.10	561,527.74	347,233.64	18.71%	17.42%	20.45%
非流动负债合计	406,988.72	926,880.33	571,450.17	22.74%	28.75%	33.65%
负债合计	1,856,413.76	2,175,207.33	1,316,702.03	103.72%	67.48%	77.53%
所有者权益						
实收资本(或股本)	398,944.02	198,168.01	185,601.52	22.29%	6.15%	10.93%
资本公积	864,323.43	619,723.56	54,914.90	48.29%	19.23%	3.23%
其他综合收益	-2,767.14	5,477.16	2,783.71	-0.15%	0.17%	0.16%
盈余公积	28,631.18	28,631.18	17,916.54	1.60%	0.89%	1.06%
未分配利润	-1,222,832.79	170,556.91	131,549.28	-68.32%	5.29%	7.75%
归属于母公司股东权益合计	66,298.70	1,022,556.83	392,765.94	3.70%	31.72%	23.13%
少数股东权益	-132,947.54	25,618.44	-11,252.52	-7.43%	0.79%	-0.66%
所有者权益(或股东权益)合计	-66,648.84	1,048,175.27	381,513.43	-3.72%	32.52%	22.47%
负债和所有者权益(或股东权益)总计	1,789,764.91	3,223,382.60	1,698,215.46	100.00%	100.00%	100.00%

（单位：万元）

注：关注线为 15%

图 11-2　L 公司负债权益占比分析

当发现应付账款的占比如此之大，全额达到 65.14 亿元时，不管公司经营规模是大是小，也不管公司销售收入是增是减，应付账款的金额都在"持续坚挺"地增长，很容易得出一个结论，即公司对供应商的欠款在不断扩大，公司的日常资金压力非常明显。结合上一部分对资产占比的分析，也可得到相同的结论。虽然应收账款是销售行为，应付账款是采购行为，这两个项目分属公司经营的两端，但毕竟企业里的资金流同在一条主线上，客户的钱收不回来就势必导致供应商的钱没法支付。公司有 61 亿元的客户欠款长期无法收回，甚至只能计提坏账，就意味着公司在很大程度上表现出了无力催收的状况。这些提供给客户的商品或服务很多是供应商提供的，而在互联网初期阶段这些商品或服务的利润其实都不会太高，就很容易导致供应商因没法收到这些资金而倒闭。这样的供应商在濒临倒闭之前肯定会拼死一搏，找这家上市公司催要欠款，但如果供应商在三年前就看到这家公司的应付账款和应收账款，或许就不会持续不催款而提供商品或服务，而宁愿选择提前止损。

3 利润组成部分的占比分析

再来看看利润表，我们通常会把利润表所有项目的比重基础建立在收入上，即各个项目占营业收入的比重是多少。当然这种基数的选择各种各样，有的企业把成本作为基数计算成本构成中各个投入的比重，有的企业把费用合计数作为基数计算各项费用占总费用的比重。我建议在最初的比重计算中，首先把收入作为计算基础，这样可以在整个企业经营的总框架下看各个资源的配给情况，能够更加完整和客观。在以总收入为基础计算分析完以后，再以其他数据指标为基础，进行更加深入细致的分析，才具有真正的价值。

还是以 L 公司为例，如图 11-3 所示，公司第五年营业成本占营业收入的 136.79%，这是一个非常异常的比例，相当于公司花 136 元买入产品，100 元卖出，同时还提供各项配套服务，而且需要各个部门配合管理和销售。前几年营业成本占比在 85% 左右，多少还有一些毛利，可是第五年的成本完全超过了收入。

报表日期	第五年	第四年	第三年	第五年占比	第四年占比	第三年占比
	-	-	-			
一、营业总收入	709,607.76	2,198,687.85	1,301,672.51	100.00%	100.00%	100.00%
营业收入	702,521.58	2,195,095.14	1,301,672.51	99.00%	99.84%	100.00%
二、营业总成本	2,462,418.24	2,236,101.49	1,302,605.17	347.01%	101.70%	100.07%
营业成本	970,671.00	1,822,922.06	1,111,200.91	136.79%	82.91%	85.37%
营业税金及附加	1,976.13	15,257.52	9,468.08	0.28%	0.69%	0.73%
销售费用	171,457.07	236,588.30	104,073.68	24.16%	10.76%	8.00%
管理费用	140,273.36	59,627.35	30,949.21	19.77%	2.71%	2.38%
财务费用	87,271.05	64,802.71	34,897.96	12.30%	2.95%	2.68%
资产减值损失	1,088,153.51	35,196.82	12,015.33	153.35%	1.60%	0.92%
投资收益	17,364.67	3,663.71	7,874.94	2.45%	0.17%	0.60%
其中:对联营企业和合营企业的投资收益	13,594.15	3,582.89	4.53	1.92%	0.16%	0.00%
三、营业利润	-1,740,844.72	-33,749.93	6,942.28	-245.32%	-1.54%	0.53%
营业外收入	1,806.30	4,660.18	4,498.79	0.25%	0.21%	0.35%
营业外支出	7,134.53	3,781.11	4,024.15	1.01%	0.17%	0.31%
非流动资产处置损失	-	3,542.35	3,763.48	-	0.16%	0.29%
四、利润总额	-1,746,172.95	-32,870.85	7,416.92	-246.08%	-1.50%	0.57%
所得税费用	72,257.80	-10,681.59	-14,294.76	10.18%	-0.49%	-1.10%
五、净利润	-1,818,430.75	-22,189.26	21,711.68	-256.26%	-1.01%	1.67%

(单位：亿元)

图 11-3 L 公司利润组成部分占比分析

如果是创业公司用低价抢占市场，出现这种情况是可以理解的，这种破坏式抢市场的基础在于投资人有足够的资金注入企业，就像当年的滴滴打车疯狂补贴一样。如果离开了资本还依然玩这种高买低卖的把戏，只能让自己不断陷入更深的泥沼。查看现金流量表不难发现，L公司明显没有更多的资本和资金筹集进企业，即便筹集到资金也用来偿还贷款了。综合上述，公司的营业成本超过营业收入的状况就是非常危险的信号，公司必须采取措施扭转这种局面，否则只能面临更大的危机。

公司的销售费用、管理费用、财务费用这三费占比超过销售收入的50%，花费如此之多的费用来支撑一家航空母舰级别的企业，想要快速掉转船头，改变日常管理和营销模式基本上是不太可能的。虽然销售费用比上一年下滑不少，但因为收入下滑更加严重，导致销售费用占比还是超过了去年的水平。而管理费用和财务费用因为惯性是没法急速下降的。报表显示尽管收入大幅下滑，管理费用和财务费用还是处于增长状态，给人一种没钱也要撑住门面的感觉。

再往下看就出现了可怕的局面，公司资产减值损失高达108.82亿元，远远超过了公司的营业收入。我们前面讲过，当公司账面上的资产发生比市面公允价值更少的状况时，就需要计提减值准备，将资产与市面上的公允价值匹配，这个减值准备就是要减少公司的利润，在这里体现出来了。L公司的资产总额近179亿元，仅当年资产减值就近109亿元，也就是说，在没有计提当年资产减值之前的资产总额应当近288亿元，又是一个不可思议的数字！不难想象L公司的资产究竟有多少水分。

分析到这里不得不说，财务报表分析仅仅使用占比就可以发现这么多问题，而发现这些问题的依据都是客观存在的数据，任何人依据这些数字进行分析都不为过。但凡理性、有掌控力的公司经营者和管理者都不会允许公开这样的数字来"搞臭"自己，而这样的数字居然公开，明显说明经营者对公司的掌控力缺失了。虽然单从报表数字本身我们无法判断L公司到底发生了什么，但至少可以判断出L公司一定存在严重的经营隐患。这就是报表的魅力，在不了解一家公司时，仅仅通过报表就会发现如此多的问题，一旦深入了解就很容易弄清楚问题的本质。松下幸之助说，发现不了问题才是最大的问题。财报就是用来帮助你发现企业的经营问题的，特别是严重的问题。

还有一种计算模式，就是用毛利润作为基数来计算各个利润表项目的比重。很显然L公司已经不具备这样的计算基础了，因为其毛利显示为负数。巴菲特在考察公司时就喜欢把毛利润作为权重基础测算各个项目的比例。当然，巴菲特购买股票的公司大多是非常赚钱的公司。

建议管理者在熟悉了以收入为基础的计算模式后，尝试将分母换成毛利润再次计算分析。这个计算目的就在于判断当公司的产品销售之后，赚取的毛利润是否能够养活公司，在准备投资一家公司的时候，用连续几年的数据进行分析是非常有必要的。

4 现金流部分的占比分析

我们再来看现金流量表，如图 11-4 所示。现金流量表的三个模块经营类、投资类、筹资类非常独立，相互之间几乎没有资金性质上的"瓜葛"。但从公司日常经营角度来看，把销售商品、提供劳务收到的现金作为基础权数，能更加客观地体现出现金流量表中各个项目的增加或减少、占整个公司主要产品经营现金流入的比重，进而可以判断各自的重要程度及其扮演的角色。那为什么不把经营收到的现金总数作为计算基础呢？原因很简单，在收到的其他与经营活动有关的现金项目中存在大量往来款，即资金的进进出出。单看资金进出不能判断公司的经营规模，所以这部分在整体经营流入的现金流中表现出一定程度的虚高，用这个数字来分析，所得出的结果会有一些失真。

报表日期	第五年	第四年	第三年	第五年占比	第四年占比	第三年占比
一、经营活动产生的现金流量						
销售商品、提供劳务收到的现金	545,343.69	1,463,418.87	1,004,474.46	100.00%	100.00%	100.00%
收到的税费返还	2,040.46	3,028.88	112.75	0.37%	0.21%	0.01%
收到的其他与经营活动有关的现金	116,230.29	68,273.48	11,328.51	21.31%	4.67%	1.13%
经营活动现金流入小计	668,619.10	1,577,701.88	1,015,915.72	122.61%	107.81%	101.14%
购买商品、接受劳务支付的现金	688,353.61	1,272,197.90	756,256.46	126.22%	86.93%	75.29%
支付给职工以及为职工支付的现金	107,640.48	109,819.34	59,542.83	19.74%	7.50%	5.93%
支付的各项税费	17,684.04	40,456.72	25,762.02	3.24%	2.76%	2.56%
支付的其他与经营活动有关的现金	116,622.01	188,910.82	86,784.21	21.39%	12.91%	8.64%
经营活动现金流出小计	932,673.64	1,684,507.95	928,345.53	171.02%	115.11%	92.42%
经营活动产生的现金流量净额	−264,054.54	−106,806.08	87,570.19	−48.42%	−7.30%	8.72%
二、投资活动产生的现金流量						
收回投资所收到的现金	2,760.92	-	5,655.65	0.51%		0.56%
取得投资收益所收到的现金	3,933.45	108.53	-	0.72%	0.01%	
处置固定资产、无形资产和其他长期资产所收回的现金净额	78.91	3.75	0.44	0.01%	0.00%	0.00%
收到的其他与投资活动有关的现金	69,387.56	12,210.00		12.72%	0.83%	
投资活动现金流入小计	76,160.83	12,322.28	5,656.09	13.97%	0.84%	0.56%
购建固定资产、无形资产和其他长期资产所支付的现金	261,144.68	546,994.62	280,934.97	47.89%	37.38%	27.97%
投资所支付的现金		365,878.06	14,222.80		25.00%	1.42%
支付的其他与投资活动有关的现金	10,000.00	66,987.56	8,973.33	1.83%	4.58%	0.89%
投资活动现金流出小计	271,144.68	979,860.24	304,131.10	49.72%	66.96%	30.28%
投资活动产生的现金流量净额	−194,983.85	−967,537.96	−298,475.02	−35.75%	−66.11%	−29.71%
三、筹资活动产生的现金流量						
吸收投资收到的现金	315,764.99	1,114,451.32	4,791.03	57.90%	76.15%	0.48%
其中：子公司吸收少数股东投资收到的现金	311,100.00			57.05%		
取得借款收到的现金	374,620.05	628,956.27	904,657.44	68.69%	42.98%	90.06%
发行债券收到的现金			189,526.00			18.87%
收到其他与筹资活动有关的现金	268,915.82	27,245.74	40,093.39	49.31%	1.86%	3.99%
筹资活动现金流入小计	959,300.86	1,770,653.33	1,139,067.86	175.91%	120.99%	113.40%
偿还债务支付的现金	443,534.16	494,709.82	674,692.62	81.33%	33.81%	67.17%
分配股利、利润或偿付利息所支付的现金	68,127.38	43,612.47	14,410.68	12.49%	2.98%	1.43%
其中：子公司支付给少数股东的股利、利润	-	-	-			
支付其他与筹资活动有关的现金	62,278.99	284,581.06	13,429.65	11.42%	19.45%	1.34%
筹资活动现金流出小计	573,940.53	822,903.35	702,532.95	105.24%	56.23%	69.94%
筹资活动产生的现金流量净额	385,360.32	947,749.98	436,534.91	70.66%	64.76%	43.46%
汇率变动对现金及现金等价物的影响	−698.74	2,037.04	1,112.87	−0.13%	0.14%	0.11%
现金及现金等价物净增加额	−74,376.80	−124,557.01	226,742.95	−13.64%	−8.51%	22.57%
期初现金及现金等价物余额	146,920.80	271,477.81	44,734.86	26.94%	18.55%	4.45%
期末现金及现金等价物余额	72,543.99	146,920.80	271,477.81	13.30%	10.04%	27.03%

（单位：万元）

注：关注线为 15%

图 11-4　L 公司流量表占比分析

接下来还是关注占比最大的项目，在非合计数值中，购买商品、接受劳务支付的现金占销售商品、提供劳务收到的现金的126.22%，跟利润表表现相仿，支付的成本现金比收到的营业收入现金还要多，很明显属于经营口径的入不敷出。

占比排在第二位的是偿还债务支付的现金，占销售收入现金的81.33%，高达44.35亿元。紧接着是取得借款收到的现金，占销售收入现金的68.69%，达到37.46亿元，几乎与偿还贷款金额持平，很有可能是借了新债还旧债，说明L公司的资金始终处于非常紧张的状况。与此同时，L公司依然没有停止融资的步伐，在资金非常紧张的时期依然能融到31.58亿元的股权投资，占销售收入现金的57.90%，这说明投资人对L公司依然存有信心。L公司也没有停止对固定资产、无形资产的投入，在资金如此紧张的情况下依然花费26.11亿元扩建增购，不知道那些供应商看到这样的数据会作何感想，或许这个时候才意识到看懂财务报表的重要性：可以发现很多信息，为自己的供应决策起到参考作用。

尽管现在我们做占比分析的时候把几个报表分开来讲述，但建议管理者在实际工作中分析报表的时候还是要"三表同框"去看，只有站在整体框架下考虑企业经营状况，才能够更加客观和全面，而且能够发现更多的问题。

支付给职工及为职工支付的现金和支付的各项税费这两项，无论占比多少都应当重点关注。L公司为职工支付了10.76亿元现金，几乎与上一年持平，占比却由上一年的7.50%增加到当年的19.74%，究其原因，还是公司没有收到足够现金的同时又没有办法及时"掉转船头"。工作人员依然是那么多，为保证日常经营又不能大面积裁员，工资不能少发，否则内部就会大乱。如果外部供应商追债、内部员工不稳定，那么公司就彻底乱掉了。我想L公司可能考虑到至少要保一头，保内部比保外部的成本低得多，所以就决定确保员工的正常待遇，这是合理的，也是最保险的做法。

仅从报表项目的占比这一个维度，就能够分析、挖掘出这么多信息，如果能够将这些信息逐一细致对比并逐一查明原因和找到解决方案，那么你就离成为财报分析高手的目标不远了。

 同维度、多角度的数据对比分析

对比就是将相同维度的数字进行比较，这里面就包括同一公司数据的历史对比、历史同期环比、与预算之间的对比，以及与竞争对手的对比等。我们还是以生物制品行业的 C 公司为例进行讲解。

1　历史变比——资产的上年对比

对比分析首先需要确定数字项目的重要性。上一节我们讲过，金额大的项目一定要重点关注，另外一些项目虽然金额不大但也需要重点关注，在这个基础上再去看其每个时期的变化差异并找到原因。

如图 11-5 所示，C 公司的其他流动资产、应收账款的占比很大，需要重点关注，而其他应收款、在建工程、开发支出、其他非流动资产的变化都比较大，也需要重点关注。这就是我们判断历史变动的比例时的关注点，与上期对比的目的就是要将重要数字的变化清晰地展示在眼前。

报表日期	第五年	第四年	第三年	第五年占比	第四年占比	第三年占比	第五年增长	第四年增长
流动资产								
货币资金	26,141.60	41,188.64	225,912.61	5.80%	10.20%	61.15%	−36.53%	−81.77%
应收票据	40.00	-	169.94	0.01%	-	0.05%	100.00%	−100.00%
应收账款	79,164.82	66,480.87	45,906.01	17.55%	16.46%	12.43%	19.08%	44.82%
预付款项	1,896.41	2,093.72	2,724.43	0.42%	0.52%	0.74%	−9.42%	−23.15%
应收利息			1,812.60			0.49%		−100.00%
其他应收款	7,719.44	248.26	1,351.12	1.71%	0.06%	0.37%	3,009.43%	−81.63%
存货	22,744.42	25,442.47	27,417.92	5.04%	6.30%	7.42%	−10.60%	−7.20%
划分为持有待售的资产	-	5,745.60	-	-	1.42%	-	−100.00%	100.00%
其他流动资产	205,509.47	195,399.10	7.81	45.56%	48.39%	0.00%	5.17%	2,501,271.68%
流动资产合计	343,216.16	336,598.66	305,302.46	76.10%	83.36%	82.64%	1.97%	10.25%
非流动资产								
可供出售金融资产	10,545.60	-	5,745.60	2.34%	-	1.56%	100.00%	−100.00%
长期股权投资	2,459.48	-	4,230.60	0.55%	-	1.15%	100.00%	−100.00%
固定资产净额	44,556.91	45,900.52	42,381.98	9.88%	11.37%	11.47%	−2.93%	8.30%
在建工程	9,832.60	3,061.03	2,277.25	2.18%	0.76%	0.62%	221.22%	34.42%
无形资产	7,509.64	5,056.84	5,150.43	1.67%	1.25%	1.39%	48.50%	−1.82%
开发支出	10,139.88	2,197.31	-	2.25%	0.54%	-	361.47%	100.00%
商誉	4,740.02	4,740.02	-	1.05%	1.17%	-	-	100.00%
长期待摊费用	514.77	17.67	-	0.11%	0.00%	-	2,813.89%	100.00%
递延所得税资产	7,677.88	5,001.73	4,367.87	1.70%	1.24%	1.18%	53.50%	14.51%
其他非流动资产	9,833.57	1,200.00	-	2.18%	0.30%	-	719.46%	100.00%
非流动资产合计	107,810.35	67,175.11	64,153.72	23.90%	16.64%	17.36%	60.49%	4.71%
资产总计	451,026.51	403,773.77	369,456.18	100.00%	100.00%	100.00%	11.70%	9.29%

（单位：万元）

注：关注线为 15%

图 11-5　C 公司资产历史变比

C 公司其他流动资产占总资产的比重接近一半，虽然第四年与第五年的变化不大，但第三年与第四年是从无到有而且额度很大，如果再查看 C 公司的报表附注就会知道这些其他流动资产具体包括什么，结合从报表看到的变化，或许能给出一些判断。第三年公司的货币资金为 22.59 亿元，到第四年锐减到 4.12 亿元；同时第三年的其他流动资产只有 7.81 亿元，而第四年锐增到 19.54 亿元。这两个项目一增一减是否存在一些逻辑关系呢？我们在前面章节里提到过，C 公司购买了理财产品，这就是由数字变化而体现出的公司业务的变动，每个数字都是有鲜活生命的。

再看变化最大的其他应收款，第五年增长为 3009.43%，金额从 248.26 万元直接增加到 7719.44 万元，这个变化看起来是很反常的。从 C 公司的年报中可以看到，C 公司的厂房因政府拆迁而被给予 6500 万余元的拆迁补偿，另外还有一家子公司有 1000 万元的项目保证金，这些都是可以深究下去的线索。

C 公司的销售收入在不断增长，而存货却持续下降，每年减少 7%~10%，是很不错的表现。仅从数字上看，C 公司对供应商的掌控力在进一步加强，如果这种存货减少是持续和日常的，那么供应商的供货及时率一定是在提高的，否则无法在库存减少的情况下满足更多的市场需求。

收入每年的增幅都在百分之几十，而应收账款的增幅小于收入的增幅，这说明公司虽然扩大了市场销售，但回收现金的能力一点都没有减弱，反而比以前更加收紧了，说明客户付款的及时率在增加。不能不说 C 公司的管理管控还是比较有效的。

2 历史变比——负债和权益的上年对比

如图 11-6 所示，C 公司的其他应付款增幅非常大，第五年比第四年增加 91.32%。前面我们讲过，通常带有"其他"字样的报表项目如果增减幅度过大，都必须仔细排查原因。C 公司报表附注中显示，3.7 亿多元其他应付款中有 3.16 亿元是应当支付给推广服务公司的推广费，这一方面体现出 C 公司在推广方面力度相当大，另一方面也体现出 C 公司资金管理的控制力很强。用自己的资金买理财产品，推广公司的钱先不着急付，估计这些推广公司也都很依赖 C 公司。而且一般来说，上市公司"财大气粗"，也不会拖欠资金不给，何况生物疫苗类的推广公司也非等闲之辈，应该也不担心上市公司赖账。将以上几个原因综合起来看，这些数字的构成好像还挺正常的。当然，如果了解 C 公司的内部做法并用数字加以验证，将会得到更加确切的信息结论。

报表日期	第五年	第四年	第三年	第五年占比	第四年占比	第三年占比	第五年增长	第四年增长
流动负债								
短期借款	-	-	5,000.00	-	-	1.35%	-	-100.00%
应付票据	3,255.65	4,199.04	-	0.72%	1.04%		-22.47%	100.00%
应付账款	4,911.27	8,234.76	6,740.33	1.09%	2.04%	1.82%	-40.36%	22.17%
预收款项	4,375.18	5,213.77	5,874.84	0.97%	1.29%	1.59%	-16.08%	-11.25%
应付职工薪酬	1,293.85	956.09	1,089.09	0.29%	0.24%	0.29%	35.33%	-12.21%
应交税费	4,911.57	3,907.69	2,356.63	1.09%	0.97%	0.64%	25.69%	65.82%
其他应付款	37,353.46	19,523.75	16,118.50	8.28%	4.84%	4.36%	91.32%	21.13%
一年内到期的非流动负债	-	550.00	-	-	0.14%		-100.00%	100.00%
流动负债合计	56,100.98	42,585.10	37,179.39	12.44%	10.55%	10.06%	31.74%	14.54%
非流动负债								
长期借款	-	-	550.00	-	-	0.15%	-	-100.00%
长期应付款	2.14	2.62	-	0.00%	0.00%		-18.19%	100.00%
预计非流动负债	-	-	62.83	-	-	0.02%	-	-100.00%
递延所得税负债	822.12	728.19	788.41	0.18%	0.18%	0.21%	12.90%	-7.64%
长期递延收益	6,536.02	2,194.30	2,187.55	1.45%	0.54%	0.59%	197.86%	0.31%
非流动负债合计	7,360.28	2,925.11	3,588.80	1.63%	0.72%	0.97%	151.62%	-18.49%
负债合计	63,461.26	45,510.20	40,768.19	14.07%	11.27%	11.03%	39.44%	11.63%
所有者权益								
实收资本(或股本)	97,369.04	96,939.04	48,469.52	21.59%	24.01%	13.12%	0.44%	100.00%
资本公积	102,900.49	98,388.65	146,858.17	22.81%	24.37%	39.75%	4.59%	-33.00%
库存股	3,325.56	-	-	0.74%	-	-	100.00%	
盈余公积	4,244.63	4,244.63	3,489.49	0.94%	1.05%	0.94%	-	21.64%
未分配利润	184,482.38	156,936.39	129,745.64	40.90%	38.87%	35.12%	17.55%	20.96%
归属于母公司股东权益合计	385,670.98	356,508.71	328,562.82	85.51%	88.29%	88.93%	8.18%	8.51%
少数股东权益	1,894.27	1,754.86	125.17	0.42%	0.43%	0.03%	7.94%	1,301.94%
所有者权益(或股东权益)合计	387,565.25	358,263.57	328,687.99	85.93%	88.73%	88.97%	8.18%	9.00%
负债和所有者权益(或股东权益)总计	451,026.51	403,773.77	369,456.18	100.00%	100.00%	100.00%	11.70%	9.29%

(单位：万元)

注：关注线为 15%

图 11-6 C 公司负债和权益的历史变比

3 历史变比——利润结构的上年对比

对于收入成本利润类数据的对比来说，关注的人太多了。每年公司最希望增长的就是市场和利润，不仅经营者在意，投资人、股东等利益方更期望利润增长越快越好。

如图 11-7 所示，首先以收入增幅为锚定指标设置参考标准，公司第五年营业收入增长52.60%，是不错的市场表现。稍微了解财务知识的人都知道，收入、成本是有匹配关系的，也就是说，成本是一定要匹配到收入上来的，通常如果市场结构不发生重大变化，成本、收入的比例变化也不会太大。看一下 C 公司的数据，在收入增长 52.60% 的情况下，营业成本居然降低了 1.97%，这是很不寻常的情况。尽管上市公司都希望表现出超强的盈利能力，但这样的数据很异常，在成本不变的情况下如果收入大增，要么就是因为大幅度抬高售价，要么就是成本在收入中的占比大幅度降低。

报表日期	第五年	第四年	第三年	第五年占比	第四年占比	第三年占比	第五年增长	第四年增长
一、营业总收入	155,337.39	101,790.97	79,551.58	100.00%	100.00%	100.00%	52.60%	27.96%
营业收入	155,337.39	101,790.97	79,551.58	100.00%	100.00%	100.00%	52.60%	27.96%
二、营业总成本	96,720.57	54,531.03	45,171.70	62.26%	53.57%	56.78%	77.37%	20.72%
营业成本	20,897.81	21,317.04	17,767.80	13.45%	20.94%	22.33%	-1.97%	19.98%
营业税金及附加	949.16	630.84	313.50	0.61%	0.62%	0.39%	50.46%	101.22%
销售费用	58,296.17	23,086.14	14,059.66	37.53%	22.68%	17.67%	152.52%	64.20%
管理费用	15,388.90	11,070.57	10,568.06	9.91%	10.88%	13.28%	39.01%	4.76%
财务费用	7.46	-1,105.94	0.69	0.00%	-1.09%	0.00%	-100.67%	-160,662.66%
资产减值损失	1,181.06	-467.62	2,461.99	0.76%	-0.46%	3.09%	-352.57%	-118.99%
公允价值变动收益								
投资收益	7,422.90	2,523.62	15.60	4.78%	2.48%	0.02%	194.14%	16,077.68%
其中:对联营企业和合营企业的投资收益	-12.30		15.60	-0.01%		0.02%	100.00%	-100.00%
三、营业利润	66,585.80	49,783.56	34,395.48	42.87%	48.91%	43.24%	33.75%	44.74%
营业外收入	7.18	497.93	514.28	0.00%	0.49%	0.65%	-98.56%	-3.18%
营业外支出	146.83	103.20	323.76	0.09%	0.10%	0.41%	42.27%	-68.12%
非流动资产处置损失	-	7.38	192.62	-	0.01%	0.24%	-100.00%	-96.17%
四、利润总额	66,446.15	50,178.29	34,586.00	42.78%	49.30%	43.48%	32.42%	45.08%
所得税费用	9,679.04	7,319.66	5,277.80	6.23%	7.19%	6.63%	32.23%	38.69%
五、净利润	56,767.11	42,858.63	29,308.21	36.54%	42.10%	36.84%	32.45%	46.23%

（单位：万元）

注：关注线为 15%

图 11-7 C 公司利润结构历史变比

再看另外一个增幅比较大的项目，即销售费用。第三年到第四年营业收入增幅为 27.96%，而销售费用增长了 64.20%；第四年到第五年营业收入增长 52.60%，而销售费用竟然增长了 152.52%，从 2.31 亿元锐增到 5.83 亿元，说明公司的销售推广力度是相当大的，而且每年的投入都有增加！任何一家企业在没有外部资金支持的情况下进行大量市场投入，那资金来源只能有一个渠道，即毛利润。只有足够高的毛利润才能支撑这样大力度的销售推广行为，上一段数据也证明了这一点。不难看出，C 公司当年销售费用大幅增长，与其对销售推广的投入加大有很大关系，有了大幅市场推广行动才导致大量收入增加。因为增加了市场投入，所以如果提高了产品售价听起来也算合理，不过这个行业在市场上的竞争还是存在的，大幅增加售价也要冒很大风险。如果仅仅通过提高产量来扩大市场占有率，就不可能不增加成本，难不成以前的财务报表中把一部分销售费用隐藏在成本里而当年又剔除了？这就难以落实了，除非查看历年的审计底稿，但底稿并不对外公开，难道财务报表分析就只能中断了吗？

其实这正是财务报表分析的魅力所在。财报分析靠的都是数字的逻辑验证和推理，分析的过程就是剥茧抽丝的过程，一点一点发现线索发现疑问。当报表中能够通过数字逻辑解释通时，就用报表的数字逻辑关系来判断。当报表中的数字逻辑出现疑问的时候，就是开启业务分析的时候。当然在上市公司没法更多地获得内部资料，只能靠职业判断。当你自己的公司出现同样状况的时候，就是你增加管理手段的时候了，因为你自己的公司里发生了什么事情你会很清楚，报表仅仅是这些业务发生发展的记录呈现而已。如果呈现的结果出现问题，最直接的方法不是查报表，而是找到业务最终端，查看究竟是什么导致报表结果没有按照预期的状况出现。这是真正体现财务报表分析价值的地方。

4 历史变比——现金流的上年对比

如图 11-8 所示，现金流量的对比变化也会反映很多信息。

报表日期	第五年	第四年	第三年	第五年占比	第四年占比	第三年占比	第五年增长	第四年增长
一、经营活动产生的现金流量								
销售商品、提供劳务收到的现金	145,025.54	78,222.27	73,491.46	100.00%	100.00%	100.00%	85.40%	6.44%
收到的税费返还				-	-	-		
收到的其他与经营活动有关的现金	7,954.56	5,207.38	1,536.37	5.48%	6.66%	2.09%	52.76%	238.94%
经营活动现金流入小计	152,980.11	83,429.65	75,027.82	105.48%	106.66%	102.09%	83.36%	11.20%
购买商品、接受劳务支付的现金	19,664.14	8,837.05	17,947.78	13.56%	11.30%	24.42%	122.52%	-50.76%
支付给职工以及为职工支付的现金	10,098.07	9,186.86	8,135.13	6.96%	11.74%	11.07%	9.92%	12.93%
支付的各项税费	17,293.66	10,454.76	9,552.29	11.92%	13.37%	13.00%	65.41%	9.45%
支付的其他与经营活动有关的现金	57,335.22	25,299.07	20,678.39	39.53%	32.34%	28.14%	126.63%	22.35%
经营活动现金流出小计	104,391.09	53,777.75	56,313.59	71.98%	68.75%	76.63%	94.12%	-4.50%
经营活动产生的现金流量净额	48,589.01	29,651.90	18,714.23	33.50%	37.91%	25.46%	63.86%	58.45%
二、投资活动产生的现金流量：								
收回投资所收到的现金	1,149.12	-	10,300.00	0.79%		14.02%	100.00%	-100.00%
取得投资收益所收到的现金	7,858.31	2,707.19	-	5.42%	3.46%		190.28%	100.00%
处置固定资产、无形资产和其他长期资产所收回的现金净额	59.22	15.61	43.64	0.04%	0.02%	0.06%	279.33%	-64.23%
处置子公司及其他营业单位收到的现金净额								
收到的其他与投资活动有关的现金	848,615.79	21,885.52	36,435.57	585.15%	27.98%	49.58%	3,777.52%	-39.93%
投资活动现金流入小计	857,682.43	24,608.32	46,779.21	591.40%	31.46%	63.65%	3,385.34%	-47.39%
购建固定资产、无形资产和其他长期资产所支付的现金	31,900.95	5,622.12	6,833.22	22.00%	7.19%	9.30%	467.42%	-17.72%
投资所支付的现金	6,071.78	1,200.00	8,715.00	4.19%	1.53%	11.86%	405.98%	-86.23%
取得子公司及其他营业单位支付的现金净额	-	1,179.54	-		1.51%		-100.00%	100.00%
支付的其他与投资活动有关的现金	858,200.00	195,300.00	20,500.00	591.76%	249.67%	27.89%	339.43%	852.68%
投资活动现金流出小计	896,172.73	203,301.66	36,048.22	617.94%	259.90%	49.05%	340.81%	463.97%
投资活动产生的现金流量净额	-38,490.29	-178,693.34	10,730.99	-26.54%	-228.44%	14.60%	-78.46%	-1,765.21%
三、筹资活动产生的现金流量：								
吸收投资收到的现金	3,261.55	120.00	161,676.40	2.25%	0.15%	219.99%	2,617.96%	-99.93%
其中：子公司吸收少数股东投资收到的现金	-	120.00	-		0.15%		-100.00%	100.00%
取得借款收到的现金	-	-	5,000.00			6.80%		-100.00%
发行债券收到的现金	-	-	-					
收到其他与筹资活动有关的现金	-	25.00	-		0.03%		-100.00%	100.00%
筹资活动现金流入小计	3,261.55	145.00	166,676.40	2.25%	0.19%	226.80%	2,149.34%	-99.91%
偿还债务支付的现金	550.00	5,650.00	15,000.00	0.38%	7.22%	20.41%	-90.27%	-62.33%
分配股利、利润或偿付利息所支付的现金	28,961.31	14,569.97	324.50	19.97%	18.63%	0.44%	98.77%	4,389.96%
其中：子公司支付给少数股东的股利、利润	-	-	-					
支付其他与筹资活动有关的现金								
筹资活动现金流出小计	29,511.31	20,219.97	15,324.50	20.35%	25.85%	20.85%	45.95%	31.95%
筹资活动产生的现金流量净额	-26,249.76	-20,074.97	151,351.89	-18.10%	-25.66%	205.94%	30.76%	-113.26%
汇率变动对现金及现金等价物的影响	-250.97	188.77	119.67	-0.17%	0.24%	0.16%	-232.95%	57.75%
现金及现金等价物净增加额	-16,402.00	-168,927.64	180,916.78	-11.31%	-215.96%	246.17%	-90.29%	-193.37%
期初现金及现金等价物余额	37,943.60	206,871.24	25,954.46	26.16%	264.47%	35.32%	-81.66%	697.05%
期末现金及现金等价物余额	21,541.60	37,943.60	206,871.24	14.85%	48.51%	281.49%	-43.23%	-81.66%

（单位：万元）

注：关注线为 15%

图 11-8　C 公司现金流历史变比

首先看销售商品、提供劳务收到的现金，第五年比第四年增长 85.40%，账款催收的力度大幅度提高，是加强应收账款催收力度的明显例证。可以说，在任何时候销售商品、提供劳务收到的现金这个数字都是越多越好，增长幅度越大越好！在三大财务报表中几乎找不到第二个项目像这样数字越大，对企业越好，而潜在的代价和隐患最小。换句话说，报表中几乎每个数字的增长都会带来连贯性的代价和隐患，或者说是负面影响。例如，收入突然增大的代价可能是应收账款突然增加而现金没有及时回收，造成采购支付现金过度，甚至资金链断裂；货币资金过多，会导致大量资金闲置而不能产生其应有的价值；长期股权投资金额过大，会带来投资风险等不确定性的隐患，一旦某项投资失败，就会导致公司陷入严重危机。所以，在现金流量表中销售商品、提供劳务收到的现金的增减变化需要格外关注，无论其占比多少、增减幅度大小。

在 C 公司的现金流量表中收到的其他与投资活动有关的现金的增幅也非常大，如果从金额上看，与支付的其他与投资活动有关的现金几乎一致，应当首先考虑这些数字是否有逻辑关系。查看公司的报表附注不难发现，这两项是将公司账面上的货币资金投入理财产品中的流量。需要注意的是，C 公司并没有 80 多亿元的资金总量，而是一年间资金反复流入流出而累积起来达到 80 多亿元。这就是流量表，每次的流入流出都需要记录。如果账面上共有100 万元，你用来进行股票短期投资，一年内在股市上流入流出 10 次，假设没增没减，那么你的投资所支付的现金就是 100X10=1000 万元，收回投资所收到的现金也是 1000 万元。

相同的情况还常常出现在取得借款收到的现金及偿还债务支付的现金之间。C 公司这几年已经把借款还清，所以看不到这两个报表项目的连动变化，一般情况下，公司可能存在的状况是，这两个数字会有某种一致性，如果当年这两个数字几乎相等，而资产负债表中借款的项目没有数字，说明这家公司年初的借款到年底就还完了；如果当年这两个数字几乎相等而资产负债表中借款的项目有数字，且这个数字与借款数字有一些吻合度（金额相仿，或金额的倍数相仿），说明这家公司借新账还旧账，资金始终需要外部支持，否则将面临资金链断裂的危险。

如果把一些跨报表的数字放在同一张视图上展示会更加直观一些。我们编制了几张分析图，看图表比仅看数字直观得多，只要了解每条线的含义和其间的关系，就能很快了解一家公司。

5 历史变比——关键指标的发展走势图

如图 11-9 所示，横坐标是年度，从左到右是从历史到现在；纵坐标数字单位是万元。图中的"20171231"代表 2017 年 12 月 31 日，也是对应前图中的"第五年"；"20161231"代表 2016 年 12 月 31 日，也是对应前图中的"第四年"，以此类推。

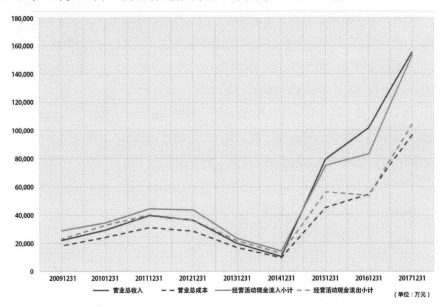

图 11-9　营业总收入、营业总成本、经营现金流入和经营现金流出发展走势图

我们先看营业总收入、营业总成本、经营现金流入和经营现金流出这四条线。自左向右看，这家公司的总收入和总成本在前几年始终保持比较狭小的差距空间，到了 2014 年，总收入和总成本几乎在一个点上，这样的显示说明产品几乎不赚钱。但是从 2015 年开始，二者之间的差距逐渐加大，也就是说，利润空间开始极速增长，公司开始赚钱了，不仅如此，公司的收入也呈陡坡式暴增，说明公司的市场推广能力相当强。经营现金的收支与营业收入成本的变化非常同步，2014 年以前，营业现金收支均超过总收入和总成本指标；到了 2014 年，四条线几乎全部汇聚到了一起；2015 年开始突然放量增长。也是从 2015 年开始，经营现金流入的金额始终都低于营业收入，或许是因为市场扩展太猛烈而造成资金回笼没有以前那么及时，这也很正常。我们只需要了解这两个数字的口径对比，就能简单推测这个差距代表什么含义。

营业收入是不含增值税的销售收入，而经营现金流入中不仅包括含增值税的销售收入，还包括与日常经营有关但不属于营业收入的其他往来款流入，如员工借款的归还等，这些日常款流入量也不小。这样说来，经营现金流入的计算范围，要比营业收入的计算范围广得多，也就是说，经营现金流入的金额应当超过营业收入的金额，才算是比较稳妥和健康的。当然每个行业特点都不同，也不能一概而论，不过可以作为一个判断参考。经营现金流出也是一样，它的口径也比总成本的计算口径更加宽泛，这两条线趋于重叠是比较正常的表现。如果支付现金过多，则表示对供应商及日常开支的现金管控比较松，或以前的欠款过多导致现在不得不加大还款力度，否则供应商一旦停止供货，就会给企业造成巨大打击。如果支付的现金过少，则表示公司日常现金管控较为严格，或公司可能真的没有资金来支付大量的采购和日常支出，那么这就是一个危机信号，需要进行综合评价。

　　财务上有一个指标叫作净利润现金保障倍数，是指经营性现金流能达到净利润的多少倍，以此判断净利润能否有足够的现金来支撑。图 11-10 就是净利润、经营活动产生的现金流量净额，以及现金及现金等价物净增加额三个数字的变动对比。

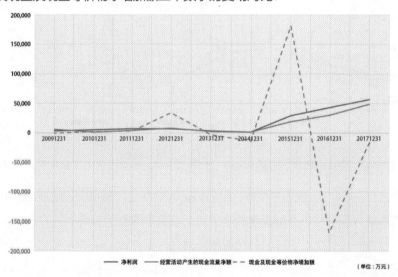

图 11-10 净利润、经营活动产生的现金流净额和现金及现金等价物净增加额发展走势图

　　还是自左向右看，越近的日期就在越右边。在 2014 年之前这家公司净利润和经营净现金流几乎是完全重叠的，而且都在零点附近浮动，也就是说，公司通过日常经营几乎没有赚到利润，也没有赚到什么现金，公司整体现金净流量倒是大起大落，因为这里增加了投资性现金净流量和融资性现金净流量。到 2014 年以后，公司的净利润和经营性净现金流开始增加。

　　如果你能把自己公司的这些图表编制出来，同样也能看出这些数字变化背后的逻辑关系，得出相应的推论。因为这些数字都是客观存在的，只是以前没有放在一起对比，所以看不出更多的信息。读者可以按照本书给出的二维码,把计算工具模板下载到本地使用。你可以将国内上市公司的报表导入这个模板中,可能你看到一堆数字时毫无感觉,但看到这个分析图时你或许会对数字敏感起来,进而会对公司的经营能力和走向产生全新的认识。

6 历史变比——季度环比的关键指标走势图

通过年度增减变化可以看出很多数字变化展示出来的潜在问题。对于公司日常管理来说,用年度数据对比往往只是出于年底考核或做经营汇报的目的,已经错过了最佳管理时机,所以我们建议,在公司日常管理中至少要用月数据进行跟踪对比,才能及时做好管理应对。在上市公司报表里看不到公开的月度数据,下面仅以某家公司的利润表季度数据为案例进行展示。

季度环比、月度环比,甚至是日环比是最能体现公司日常管理效率和效果的方法。如图11-11 所示,这家公司的营业收入在第一季度是全年最低,第二季度增量,第三季度达到高峰值,第四季度下滑。如果每年的各季度都呈现出这样的规律,说明很有可能这家公司每年的第三季度都是全年的销售旺季,第三季度的销售量有保证了,那么完成全年的指标就不会有太大压力;如果第三季度的任务没有完成,那么其他季度就算再努力也难以有很大突破。

报表日期	第五年第四季度	第三季度	第二季度	第一季度	第四季度增长	第三季度增长	第二季度增长	第一季度增长
一、营业总收入	41,006.23	51,351.52	40,495.92	22,483.72	-20.15%	26.81%	80.11%	-35.60%
营业收入	41,006.23	51,351.52	40,495.92	22,483.72	-20.15%	26.81%	80.11%	-35.60%
二、营业总成本	28,689.74	32,915.34	20,832.44	14,283.05	-12.84%	58.00%	45.85%	-24.61%
营业成本	4,644.97	6,910.59	5,258.82	4,083.43	-32.78%	31.41%	28.78%	-36.34%
营业税金及附加	229.59	277.27	253.15	189.15	-17.20%	9.53%	33.83%	-53.24%
销售费用	18,318.23	21,686.06	11,932.31	6,359.57	-15.53%	81.74%	87.63%	-0.73%
管理费用	4,568.36	4,125.87	3,028.76	3,665.91	10.72%	36.22%	-17.38%	-21.63%
财务费用	321.00	-84.33	-214.15	-15.05	-480.62%	-60.62%	1,322.72%	-100.79%
资产减值损失	607.59	-0.12	573.55	0.04	-508,944.80%	-100.02%	1,476,489.46%	-100.00%
公允价值变动收益								
投资收益	2,552.41	1,847.00	536.00	2,487.49	38.19%	244.59%	-78.45%	-5.83%
其中:对联营企业和合营企业的投资收益	-12.30	-	-		100.00%			
汇兑收益	-	-	-					
三、营业利润	15,218.98	20,283.17	20,395.49	10,688.16	-24.97%	-0.55%	90.82%	-42.57%
营业外收入	-249.29	14.13	180.15	62.19	-1,864.08%	-92.16%	189.67%	-76.01%
营业外支出	74.64	21.05	15.72	35.41	254.53%	33.91%	-55.59%	-137.65%
非流动资产处置损失	-21.28	20.94	0.34	-	-201.60%	6,136.06%	100.00%	-100.00%
四、利润总额	14,895.04	20,276.25	20,559.92	10,714.94	-26.54%	-1.38%	91.88%	-43.50%
所得税费用	1,740.28	3,121.29	3,159.75	1,657.72	-44.24%	-1.22%	90.61%	-34.25%
五、净利润	13,154.76	17,154.96	17,400.17	9,057.23	-23.32%	-1.41%	92.11%	-44.92%

(单位:万元)

注:关注线为 15%

图 11-11 利润结构季度环比指标

如图 11-12 所示，季度营业总收入、总成本、经营现金流入小计和经营现金流出小计的图形看起来稍显混乱，仅从趋势和逻辑关系上看会更明了。看年度数据时了解到，2015 年是这家公司业绩突飞猛进的一年，从技术数据看，2015 年第四季度的销售量达到历史顶峰，甚至在以后几年各个季度的销售额都难以达到这个月的高度。作为管理者，就需要考虑当时销量骤增的原因，以及是否能在以后几年里重新寻找类似时机大举促进销售；如果是投资人或股民，就需要考虑当时发生了什么让公司的销售额如此之高，同时现金收入也非常高，如果了解了这些现象的原因，那很可能迎来下一个销售额峰值。

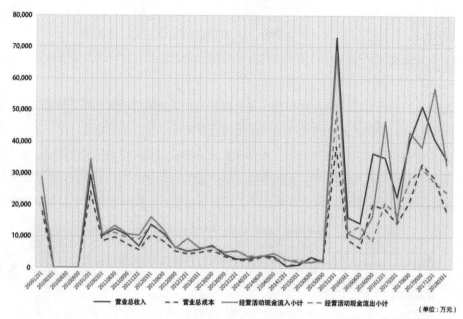

（单位：万元）

图 11-12 营业总收入、营业总成本，以及经营活动现金流入、流出小计走势图

真正的企业管理，分析数据就应当更加深入地分析每一项细类收入的增减，甚至细致到每一个产品。每个月产品销量的增减和成本的增减，都会告诉管理者这个月是否存在异常状况。这对企业日常管理的帮助是巨大的，在看不到数字的时候只能通过主观判断，而当这些真实的数字随时都能在眼前看到时，很多细节问题就能完全体现出来。管理者要针对某些期望值设定明确目标，并在得到积极反馈时有效推进。当每一个产品的销售量增减变化，以及每一项支出的增减都能够看到确切数字时，这些数字就能体现相应的管理效果。

7 历史变比——上一年同季度对比的关键指标

跟上一年同期的数据对比也能够说明很多问题。如图 11-13 所示，这家公司 2017 年每个季度的销售收入都比上一年同期有所增长，第二季度的销售增长甚至接近两倍，很明显是大发展的表现。在这个过程中，成本指标并没有跟随营业收入增加而增加，反而不断下滑，这无疑给利润增加做出了巨大贡献。这对管理者或许也是一个提示，如果只是市场价格提升导致销售收入增加，这或许是成本不增反降的一个原因；如果价格没有太大变化，仅是销量增大，那么成本数字背后很有可能有猫腻。

报表日期	第五年四季度	三季度	二季度	一季度	第四年四季度	三季度	二季度	一季度	四季度增长	三季度增长	二季度增长	一季度增长
一、营业总收入	41,006.23	51,351.52	40,495.92	22,483.72	34,915.18	36,314.63	14,374.22	16,186.95	17.45%	41.41%	181.73%	38.90%
营业收入	41,006.23	51,351.52	40,495.92	22,483.72	34,915.18	36,314.63	14,374.22	16,186.95	17.45%	41.41%	181.73%	38.90%
二、营业总成本	28,689.74	32,915.34	20,832.44	14,283.05	18,946.28	20,101.55	6,487.17	8,996.03	51.43%	63.75%	221.13%	58.77%
营业成本	4,644.97	6,910.59	5,258.82	4,083.43	6,414.80	7,158.46	3,448.34	4,295.45	-27.59%	-3.46%	52.50%	-4.94%
营业税金及附加	229.59	277.27	253.15	189.15	404.55	126.48	50.46	49.36	-43.25%	119.23%	401.69%	283.24%
销售费用	18,318.23	21,686.06	11,932.31	6,359.57	6,406.55	11,367.44	2,568.50	2,743.66	185.93%	90.77%	364.56%	131.79%
管理费用	4,568.36	4,125.87	3,028.76	3,665.91	4,677.62	2,467.96	1,957.87	1,967.12	-2.34%	67.18%	54.70%	86.36%
财务费用	321.00	-84.33	-214.15	-15.05	1,916.15	-1,012.46	-1,950.08	-59.55	-83.25%	-91.67%	-89.02%	-74.73%
资产减值损失	607.59	-0.12	573.55	0.04	-873.38	-6.32	412.09	-	-169.57%	-98.11%	39.18%	100.00%
公允价值变动收益	-	-	-	-	-	-	-	-	-	-	-	-
投资收益	2,552.41	1,847.00	536.00	2,487.49	2,641.52	-	-117.90	-	-3.37%	100.00%	-554.62%	100.00%
其中:对联营企业和合营企业的投资收益	-12.30	-	-	-	-	-	-	-	100.00%	-	-	-
汇兑收益	-	-	-	-	-	-	-	-	-	-	-	-
三、营业利润	15,218.98	20,283.17	20,395.49	10,688.16	18,610.42	16,213.08	7,769.15	7,190.92	-18.22%	25.10%	162.52%	48.63%
营业外收入	-249.29	14.13	180.15	62.19	259.20	63.42	171.17	4.13	-196.18%	-77.72%	5.25%	1,405.09%
营业外支出	74.64	21.05	15.72	35.41	-94.04	179.55	4.04	13.66	-179.37%	-88.27%	289.07%	159.24%
非流动资产处置损失	-21.28	20.94	0.34	-	1.61	-	5.77	-	-1,425.82%	100.00%	-94.18%	-
四、利润总额	14,895.04	20,276.25	20,559.92	10,714.94	18,963.67	16,096.95	7,936.28	7,181.39	-21.45%	25.96%	159.06%	49.20%
所得税费用	1,740.28	3,121.29	3,159.75	1,657.72	2,521.28	2,454.59	1,265.67	1,078.12	-30.98%	27.16%	149.65%	53.76%
五、净利润	13,154.76	17,154.96	17,400.17	9,057.23	16,442.38	13,642.36	6,670.61	6,103.27	-19.99%	25.75%	160.85%	48.40%

（单位：万元）

注：关注线为 15%

图 11-13　利润结构去年同季度对比

用同比的方法来分析经营情况其实很简单，只要数据能够积累下来，要做出这种分析仅仅需要在 Excel 表格里列上一串简单公式即可。分析方法并不难，难就难在管理者要做到持续关注和分析，这是一个重要的管理行为。并不是说每天跑到一线带领员工"冲锋陷阵"才是管理，在"帷幄"中的"运筹"，更是"决胜千里"的法宝。

8 与竞争对手对比

当发现公司的某项数据有些不对劲，或想要看看同行是如何运作的，那么对竞争对手的数据进行分析和对比就很有必要。

与同行业竞争对手的数据进行对比后，好多问题就变得异常透明了。前面我们还一直质疑这家公司的成本为何如此之低，但把数据与同行业其他几家公司放在一起看时，发现大家这一项数值其实差不多。如图 11-14 所示，表中的第一列数据是我们前面提到的生物公司 C 公司的，后面三列是同行业另外三家生物公司的，分别为 H 公司、K 公司、Z 公司。成本率最低的为 11.74%，最高的为 37.58%，这四家中收入最高的毛利率最低，收入最低的毛利率反而最高，这还真是一个利润率相当可观的行业。这四家公司对销售的依赖度都比较高，K 公司销售费用销售收入的比例高达 53.00%，尽管其销售收入在四家公司中最低，但其销售费用无论是绝对值还是占比都远超另外几家，这在上市公司里也并不多见。

项目	C公司	H公司	K公司	Z公司	C公司占比	H公司占比	K公司占比	Z公司占比
一、营业总收入	155,337.39	236,817.66	116,117.58	134,256.86	100.00%	100.00%	100.00%	100.00%
营业收入	155,337.39	236,817.66	116,117.58	134,256.86	100.00%	100.00%	100.00%	100.00%
二、营业总成本	96,720.57	153,062.15	96,140.85	83,723.90	62.26%	64.63%	82.80%	62.36%
营业成本	20,897.81	89,003.14	13,633.49	28,806.15	13.45%	37.58%	11.74%	21.46%
营业税金及附加	949.16	2,510.43	701.07	1,219.60	0.61%	1.06%	0.60%	0.91%
销售费用	58,296.17	26,769.88	61,541.88	31,434.01	37.53%	11.30%	53.00%	23.41%
管理费用	15,388.90	28,839.29	18,192.91	18,732.74	9.91%	12.18%	15.67%	13.95%
财务费用	7.46	-742.89	202.44	-1,209.22	0.00%	-0.31%	0.17%	-0.90%
资产减值损失	1,181.06	6,682.31	1,869.06	4,740.62	0.76%	2.82%	1.61%	3.53%
公允价值变动收益	-	-	-	-				
投资收益	7,422.90	6,982.17	188.00	-	4.78%	2.95%	0.16%	
其中:对联营企业和合营企业的投资收益	-12.30	882.25	-	-	-0.01%	0.37%		
三、营业利润	66,585.80	91,601.00	24,216.17	51,224.05	42.87%	38.68%	20.85%	38.15%
营业外收入	7.18	1,174.63	85.74	72.25	0.00%	0.50%	0.07%	0.05%
营业外支出	146.83	427.07	503.45	828.20	0.09%	0.18%	0.43%	0.62%
非流动资产处置损失	-	-	-	-				
四、利润总额	66,446.15	92,348.56	23,798.46	50,468.11	42.78%	39.00%	20.50%	37.59%
所得税费用	9,679.04	11,978.94	2,328.12	7,240.57	6.23%	5.06%	2.00%	5.39%
五、净利润	56,767.11	80,369.62	21,470.35	43,227.54	36.54%	33.94%	18.49%	32.20%

（单位：万元）

图 11-14　利润结构竞争对手间同期对比

跟同行对比还有一个好处就是，可以看出对手哪些地方比自己强，哪些地方不如自己，哪些地方是对手的潜在发力点，这些在财务数据中都会有所体现。当几家公司规模不同的时候，比较绝对值时意义不大，但相对值是可以用来比较的，如报表项目的占比、各年各期的变动比例等。

如果几家公司的规模相当，有些绝对值的比较就很有意义，如对比这几家公司的现金流量表，就可以看出每家公司的经营模式。如图 11-15 所示，C 公司经营净现金流 4.86 亿元，在四家公司中最高，也是占销售商品、提供劳务收到的现金比例最高的一家。从整体上来说，这四家公司的盈利能力都很强，而这四家公司无一例外都在对外投资上做了很多投入。前两家公司已经不再借款，自有资金足够支撑日常开支和对外投资。后两家公司还要依靠一些借款，而且后两家公司的筹集资金主要被对外投资占用，日常的资金状况可以自给自足。

项目	C公司	H公司	K公司	Z公司	C公司占比	H公司占比	K公司占比	Z公司占比
一、经营活动产生的现金流量								
销售商品、提供劳务收到的现金	145,025.54	172,964.79	91,751.63	96,560.30	100.00%	100.00%	100.00%	100.00%
收到的税费返还					-	-	-	-
收到的其他与经营活动有关的现金	7,954.56	6,309.85	9,948.63	3,774.97	5.48%	3.65%	10.84%	3.91%
经营活动现金流入小计	152,980.11	179,274.64	101,700.27	100,335.27	105.48%	103.65%	110.84%	103.91%
购买商品、接受劳务支付的现金	19,664.14	84,915.45	15,297.55	22,538.46	13.56%	49.09%	16.67%	23.34%
支付给职工以及为职工支付的现金	10,098.07	23,477.65	10,878.24	15,475.78	6.96%	13.57%	11.86%	16.03%
支付的各项税费	17,293.64	26,939.19	6,724.66	10,223.71	11.92%	15.57%	7.33%	10.59%
支付的其他与经营活动有关的现金	57,335.22	26,200.60	53,401.36	31,736.35	39.53%	15.15%	58.20%	32.87%
经营活动现金流出小计	104,391.09	161,532.89	86,301.81	79,974.30	71.98%	93.39%	94.06%	82.82%
经营活动产生的现金流量净额	48,589.01	17,741.75	15,398.46	20,360.97	33.50%	10.26%	16.78%	21.09%
二、投资活动产生的现金流量：								
收回投资所收到的现金	1,149.12	525,497.00	-	-	0.79%	303.82%		
取得投资收益所收到的现金	7,858.31	6,099.91	188.00	-	5.42%	3.53%	0.20%	
处置固定资产、无形资产和其他长期资产所收回的现金净额	59.22	720.76	2.93	19.16	0.04%	0.42%		0.02%
处置子公司及其他营业单位收到的现金净额	-	-	-	-				
收到的其他与投资活动有关的现金	848,615.79	-	-	128,000.00	585.15%		-	132.56%
投资活动现金流入小计	857,682.43	532,317.68	190.93	128,019.16	591.40%	307.76%	0.21%	132.58%
购建固定资产、无形资产和其他长期资产所支付的现金	31,900.95	10,853.52	18,963.77	23,084.55	22.00%	6.27%	20.67%	23.91%
投资所支付的现金	6,071.78	527,055.00	7,320.00	2,000.00	4.19%	304.72%	7.98%	2.07%
取得子公司及其他营业单位支付的现金净额	-	-	-	-				
支付的其他与投资活动有关的现金	858,200.00	-	-	128,000.00	591.76%		-	132.56%
投资活动现金流出小计	896,172.73	537,908.52	26,283.77	153,084.55	617.94%	310.99%	28.65%	158.54%
投资活动产生的现金流量净额	-38,490.29	-5,590.84	-26,092.84	-25,065.39	-26.54%	-3.23%	-28.44%	-25.96%
三、筹资活动产生的现金流量：								
吸收投资收到的现金	3,261.55	-	25,944.39	-	2.25%		28.28%	
其中：子公司吸收少数股东投资收到的现金	-	-	-	-				
取得借款收到的现金	-	-	6,506.55	26,000.00	-		7.09%	26.93%
发行债券收到的现金	-	-	-	-				
收到其他与筹资活动有关的现金	-	-	943.39	30,452.41	-		1.03%	31.54%
筹资活动现金流入小计	3,261.55	-	33,394.33	56,452.41	2.25%		36.40%	58.46%
偿还债务支付的现金	550.00	-	12,092.31	-	0.38%		13.18%	
分配股利、利润或偿付利息所支付的现金	28,961.31	39,703.51	4,308.66	2,346.46	19.97%	22.95%	4.70%	2.43%
其中：子公司支付给少数股东的股利、利润	-	-	-	-				
支付其他与筹资活动有关的现金	-	-	2,308.32	39,883.74	-		2.52%	41.30%
筹资活动现金流出小计	29,511.31	39,703.51	18,709.28	42,230.20	20.35%	22.95%	20.39%	43.73%
筹资活动产生的现金流量净额	-26,249.76	-39,703.51	14,685.05	14,222.21	-18.10%	-22.95%	16.01%	14.73%
汇率变动对现金及现金等价物的影响	-250.97	2.77	-2.84	-169.87	-0.17%	0.00%	-0.00%	-0.18%
现金及现金等价物净增加额	-16,402.00	-27,549.82	3,987.82	9,347.92	-11.31%	-15.93%	4.35%	9.68%
期初现金及现金等价物余额	37,943.60	47,336.57	10,518.18	65,772.28	26.16%	27.37%	11.46%	68.12%
期末现金及现金等价物余额	21,541.60	19,786.75	14,506.01	75,120.20	14.85%	11.44%	15.81%	77.80%

（单位：万元）

图 11-15 现金流竞争对手同期对比

不用任何财务专业指标的数据分析,很多运营高手仅仅凭借对这些对比、环比、同比进行数据分析,就能把公司管理得井井有条。

我曾经认识一位零售企业总裁,他管理自己企业时大量运用这些数字的对比、环比等,鉴于零售行业的中层管理者普遍销售能力强但缺乏管理经验,这位总裁就用这些数字对比帮助每一位中层管理者建立管理思维,关注每天的数字变化,并挖掘这些变化产生的原因,最终使一家常年亏损的企业逐渐扭亏为盈,并且持续多年保持很好的利润率。

 本章思维导图

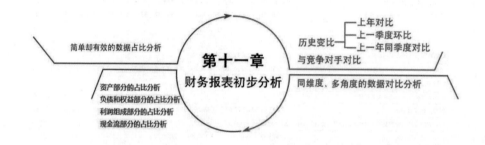

图 11-16　本章思维导图

 学习清单

(1)对于你需要分析的报表数据,尽量多找与之对比的数据,如上期数据、历史数据、历史同期数据、预算、竞争对手数据等。

(2)将所有需要对比的数据尽量放在同一个表格中进行查看和计算,发现占比大的和变比大的项目重点关注。

(3)针对重点项目,逐层进行深挖式分析并提出疑问,建立自己的报表分析逻辑。

财务报表指标分析

第十二章

本章概括

　　财务指标一直备受重视，它就像一把神秘的钥匙，一旦插对了锁扣，就会揭开很多隐藏的秘密。

　　许多财务指标都是在三大财务报表各个项目中寻找到相关的逻辑关系并加以计算得出来，最后又把这种逻辑关系用数字呈现出来。只要掌握了这些指标的原理，以及这些指标大约处在哪些区间才比较合理，那么财务指标这把钥匙你就算握在手里了。

　　互联网上有人编制出上百个财务指标，但因为实在太多了，而且每个指标都有不同的维度，如果不是逐个学习，恐怕很难在短时间内掌握。本章根据公司管理的需要，从中选取出计算简单、分析效果明显，且数据容易获取的五个指标，而对普通公司的三大财务报表数据分析正集中体现在这五个方面，即获利能力分析指标、短期经营管理指标、长期风险管控指标、资产管理效率指标、现金流效果指标。若是上市公司，还可以考虑与市值管理有关的各类分析指标，因为上市公司有公开的股票价格，以此测算相对公允的市场价值更有意义。

　　本章重点讲述对于所有公司都适用的前五个指标，并从每一个大类中选取其中最具代表性的一个作为重点。只要掌握了这五个指标的计算，再进行管理分析就能取得相当大的收效。而且这五个指标又可以延伸出许多其他指标，即可进行相同角度、不同维度的计算分析。熟练掌握这五个指标相当于掌握了三十几个指标，用这种方法比单纯在网络上收藏上百个指标更加实际。

一 股东权益报酬率：考量公司获利能力的指标

股东权益报酬率，又称净资产收益率，作用是分析属于股东的权益或净资产能获得多少利润。这个指标是非常重要，也是非常著名的分析指标，同时也是"杜邦分析法"的最终计算结果，我们在后面讲到"杜邦分析法"时会重点讲述。

1 计算公式

股东权益报酬率＝净利润 ÷ 股东权益平均值

股东权益平均值，通常是用年初的股东权益，加年末的股东权益，再除以二得出。为什么要把股东权益做期初、期末之和的平均呢？

这就需要考虑三大报表的时点与时期的区别。我们前面讲过，资产负债表是时点表，是某一个时点的数字，不是某一个期间的数字；而利润表和现金流量表是时期表，是某一段时期的累计数，而不是某一个时点的数字。这两类数字如果想要在同一个平台上进行对比分析，就一定要统一口径，也就是需要把"时点数"转换为"时期数"。当资产负债表中的数字从期初一直变化到期末的时候，其原理一定是每一个时刻这个数字都在变化，每一个变化的数字都会影响数值的分析结果，但如果这样精确就没法真正完成分析工作了。为了兼顾数字的变化和操作流程的简洁，于是财务分析普遍采用的方法就是用某一个时段的期初值与期末值相加再除以二，将时点数转换为时期数，再与真正的时期数做分析。

考量一家公司好不好，最直接的指标就是看它赚不赚钱，能赚多少钱。

赚不赚钱就看利润表中的净利润，只要不是负数就赚钱了。可是作为股东，你怎么判断把钱放在这里，与放在其他地方，哪个更划算呢？或者进一步说，我把钱放在这里需要等多久才能翻倍呢？股东权益报酬率就可以回答这些问题了。股东权益报酬率计算的是属于股东的净资产与盈利的比例关系。比如，你手里有一部分资金是考虑投资股票、投资基金，还是放在银行存定期呢？

如果你存五年定期，年利率在 2.75% 左右（以 2019 年中国银行存款利率为例），那么这个比例对于投资来说是非常低的。在理财中有一个 72 法则，即当你的投资利率在 10% 的时候，你的本金在 7.2 年时可以翻一倍（72÷10=7.2 年）。当年利率在 2.75% 时，你的本金翻一倍的年限是 72÷2.75=26 年，这对于投资人来说周期太长，所以投资人一般是不愿把资金放在银行里存定期的。不过存在银行里最大的好处就是几乎没有风险。

基金的利率比银行定期高得多，不过基金是有风险的，很可能连本金都保不住。基金的年化收益率普遍在 3%~7%，以 5% 为例，那么按 72 法则测算，本金翻一倍的年限是 72÷5=14.4 年，比定期好很多。虽然有风险，但比起股票，风险还是相对低一些。

如图 12-1 所示，如果你第五年投资了 C 公司，它的回报率约为 15%，那么按 72 法则计算得出，属于你的投资资产翻一倍的年限是 72÷15%=4.8 年，看起来是很不错的回报率。不过，也要考虑股票极大的风险和不确定性。而 C 公司第二年的股东权益报酬率只有 2%，还不如存银行定期，所以经营稳定性也是需要慎重考量的。如果你查看 C 公司更早年度的报表，会发现某一年有接近 40% 的回报率，这个盈利能力实在太强大。股票投资的风险比较高，企业经营状况的财务表现都会在报表中有所体现，如果持续几年关注公司的发展，就不难判断这家公司的经营是否稳定，以及管理层是否真的有能力让股东的钱持续稳定地增长。所以这个指标一定不能孤立地看，一定要对比历年经营情况，同时对比同行业竞争对手的数据，这样综合分析才会有效。

项目	第五年	第四年	第三年	第二年	第一年
股东权益报酬率	15.22%	12.48%	14.66%	2.00%	5.14%

图 12-1 C 公司股东权益报酬率

如图 12-2 所示，对比同行业的四家公司股东权益报酬率可以看出，H 公司的指标相对稳定一些，近五年始终保持在 15% 以上。而 K 公司的指标保持了极强的增长性，每年都在递增，从几乎没有收益到年回报率超 23%，是非常高速的增长。这两家公司都是表现不错的公司。

公司名称	第五年	第四年	第三年	第二年	第一年	第五年变化	第四年变化	第三年变化	第二年变化
C公司	15.22%	12.48%	14.66%	2.00%	5.14%	2.74%	-2.19%	12.66%	-3.14%
H公司	17.33%	18.54%	15.48%	15.51%	15.49%	-1.22%	3.06%	-0.03%	0.02%
K公司	23.78%	12.48%	10.21%	6.52%	0.38%	11.30%	2.27%	3.69%	6.14%
Z公司	15.84%	1.30%	8.01%	6.11%	5.47%	14.53%	-6.71%	1.91%	0.64%

图 12-2 竞争对手间对比股东权益报酬率

从稳定性上讲，H 公司常年保持 15% 以上的回报率，这对投资人来说是很稳妥的资金去向。如果公司经营上没有太大变故，那么很有可能会持续获得这样的回报，72÷15=4.8 年就可以将本金翻倍，这在动荡的股市中算是相对稳定的投资回报。而高增长是有局限性的，任何一家公司都不可能永久性地持续高增长。以 K 公司为例，其股东权益报酬率从第一年的

0.38% 一直增长到第五年的 23.78%，我们设想一下，如果持续增长，几年以后这个数字不断扩大，就会无限接近 100%，也就代表分子净利润会无限接近分母股东权益，这种数据在成熟公司里是极其罕见的，甚至是不可复现的。就好比你拿出 1 亿元做了投资，每年都能额外赚回 1 亿元，这种回报率是不可能持续存在的，一定会恢复到某一个社会经济增长的相对均衡水平，否则就一定会在某一个时点突发危机。

再看其他两家公司，股东权益报酬率高的时候有 15%，低的时候还不到 2%，像过山车一样。或许炒买炒卖股票的人会喜欢这样的企业，因为每年都会储存势能、释放势能。尽管每年也都在赚钱，但企业经营利润的忽高忽低并不是成熟的表现，反而暴露了公司经营的被动性和局部的无助性。任何一个管理者都不想让自己管理的企业始终处在这种被动状态，也更加不想让自己企业的利润忽高忽低，因为作为企业的"管家"，要因此向股东作很多额外的解释，甚至会危及自己的职位。而对于股东或股民来说，能够找到一个稳定的价值投资目标其实并不容易，至少目前股市里有太多公司的稳定性出了问题。持续的高增长也可能会带来更大的代价，而股价波动本身已经成为购买股票的最大代价，公司往往因此忽略了对股票本身真正承载价值的公司经营与管理。

回到报表指标本身，股东权益报酬率的计算非常简单，等于净利润除以股东权益平均值。这些数字在报表中很容易找到，有时为了计算简单，甚至把股东权益平均值就改为当期末的股东权益值来计算，前提是当年股东权益的波动不太大，这样的做法才是可行的。因为这样的取数，会计计算变得更简单，特别是针对众多上市公司一起进行大数据分析的时候，如果每一次计算都要找到这个期间的期初、期末数字来平均，相当于工作量和计算量都增加了好几倍。其实，只要每次计算的口径是一样的，也能看出一家公司的发展趋势。

对财务报表进行分析，切忌过于精细，真正的财务报表分析如果太纠结细节，往往导致报表分析无法真正达到效果。分析财务报表的目标是发现逻辑上的趋势和合理性考量，只要能实现这些目标就可以了，花更大的精力研究这些数字形成的原因，才是真正有价值的工作。所以财报分析的根本并不在于数字本身，而在于这些数字所反映的企业经营管理状况。想要建立从数字切换到经营的这种思维模式不容易，一旦建立起这种思维模式，就真的找到了分析财报的神秘钥匙。

❷ 扩展指标

由股东权益报酬率可以扩展出其他指标，在股东权益报酬率的计算公式里有净利润和股东权益，前面已经讲过，有净利润可以计算净利率，而股东权益 = 总资产 – 总负债，股东权益＝股东投入＋经营赚取，股东投入＝实收资本＋资本公积。所以至少可以扩展出以下几个指标。

（1）净利率

净利率 ＝ 净利润 ÷ 营业收入

净利率几乎是所有人都知道的一个财务指标，将股东权益报酬率的分母更换为营业收入，就可以计算得到净利率。净利率是表述净利润占营业收入比重的指标，可以考量公司的盈利能力。净利率与股东权益报酬率的区别在于，考量的范围不同。股东权益报酬率是看股东的净资产盈利能力，如果一家公司负债巨大而股东投入甚少，那么盈利时，股东权益报酬率会显得相对较高；如果这家公司没有贷款，甚至没有任何负债，那么盈利时股东权益报酬率并不会显得太高。而净利率仅考虑市场投入规模的盈利能力，不管这个钱是股东投的、银行贷的，还是之前赚的，都要求把在整个市场上的销售收入作为计算范围，考量公司经营的盈利能力。

有一些投资高手更喜欢把分母更换为毛利润（毛利润＝营业收入－营业成本），以此来考量净利润在毛利润中占的比例，我们可以称之为毛利润净利率。这个名称有点拗口，不过不要小瞧这个指标，巴菲特做投资的时候很喜欢用这个指标来分析公司盈利能力。

（2）资本金收益率

资本金收益率 ＝ 净利润 ÷ 实收资本平均值

将股东权益报酬率的分母更换为实收资本（股东按照工商部门登记的应当投入公司资金的金额而实际投入的那部分），就可以计算得到资本金收益率。实收资本依然是期初和期末之和的平均值。

这个指标的初始用意是了解每一个股东以实际到账的注册资本为基础能赚到多少利润。中国公司目前的注册资本并非"实缴制"，也就是说，在成立公司的时候不必保证所有注册资本全部到位，而是限定在某一个很长时期内到账即可。对于公司的财务经营价值而言，只有到账的注册资本才能为公司贡献资金，没有到账就没有贡献，所以这里使用的是实际到账的注册资本金。

考虑到当下很多投资人愿意以比股权原值更高的价格投资某一家公司，也就是用更多的现金来购买公司较少的股份，股东真正投入公司的现金就与实收资本不一致了，还需要加上资本公积部分。此时就需要把公式里的分母进一步扩展，将实收资本更换为股东投入（实收资本＋资本公积），计算结果我们可以称之为股东原始投入回报率。这样的计算更能够体现股东真实付出的代价和获得的回报，或者说是股东投入公司的资金和这家公司利用这些资金真正获利的能力。

（3）总资产净利率

总资产净利率 = 净利润 ÷ 总资产平均值

将股东权益报酬率的分母替换为总资产平均值，计算结果就变成总资产利润率，这也属于调整计算范围的模式。从股东权益到总资产，中间只是增加了总负债，相当于举公司全资产之力来考量公司的整体盈利能力，即在这么多资产下公司能够获得多少利润。

（4）总资产利润率

总资产利润率 = 息税前利润 ÷ 总资产平均值

如果进一步将净利润更换为息税前利润，就成为财务分析中著名的 EBIT（Earnings Before Interest and Tax），意为没有扣减贷款利息和企业所得税的利润。

为什么要把净利润调整成息税前利润呢？这之间的差别究竟是什么？

在企业经营过程中，有两项费用负担基本上与企业经营能力关系不大，一个是贷款利息，另一个是所得税。如果股东提供了足够的资金，那么公司就不需要贷款，所以贷款利息的负担与经营本身关系不大，把利息去掉才能更加客观地体现公司本身的盈利能力。企业所得税也是一样，所得税的税率高低只与企业的身份有关，如，中国在很长一段时期企业的所得税税率都是 25%，如果是高新技术企业则税率变为 15%，如果是小型微利企业则税率就变为10% 甚至更低，而如果这家公司处于有税收优惠政策的地带（如霍尔果斯），那么企业所得税则享受"五免五减半"，即五年内所得税是零，而不管盈利多少（上述税率依据 2019 年中国企业所得税政策）。这样看来，所得税并不是企业经营者能够左右的，与管理能力关系不大，而所得税又是影响净利润的重要数据，为了能客观地体现因经营者管理而生成的利润，需要把所得税也去掉。如此一来，就形成了息税前利润。当一个分析指标体现出息税前利润的时候，大多数是为了评价企业管理层的经营能力。

有人会问，为什么计算股东权益报酬率不用息税前利润呢？这是因为角度不同。股东权益报酬率是站在股东的角度考虑回报，股东不关心企业的经营负担是来源于身份还是其他，最终是为了把属于股东的利润赚到，所以就只需考虑净利润。对于经营者来说，不能将自己不能左右的指标强加给管理者，就算强加也无法改变现状，所以把这部分去除掉才能更加客观地反映其真实的经营管理能力。

本节我们重点需要学习和掌握的指标就是股东权益报酬率，如果能够熟练掌握股东权益报酬率指标，后续很多学习都可以在此基础上融会贯通，这相当于掌握了一个扩展性很强的根基性指标。

 流动比率：考量公司结构化资金管控和短期偿债能力的指标

1 计算公式

流动比率 = 流动资产 ÷ 流动负债

流动资产和流动负债在资产负债表中都可以直接找到。流动资产在资产负债表左侧资产的中间位置，流动负债在资产负债表右侧上方负债的中间位置。这个指标的计算原理就是看公司现有的流动资产能否覆盖所有的流动负债。简单举例来说，一旦供应商、债权人、员工同时向公司要钱，如果公司能够在短时间内变卖一些变现能力强的资产加以偿还，而不会因资不抵债而引发破产，那么就说明流动资产可以覆盖流动负债；反之，则不能覆盖。通常流动比率保持在 2 以上，会比较安全，当然这也要看不同行业的。

如图 12-3 所示，我们选取 C 公司的报表数据，查看其连续几年的流动比率。这几年的流动比率都大大超过 2，甚至还有超过 10 的情况，说明 C 公司的流动资产远远大于流动负债，短期偿债能力非常强。从这个指标来看，C 公司的流动负债是相对较少的。那么，是不是 C 公司所在的行业普遍都是这样的状况呢？

项目	第五年	第四年	第三年	第二年	第一年
流动比率(倍数)	6.12	7.90	8.21	10.17	10.12

图 12-3　C 公司流动比率

如图 12-4 所示，我们选取与 C 公司处于相同行业的几家上市公司做对比，除了 K 公司之外，其他几家公司在几年内都出现过流动资产高于流动负债 10 倍以上的情况，有的甚至接近 20 倍，说明这个行业的经营普遍较少借用流动负债，资金相对充沛，较少长期拖欠供应商的货款，市场销售情况很好。所以仅从这个指标来看，这几家公司都不算太差。在四家公司中，只有 K 公司的流动比率倍数常年保持在 1.2~1.6，如果单独看这一家公司的这一指标，还算可以，毕竟没有低于 1。但如果放在同行业对比，很明显就能看出在这家公司的资产负债结构中，短期负债偏高，其原因很可能是过于依赖外部贷款来扩大市场。当然，这并不是对这家公司的分析结论，而是一个线索，可以引导管理者更加深入地挖掘底层真正的原因。

公司名称	第五年(倍数)	第四年(倍数)	第三年(倍数)	第二年(倍数)	第一年(倍数)	第五年变化	第四年变化	第三年变化	第二年变化
C公司	6.12	7.90	8.21	10.17	10.12	-178.63%	-30.75%	-195.36%	4.90%
H公司	9.73	14.80	19.33	18.75	7.08	-507.05%	-453.06%	58.07%	1,166.65%
K公司	1.27	1.42	1.46	1.59	1.43	-14.19%	-4.79%	-12.58%	15.64%
Z公司	2.14	11.31	10.84	12.39	12.68	-917.74%	47.77%	-154.87%	-28.95%

图 12-4　竞争对手间对比流动比率

如果我们把上述两个指标叠加起来分析，即把股东权益报酬率和流动比率放在一起来看，又可以呈现出不同的场景。

C 公司和 Z 公司的股东权益报酬率都起起伏伏，C 公司在前两年利率很低的时候流动比率倍数超过 10，而 Z 公司在最新一年的股东权益报酬率从个位数突然变为 15% 以上（见图 12-2），流动比率则突然从历年的十几锐减到 2，这种信号管理者是不能不关注的。另外，H 公司的股东权益报酬率呈现平稳小幅增减的状态，而流动比率在连续三年保持 10 以上甚至接近 20 后，突然降为 10 以下，尽管从比例上看依然没有明显的风险信号，但还是呈现了下降的趋势，说明 H 公司要么是流动资产减少，要么是流动负债增加。K 公司的股东权益报酬率是逐年高速增长的，五年间从几乎不赚钱到股东权益回报率超过 23%，K 公司一定在销售上花费了很多精力，而流动负债中也显示存有大量应当支付给销售代理机构的服务费，这个数字接近这家公司流动负债的一半，由此可以看出，K 公司的确是在销售上下足了功夫。

如果对 K 公司的利润结构稍加关注就不难发现，这家公司用接近 3 倍的销售费用增长，换来了 2 倍的销售收入增长，同时换来了 2.5 倍的利润增长。看起来有点绕，其实就是说明在销售行为上的大量投入使销售收入与利润都增长了，而且从增幅的角度看，利润的增幅比收入的增幅更大。看来在这个行业想要做好市场，大量投入销售费用是一个很重要的方法。K 公司因为存有大量尚未支付的销售服务费，导致短期债务增大，也使流动比率持续下降。

❷ 扩展指标

（1）速动比率

速动比率＝速动资产÷流动负债

如果进一步缩小流动比例的范围，将流动资产更换为变现能力更强的速动资产，即货币资金、短期投资、应收账款及应收票据、预付款项、其他应收款等，则可以计算得出速动比率。要注意的是，速动资产不包括存货和其他流动资产，因为存货和其他流动资产的变现能力一定是相对比较弱的，相比于一些短期投资、有价证券和应收账款来说，存货想要在短期内变现，就只能降价打折，公司一样会蒙受损失，所以为了能更加实际地体现公司短期偿债能力，就将范围缩小到速动资产。速动比率倍数通常不低于 1 说明相对保险一些，即速动资产完全覆盖流动负债。

如图 12-5 所示，来看四家公司的速动比率。C 公司和 H 公司的速动比率始终都比较高，说明短期偿债能力相对不错。Z 公司常年速动比率倍数保持在 10 左右，突然在第五年下降到 1.55，这是一个比较大的下滑，与流动比率表现出一致的状况。而第三家公司速动比率倍数在 1 左右浮动，很符合常规人群的思维模式，看来 K 公司的内部管理很在意底线管控，尽量让所有状况都显得正常，或者说，这家公司的内控绩效的标准很明显。

公司名称	第五年(倍数)	第四年(倍数)	第三年(倍数)	第二年(倍数)	第一年(倍数)	第五年变化	第四年变化	第三年变化	第二年变化
C公司	2.05	2.58	7.47	4.64	6.75	-53.41%	-489.06%	282.96%	-210.25%
H公司	3.12	4.45	4.10	6.60	4.07	-132.76%	35.09%	-249.58%	252.47%
K公司	0.91	1.01	1.02	1.12	0.84	-9.34%	-1.83%	-9.09%	27.58%
Z公司	1.55	10.24	9.97	11.17	11.50	-869.57%	27.09%	-120.12%	-32.94%

图 12-5　竞争对手间对比速动比率

从整体上看，这个行业普遍都是流动资产远大于流动负债的情况，速动资产也基本上远大于流动负债，这在一定程度上反映出此行业的运行规则。如果你有兴趣将自己公司的数据与上市公司同口径的数据做一个对比分析，同样选取连续几年的数据，很容易就能看出许多情况。任何企业都会有自己的个性和特点，我们做数字的对比分析目的不是比谁牛，而是看行业规律中是否有可以借鉴的地方，看竞争对手是否有值得自己学习的地方，也可以检验自己哪些方面已经做得不错，哪些方面还需要加强，等等。参照上市公司数据的最大好处就是，但凡有点追求的上市公司都希望自己表现得比较完美，所以会按照大众能够接受的形象来塑造自己，这其实是在打造行业标杆，这难道不是最好的绩效目标吗？在你的公司规模还很小的时候，把上市公司的经营数据当作标杆和方向并朝之努力，是很具体的动力；当你逐渐能够赶上甚至超过上市公司时，说不定你也就具备 IPO（Initial Public Offerings，首次公开募股）的能力了呢！

（2）现金比率

现金比率 ＝（货币资金＋有价证券）÷ 流动负债

如果把速动比率的范围再进一步缩小，将速动资产直接更换成现金（当然这里需要加上能够随时变现的有价证券，如在公开市场买卖的股票、债券等），计算即可得到现金比率。现金比率的目的是万一公司所有供应商、员工、银行短期债主同时来向公司要债，公司能否一次性完整负担而不会倒闭。

坦白地说，这个指标只有理论参考的意义。一般企业一旦有足够的现金，除去能够支付未来 3~6 个月的日常采购和开支以后，一定会把多出来的现金做投资或进行更大的发展投入，因为长期把大量现金放在账上而不做任何管理，其实是在浪费公司资源。另外，如果公司将大量资金全部用于购买有价证券而非谋求公司更大的发展，其实也算浪费了机会成本。原因是，如果公司能赚到如此多的现金，那么扩大市场规模或许比从金融市场买卖股票、债券要更加赚钱，而且你了解自己的市场，知道如何能够成功，远比把钱投给其他公司更实际、更安全，所以，现金比率如果太高反而会让人质疑公司管理层是否在认真经营，是否只考虑打短线、赚小钱，而不做长远规划。所以这个指标仅供参考，不要太苛求这个数字究竟是多少最合适。

如图 12-6 所示，再次将这四家公司的数据展示出来看一下现金比率。C 公司在连续三年现金比率超过 3 倍以后，第四年降到了 1 倍以下，看起来是现金的大量减少，实际上看公司报表就不难发现，其实公司只是将资金放到了银行理财产品里，而这个理财产品在资产负债表被放入了"其他流动资产"的项目中核算。那是不是这个理财产品也应当放在现金里核算呢？这就不一定了。因为一些理财产品并不能够随时支取，不到期是无法取出，这样的理财产品就不属于现金行列。

公司名称	第五年(倍数)	第四年(倍数)	第三年(倍数)	第二年(倍数)	第一年(倍数)	第五年变化	第四年变化	第三年变化	第二年变化
C公司	0.47	0.97	6.08	3.75	5.92	-50.12%	-510.91%	232.95%	-217.04%
H公司	0.55	2.26	2.65	5.03	3.11	-171.39%	-38.96%	-237.72%	191.35%
K公司	0.21	0.27	0.47	0.64	0.29	-6.52%	-20.39%	-16.74%	35.36%
Z公司	0.82	6.55	6.46	7.81	8.76	-572.84%	8.95%	-135.21%	-95.03%

图 12-6 竞争对手间对比现金比率

以上的比率分析是为了给报表使用者提供更多的角度来思考和发现问题，最终还是要回归到真实的业务当中。因为用数字说明数字，这种分析只在课堂上有用，到了企业，没有业务作为基础就没有真实用处了。我们分析报表、分析财务、分析公司所有数据的目的是为企业管理服务，为企业经营发展服务。财务人员一定也要懂业务，懂企业经营，这样分析出来的数据才能"有血有肉"，才是以真实业务为基础的数据分析，才能被管理者所看重。

 ## 三　资产负债率：考量公司长期偿债能力及整体风险的指标

1　计算公式

资产负债率 ＝ 负债总额 ÷ 资产总额

　　资产负债率也称负债率，是最常见的财务报表分析指标之一，甚至很多人把知道资产负债率当作自己懂财务的一个标准。的确，资产负债率的重要程度绝不亚于净利率。净利率考量的是公司盈利能力，而资产负债率考量的则是企业整体健康状况。就像你看身材、看脸色就能大体上对一个人的健康状况有一个初步判断一样，资产负债率体现的就是一家企业整体的健康状况，当然也要注意区分不同的行业。

　　经过前面的学习，我们都已经很熟悉资产负债表的结构和逻辑关系，即资产总额 ＝ 负债总额 ＋ 所有者权益总额。用负债总额除以资产总额，即可计算出在整体企业中负债占总资产中的比例。如果占比过高，说明股东投入太少，一旦公司面临资金危机，而股东投入公司或经营赚取的钱无法覆盖所有负债，就有可能导致公司陷入危机。如果负债占比过低，则代表公司很少用借款或欠款来扩大经营，也就是没有合理使用债务杠杆来让公司创造更多财富。那么占比多少才算好呢？这就要根据行业不同的性质来作判断了。比如，银行业和房地产开发业等都大量使用储户的存款或金融机构的贷款，这些会在财务报表的负债中体现，所以这些行业的资产负债率特别高，很多超过 90%，也就是说，负债占总资产的 90% 以上。而另外一些行业则很少使用外债，可能是这些行业现金盈利非常好，不缺钱；也可能是股东看好此行业，投入了足够多的现金，不需要向银行贷款；还可能是自身产业链处于劣势地位，不太容易获得银行的贷款。不管是不缺钱，还是没能力获得贷款，都是资产负债率低的原因。所以，当看到一家公司资产负债率非常低的时候，就需要想到两种可能性，即公司太赚钱或股东投入的钱很多而不需要借银行的钱，以及公司盈利能力太弱、规模太小，银行不太可能贷款给该公司。

如图 12-7 所示，我们来看 C 公司的资产负债率。从第一年开始，公司的负债率就在10% 左右波动，是非常低的比率，说明这家公司这几年的发展不太依靠银行贷款，而主要依靠股东投入的资金及自身经营赚取的资金。

项目	第五年	第四年	第三年	第二年	第一年
资产负债率	14.07%	11.27%	11.03%	9.31%	8.95%

图 12-7　C 公司资产负债率

无论是投资人还是金融机构，都喜欢资产负债率比较低的企业，这样的企业融资空间比较大，风险相对没有那么高。当然，这里的风险也只是相对的，因为导致一个公司出现危机的绝不仅是从外表上看得到的原因，就好像某个人从外表看很健康但实际上得了绝症，有些内在的病是没法从外表上看出来的。不过，如果连外表看起来都已经不健康了，就很少再有人坚信此人身体没问题了。企业的状况与此相似，虽然不能仅以资产负债率高低判断一家企业的健康状况，但至少可以通过资产负债率结合同行业的普遍状况来初步判断这家企业是否健康。所以资产负债率不仅要看历史的发展，也要看同行其他公司的状况，然后综合比较，加以判断。

如图 12-8 所示，把这四家公司五年来的数据放在一起对比可以看出差异，H 公司资产负债率不足 10%，甚至低至 3.41%，这种资产负债率算非常低了。由此可以看出，H 公司属于典型的不缺钱的公司，股东投入的资本及每年盈利赚来的钱充足，支付供应商的钱也很及时，基本上不需要做额外的融资。而 K 公司则历年的资产负债率均超过 50%，跟 H 公司差异很大，同行业之间有如此大的差异，或许是因为初创人员对融资的理解和选择不同。可能 H 公司更在意股权融资，即股东投入，股权融资的代价是股权比例，是分配权，只有公司盈利了才能获得股权分红，不盈利则无法获得红利。如果公司盈利好，则股东获得的红利会远超银行贷款利息，只不过股东要承担的风险也相对更高一些，风险就在于如果公司盈利少甚至不盈利，股东就无法获得任何回报。而 K 公司比较在意债权融资，即银行贷款。银行贷款的代价是利息，是每年必须固定日期支付的、相对固定的金额。银行不会在意企业究竟赚不赚钱，只在意贷款额和利率。

公司名称	第五年	第四年	第三年	第二年	第一年	第五年变化	第四年变化	第三年变化	第二年变化
C公司	14.07%	11.27%	11.03%	9.31%	8.95%	2.80%	0.24%	1.72%	0.36%
H公司	7.23%	4.62%	3.41%	3.55%	9.13%	2.60%	1.21%	-0.14%	-5.58%
K公司	51.55%	54.09%	51.48%	56.50%	66.38%	-2.53%	2.60%	-5.01%	-9.88%
Z公司	28.46%	6.95%	7.92%	9.46%	7.67%	21.51%	-0.97%	-1.54%	1.78%

图 12-8　竞争对手间对比资产负债率

对于企业来说，如果自己的盈利能力很强，那么最好使用银行贷款，因为银行贷款的利率通常不会太高，如果企业资信好，随时都可以获得银行贷款。如果公司经营风险比较大或不确定将来的盈利能否达到预期，则更建议通过股权融资，这样利益就捆绑在一起，在不赚钱的时候，这些资金就相当于没有成本，而赚钱以后大家分红也是在净利润的基础上进行分配，在报表上不影响利润（贷款利息是会减少利润的）。

再来看 C 公司和 Z 公司的资产负债率，其常年均保持在 10% 上下，不过 Z 公司在最后一年出现反常现象，常年不足 10% 的资产负债率突然锐增到接近 30%，这是一个不同寻常的信号。如果你是对这家公司经营有敏感度的人，那么最好仔细研读该公司的财报，看一下这家公司究竟出现了什么问题。

如果把前面三个分析指标即股东权益报酬率、流动比率、资产负债率全部叠加起来分析，或许又会呈现不一样的视角。

下面以 C 公司为例进行讲解。C 公司前两年的盈利状况很差，资产负债率也很低，流动比率却很高，仅从数字上看，可能是因为这家公司早年的市场状况一般，也可能是没有利用债务杠杆来扩大市场经营；而第三年资产负债率开始提高，开始有一些债务了（暂且不管是欠银行的还是欠供应商的，总之是利用债务扩大市场的行为），结果出现了利润骤增的场面，流动比率也开始下降，几个指标的变化是如此地相辅相成，几乎可以进行互相的合理性验证。

K 公司与其他几家公司的做法不一样，相比而言，K 公司大量利用了债务杠杆来扩大市场经营，而每年的市场经营也非常争气，尽管资产负债率都超过 50%，流动比率看起来有点捉襟见肘，但市场利润也展现出了高速增长的局面。如果这家公司没有其他隐患的话，说明这家公司管理偏向爆发式增长，而且对于财务管控也显示出了足够的控制力。

2　扩展指标

资产负债率体现的是资产总额、负债总额和股东权益（也叫所有者权益、净资产）三者之间的比例关系，那么如果将这三个数字位置相互变换一下，就会产生如下几个指标。

（1）产权比率

产权比率 = 负债总额 ÷ 所有者权益总额

产权比率就是看总负债是总权益的多少倍，或者说看所有者权益能否承载总负债。产权比率其实本质上与资产负债率没有什么差别，只是展示的方式不同。就像是一个班里分为 A 组和 B 组，各有不同的人数，资产负债率就是展示 A 组人数占总人数的比例；而产权比率就是用 A 组人数除以 B 组人数，来看这两组之间的比例关系。建议读者在学会熟练运用各类指标之前，重点掌握资产负债率，对于产权比率，大致了解即可。

（2）权益乘数

权益乘数 = 1 ÷ (1 − 资产负债率) = 总资产 ÷ 所有者权益总额

权益乘数的变换公式如下。

1 − 资产负债率 = 1 − 总负债 ÷ 总资产 = 总权益 ÷ 总资产

1 ÷ (1 − 资产负债率) = 总资产 ÷ 总权益

权益乘数也是资产负债率的不同展现形式。还是以一个班里的两个分组为例，资产负债率是考量 A 组人数占全班人数的比重，而权益乘数则考量全班人数是 B 组人数的几倍。从计算上看，只是换了一个角度，本质上与资产负债率没有差异。不过，在著名的"杜邦分析法"中会用到权益乘数来计算，这个后面会进行讲解。

（3）有形净值债务比率

有形净值债务比率 = 负债总额 ÷ (所有者权益 − 无形资产 − 递延资产)

这个公式是产权比率的变形，是将所有者权益做了进一步的范围缩小。无形资产和递延资产都是企业资产中的非有形资产，通常的理解是，这些资产对企业债务清偿的贡献度不高，用所有者权益减掉所有的非有形资产，来查看所有者权益是否能够承载负债总额即可。

（4）营运资金长期负债比率

营运资金长期负债比率 = (流动资产 − 流动负债) ÷ 长期负债

流动资产 − 流动负债 = 营运资金。营运资金长期负债比率，相当于看流动资产覆盖流动负债以后的净额能否覆盖长期负债，或者说是占长期负债的比重。这也是资产负债率的进一步细化和变形。这个指标在日常应用中并不多，因为对于大多数中小企业来说，长期负债几乎是难以获得的，能取得的贷款通常都不会超过一年；而且长期负债资金的使用目的并非日常运营，而更多用于长期资产建设，也就是更可能会投入非流动资产中。而流动资产覆盖流动负债以后，还能覆盖多少比例的长期负债，只能作为还款过程中的一个参考指标。

 ## 四　总资产周转率：考量公司资产运营管理效率的指标

1　计算公式

总资产周转率 = 营业收入 ÷ 平均资产总额

这个指标的作用在于分析公司所有总资产在日常经营过程中一年能够周转几次。这里的"一年周转几次"并不是说真的把所有总资产买卖几次，而是假设所有资产都是为销售服务的，销售规模能够覆盖多少总资产，就换算为总资产一年能够周转几次。

以一家零售企业为例，假设这家零售企业货架上的商品就是它的所有资产，总共价值100万元，缺货后随时补货，始终都保持相对固定的总资产量，那么如果一年销售了200万元，就相当于货架上的产品一年平均周转了两次，如果一年销售60万元，就相当于一年就只周转了60%，而且一定有某些商品一年都没有被销售过。把这个货架上的商品扩展到普通企业的总资产再来理解，就能明白总资产周转率的算法和意义了。所以，总资产周转率是公司整体运营效率的指标。当然，这个指标一定要在同一个行业里比较才会有价值。例如，制造行业中的钢铁公司，其固定资产和大型设备很多，不可能一年就能把这些大型设备周转几轮，所以制造行业总资产周转率通常不会太高。如果是咨询公司或软件开发公司，其主要资产就是办公室和办公设备，真正销售的是服务，而人的价值是不会在报表上计价的，所以通常资产量比较小，一年多周转几次也非常正常。但这并不能说咨询公司就一定比钢铁公司的管理效率高，这是没有可比性的。

有些总资产周转率公式里用的是产品销售收入净额，而非营业收入，那么二者有什么区别呢？其实，财务指标的更新迭代没有那么快，而财务报表经过几十年的发展已经发生了很大变化。以前利润表里的收入包括主营业务收入、主营销售收入、其他业务收入、其他销售收入等，而现在业务或销售部分都称为营业收入，这其实是一回事，只是优化了说法。而产品销售收入净额，是指收入中扣除销售折扣及折让等后的净额。大部分企业都采取了折扣后开票，也就是说，开多少票收多少钱，开票金额里的不含税金额也就等于销售净额。同时为了简便计算，在报表分析的时候，直接从利润表中取出营业收入计算就可以了。

如果把一年计作 360 天，那么用 360 天除以总资产周转率，就会得到总资产周转一次需要多少天，公式就是：

总资产周转天数 =360 ÷ 总资产周转率

为什么在公式里计一年 360 天而不是 365 天？这是为了计算简便和统一而设定的固化数字而已。财务计算数据分析时往往把一年当作 360 天，一月当作 30 天来计算，这已经写进了所有与天数有关的公式当中，成了既定模式，大家也都普遍认可并沿用下来。但真正在日常记账或需要精准计算每天的某数值时，还是会换算为一年 365 天或 366 天的实际值。

这也说明财务指标分析更加在意的是结构、规模、趋势，而不是力求报表要分析得多么精准。财报分析的目的是满足管理者或报表使用人的需求，为管理服务、为投资服务、为监管服务。只要通过某些约定的指标计算、分析，并获得了数据线索，基本上就达到了财务指标分析的目的。所以读者也没有必要跟自己较劲，非要把所有指标全部看完才证明自己对某家公司的财报做了分析。

我们再来看一下 C 公司历年总资产周转率的发展变化。如图 12-9 所示，C 公司近几年始终保持较低的总资产周转率，以一年周转 0.36 次为例，如果换算成天就是 360÷0.36=1000 天，即总资产周转一次需要 1000 天。不过，我们并不能仅通过这个指标的计算就草率判断 C 公司经营效率的高低，而要看 C 公司所处的行业及其总资产的结构。如果 C 公司所处行业普遍都需要重资产投入，则总资产周转率普遍都不会太高。如果 C 公司的资产结构中有大量的对外投资，则仅以销售收入来评判公司总资产经营效率就显得不太客观，毕竟对外的股权投资并不会增加公司的销售收入，或者说，对外的投资无论收益多少都与销售收入无关。关键要看公司的经营侧重点和资产结构。

项目	第五年	第四年	第三年	第二年	第一年
总资产周转率(次数)	0.36	0.26	0.36	0.14	0.26

图 12-9 C 公司总资产周转率

在 C 公司资产结构中，有 20 亿元左右的资产购买理财产品，也就是说，公司有大量现金暂时未用于扩大市场销售而是做了短期理财来赚取利息。如果不考虑这 20 亿元，那么总资产周转率立即由 0.36 次提升到 0.63 次，提升了近一倍。你可以理解为这家公司有 20 亿元闲钱没想好干嘛，就先做点理财再说，也可以理解为这家公司并没有很好的长期规划。如果这家公司将资金投资给同产业链的公司甚至是并购竞争对手，都有可能进一步扩展疆土，获取更大利益。

如图 12-10 所示，我们把五家公司的总资产周转率放在一起查看，发现这个行业总资产周转率普遍比较低，没有任何一家公司能够实现一年周转一次，也就是说，总资产远远大于每年的销售收入。从细节上看，H 公司的总资产周转率非常稳健且逐步提高，而 K 公司的总资产周转率则在最后一年增长迅猛，Z 公司的总资产周转率也是在最后一年增长了一倍多，看起来各公司总资产周转率都有所提升，收入的增幅超过了总资产的增幅。

项目	第五年(次数)	第四年(次数)	第三年(次数)	第二年(次数)	第一年(次数)	第五年变化	第四年变化	第三年变化	第二年变化
C公司	0.36	0.26	0.36	0.14	0.26	38.04%	-25.89%	159.02%	-46.54%
H公司	0.48	0.45	0.38	0.34	0.34	7.55%	18.10%	12.61%	-0.85%
K公司	0.61	0.38	0.34	0.25	0.22	61.98%	11.16%	36.58%	10.94%
Z公司	0.39	0.17	0.26	0.30	0.31	138.14%	-37.37%	-12.56%	-1.18%

图 12-10　竞争对手间对比总资产周转率

2 扩展指标

由总资产周转率扩展出来的指标比较多，而且很多是"成双成对"出现，如固定资产周转率和固定资产周转天数、流动资产周转率和流动资产周转天数，应收账款周转率和应收账款周转天数、存货周转率和存货周转天数，以及营业周期天数。由一个总资产周转率就能扩展出这么多个指标，这样看来，只要掌握总资产周转率，那么其他所有的周转率就可以轻松掌握了，你甚至可以独创出某某资产周转率，只要这个资产对你的公司很重要且与营业收入关联度较高。

另外，在各种财务指标分析中，给出的说法往往与报表项目中的名称不太一样，这在周转率的指标中表现尤为突出，我们暂且不用太过纠结那些不同的名称，就以最新发布的财务报表格式中的项目名称为准即可。在后面章节我们再次对周转率进行描述的时候会出现不同的说法，建议你完全可以忽略这之间的差异。

（1）固定资产周转率

固定资产周转率（次）＝营业收入 ÷ 平均固定资产

固定资产周转天数（天）=360÷ 固定资产周转率

固定资产周转率的作用在于分析公司固定资产在日常经营过程中一年能够周转几次。固定资产周转天数就是指按一年 360 天计算，固定资产周转一次需要多少天。与总资产周转率相比，固定资产周转率仅是资产的范围发生了变化。固定资产周转率对于依赖固定资产经营的企业作用比较大，如钢铁公司、设备制造公司等，都必须使用大量设备和厂房才能够生产，这样的公司对固定资产考量经营效率尤为重视。但在一些固定资产很少的行业，这个指标就起不到太大作用。

（2）流动资产周转率

流动资产周转率（次）＝营业收入 ÷ 平均流动资产

流动资产周转天数（天）＝360 ÷ 流动资产周转率

流动资产周转率的作用在于分析公司流动资产在日常经营过程中一年能够周转几次。流动资产周转天数就是指按一年 360 天计算，流动资产周转一次需要多少。这依然是因资产范围变化而产生的新的分析指标。绝大多数企业都有流动资产，企业日常经营所需的流转资金都要依靠流动资产，如货币资金、存货、应收账款等，所以考量流动资产周转率对于绝大多数企业是有效的。流动资产周转率越高、周转越快，代表公司经营效率越高，经营管理能力越强。

（3）应收账款周转率

应收账款周转率（次）＝营业收入 ÷ 平均应收账款

应收账款周转天数（天）＝360 ÷ 应收账款周转率

应收账款周转率的作用在于分析公司应收账款在日常经营过程中一年能够周转几次。应收账款周转天数就是指按一年 360 天计算，应收账款周转一次需要多少天。应收账款的管理向来都是各个企业的绩效重点，而考量应收账款周转率的意义就显得格外重要。对于常规公司而言，只有提高应收账款周转率，公司才能有足够的资金运转。如果一家公司应收账款周转率常年低迷，那么这家公司很可能要持续依靠贷款或其他渠道的资金，因为公司日常经营的回笼资金渠道主要就是销售收入，而销售收入暂时收不回来时就要记录在应收账款中。在企业管理中，应收账款周转率往往发挥着比其他周转率更加重要的作用，因为应收账款如果持续增多，甚至其增幅大大超过收入的增幅时，对于管理者来说无疑是致命的打击。

（4）存货周转率

存货周转率（次）＝营业成本 ÷ 平均存货

存货周转天数（天）＝360 ÷ 存货周转率

存货周转率的作用在于分析公司存货在日常经营过程中一年能够周转几次。存货周转天数就是指按一年 360 天计算，存货周转一次需要多少天。存货周转率与其他指标都不同的是，要将分子更换为营业成本，因为从相关性原则上讲，当存货销售出去以后就需要把已经卖出去的存货价值记录在营业成本上，换句话说，只有产生了营业收入，才能匹配来记录营业成本，所以营业成本依然与营业收入有密切关系。在这里之所以不用营业收入而使用营业成本计算，就是为了让内容看起来更加相关一点而已。那么，如果用营业收入来计算对不对呢？

我只能说，如果是考试就错了，而如果回到日常经营管理中，就完全没问题。我们一贯的观点就是只要有利于企业的经营管理，任何指标、任何计算方法都可以。书本上所谓的官方指标其实也是从实践中不断摸索、不断总结出来的、相对有效且被大多数人普遍认可和使用的数据和算法。对于每一个经营个体而言，对自己有效才是真的有效；对自己的经营管理起到积极作用的，哪怕看起来不是那么完美，只要综合考虑各个因素，不是顾此失彼，哪怕你自己发明指标都没问题。书上的指标可以作为参考，但绝不能被书本上所谓的权威指标而束缚了管理思路。

（5）营业周期

营业周期（天）＝存货周转天数＋应收账款周转天数

如果企业的经营始终都是滚动的，那么应收账款周转天数与存货周转天数一定是同步的。不过，如果从经营流程上看，通常是先采购后销售，而采购存货的周转天数加上应收账款的周转天数，其实就等于一家公司营业一轮的天数了，即营业周期。下面举一个例子说明，或许你就容易理解了。

一家公司接到订单，要销售五台设备，于是公司就开始采购相关原料和配件，当公司买入这些存货时就开始计算存货周转天数，这里用日期减日期计算即可。从买入存货到入库，到进入车间开始生产，一直到生产完毕进入成品库，再到给客户发货，客户签收之前，这些始终是公司的存货。假设这个阶段是 30 天，当给客户发货并签收以后，就相当于客户开始欠你的货款了，于是就产生了应收账款。当客户在 60 天以后把钱付给你了，就相当于你单个营业周期是 30+60=90 天。不过，在真实经营中很少出现这种单循环的状况，一定是复合交错地进行，那么就需要用两个公式来测算营业周期，借以帮助企业管理者用数字来考量自己企业的经营周期是否处于受控状态。

五　净利润现金保证比率：考量现金流效果的指标

1　计算公式

净利润现金保证比率＝经营活动净现金流量÷净利润

这个指标的作用在于分析企业经营获得的净利润中有多少收回了现金，或者说，收回的经营现金能否覆盖净利润。

前面我们经常把现金流比作维持企业生命的血液，一般来说不管企业赚不赚钱，也不管企业有多少资产以及企业究竟有没有市场，只要企业有现金就不会倒闭。一家超级赚钱、市场状况非常好、各种资产丰富的企业，如果没有现金，除非融资或变卖家产，否则过不了几个月就会倒闭。这样看来，考量一家公司的现金能力尤为重要，可惜经营者对利润的关注度远远高于对现金流的关注度，有些管理者甚至会忽略对现金的管理，一味追求扩大利润，想当然地认为利润多了现金自然会多。殊不知，如果不善于管理公司现金，那么经营规模越大就越容易让公司陷入"缺血"状态。

所以关注净利润现金保证比率就显得非常重要。这里仅考虑了经营活动的净现金流，而没有关注投资性现金流和融资性现金流，就是为了聚焦到企业日常经营中能否赚到更多的现金这一点上，因为只有日常经营才真正体现自身的"造血功能"。当然，这个指标也有一定的局限性，它只适用于发展比较平稳的盈利公司，而对于初创公司来说，这个指标往往无法反映公司的真正价值。初创公司本身就缺乏自我"造血"功能，大部分都通过外部融资来开发新技术，其真正价值在未来才能释放出来。而对于上市公司而言，这个指标就尤为重要了。中国的上市公司要求必须要连续三年盈利且逐年增长，也就是说，已经成熟的企业才可能上市，所以必须要考量其自身"造血"功能是否健全，即看这个指标是否能够稳定在 100% 上下。

我们来看一下 C 公司的净利润现金保证比率，如图 12-11 所示。从前面的指标分析看，C 公司的盈利情况很不错，账面上也有不少现金用于理财，而且公司不太依赖贷款，经营赚取的现金足够日常开支，看起来是很不错的经营状况。不过从净利润现金保证比率来看，近三年均浮动在 63%~86%，表现并没有前面看到的那么优秀。通常表现比较优秀的企业其经营性净现金流略大于净利润比较好。

项目	第五年	第四年	第三年	第二年	第一年
净利润现金保证比率	85.59%	69.19%	63.85%	122.56%	54.05%

图 12-11　C 公司净利润现金保证比率

首先，利润表中的收入成本均是不含增值税的，而现金流量表中收到的、支出的现金均是含增值税的，且收入中收到的增值税通常大于成本中付出的增值税；而且，本月增值税现金一般是在下个月征税期缴纳，而本月实际缴纳的增值税是上个月应缴纳的，如果收入成本每个月完全一样的话，这样的时间差额会比较小，而如果公司的收入成本是持续增长的，那么从理论上讲，本月应缴的增值税应比上个月多一些，多的就是收入的增长应纳的那部分税。

如果该收的现金全部回收到位，那么经营净现金应当是比净利润要多一些的。

其次，净利润中折旧、摊销等是以前付出去的现金，当期只是减少利润而不再减少现金。一般来说，任何一家企业只要有固定资产、无形资产、长期待摊费等就会产生折旧摊销。这部分会使净利润减少，而现金不会因此减少，所以如果该回收的现金都正常回收，该支出的正常支出，那么经营净现金应当是比净利润多出这部分折旧摊销的。除非销售的账期大于采购的账期，也就是说，销售给客户的账期长，而支付给供应商的账期短，再加上日常费用报销大多数是直接支付现金，基本不存在账期，所以如果公司的销售账期过长，势必造成经营性净现金流小于净利润。

不过这也是现实经营的一个客观现象，如 B2B（企业对企业）企业如果想要扩大市场，要么就得降价出售商品，要么就得延长收款期，否则客户很难买你的账。从盈利情况来看，C 公司并没有呈现出降价的现象，因为毛利在增加，所以只能在账期上给予客户优惠。由于C 公司利润非常好，收回的现金也完全能满足日常经营开支，即便为了扩大市场而晚一点回收部分现金，公司也不会因此出现资金断裂的状况。

再来看一看同行业其他公司的对比情况，如图 12-12 所示。几家公司都出现过净利润现金保证比率大起大落的情况。K 公司的净利润现金保证比率最高的一年达 1746.67%，意味着收到的经营净现金超出净利润 16 倍多，这或许有两种可能，一种是当年收到的经营性现金的确非常多，另一种就是当年的利润实在太少，这两种情况都会让净利润现金保证比率畸高。如果查看公司报表就不难发现，当年 K 公司的净利率仅有 0.6%，是非常小的数字，这种情况下出现高比例的净利润现金保证比率，就基本没有什么实际意义了。

公司名称	第五年	第四年	第三年	第二年	第一年	第五年变化	第四年变化	第三年变化	第二年变化
C公司	85.59%	69.19%	63.85%	122.56%	54.05%	16.41%	5.33%	-58.71%	68.51%
H公司	22.08%	42.77%	94.27%	92.30%	107.39%	-20.70%	-51.49%	1.96%	-15.09%
K公司	71.72%	90.85%	442.29%	359.59%	1,746.67%	-19.13%	-351.44%	82.70%	-1,387.07%
Z公司	47.10%	276.61%	113.19%	109.04%	169.99%	-229.51%	163.42%	4.15%	-60.94%

图 12-12　竞争对手间对比净利润现金保证比率

Z 公司前几年的净利润现金保证比率都超过 100%，只有最后一年的净利润现金保证比率锐减到不足 50%，这家公司的现金出现了什么情况？从报表上看，可能是净利润出现了状况，最近一年的净利润增长很快，而此前净利润相对较低。这样来说，如果孤立来看净利润现金保证比率，容易出现理解偏差，因为指标高低本身已经不能代表真正的客观现实，其实如果孤立来看，几乎任何一个财务指标都可能会存在这种理解偏差，只有偏差明显或不明显之分。

一般管理者最关注的净利润同样也存在这样的现象，如果只一味追求净利润最大化而忽略了其他指标的均衡，很有可能导致公司出现危机。试想一下，如果仅追求净利润最大化，就需要扩大市场，需要更多的资金，就可能向银行贷款或更长期地拖欠供应商货款，并大量降低采购价格，由此可能导致供应商服务下降、产品质量下降。短期来看公司净利润是提高了，但长期来看，会伤害客户的利益，降低自己产品的质量，再加上大量欠款也会加大公司后续的经营压力，这都会让企业的发展经营陷入危机。

我们之所以从众多分析指标中选取五个最具代表性的，就是希望能在尽量少的指标中体现出最均衡的视角。只要掌握这五个指标，管理者就能从不同角度来分析一家公司，并尽可能规避片面分析，而要均衡和客观地看待公司的发展。当我们把这五个指标综合起来分析一家公司的时候，很多数据就显现出相互印证性并提供更多的信息。以 C 公司为例，其盈利能力保持在相对较高的水平，且资产负债率较低，代表股东权益比较高；在股东权益占比高的情况下依然可以保持 15% 的股东权益报酬率，更加说明这家公司在没有增加外部债务的情况下，给股东提供了很好的投资回报；尽管总资产周转率看起来并不是很高，但这个行业的其他几家公司也有类似情况，也就不足为奇了；公司的利润率每年都在快速增长，并持续保持较高水平；现金回收尽管未覆盖净利润，但从丰厚的利润率可以看出，C 公司日常开支并不是特别多，公司有足够的现金来支持日常开支，并且有足够的流动资产覆盖流动负债。从整体上看，C 公司如果没有其他干扰因素或潜在隐患，应该会呈现健康发展的趋势。

有了以上的分析判断，再深入研究公司业务时就有了很强的目标性和问题导向，在研究过程中再对前期的疑问和判断加以修正，基本上就能看透一家公司的经营状况和经营思路。

2 **扩展指标**

净利润现金保证比率也有扩展比例，当对比的范围发生变化时马上就变成另一个分析指标。

（1）销售现金比率

销售现金比率 = 经营活动净现金流量 ÷ 营业收入

销售现金比率相当于把净利润现金保证比率中的分母净利润更换为营业收入，同时也相当于把净利率中的分子净利润更换为经营活动净现金流量。也可以将销售现金比率解释为所有销售收入中有多少是真正赚回来的现金。这个指标比净利润更实际的一点在于，净利润只是理论上讲公司赚了多少钱，而销售现金比率是指公司实际上赚回了多少现金。

这个指标对于成熟公司的考量至关重要，原因就在于如果一家公司始终不能通过自我"造血"功能，即通过经营产生现金，那么它的生存就一定存在问题。在中国 A 股市场上的公司应当都是成熟公司了，至少要保证三年的业绩增长，要经历三年的盈利，如果这样的公司还不能够持续通过日常经营赚取稳定现金，那么这家公司就可能真的存在经营隐患。企业中所有的现金流只有三个性质，即经营性的、投资性的、筹资性的。让企业持续活下去的底线就是要有钱，这个钱如果不是自己赚来的，就要考虑依靠什么钱，如靠对外投资赚取的回报，或者依靠外部投资人或银行给钱。对于成熟的公司来说，自己赚来的钱才是真正让企业实现稳定增长的生存之本。

我们查看 2018 年 A 股市场上市公司的数据发现，有 2500 多家上市公司的经营性净现金流是正数，占总上市公司的 72%，这个数据比美股的表现更好，美股的经营净现金流正数的比例为 60%。可是美股中每股经营净现金超过 1 元的公司占总上市公司的 44%，而这个比例在中股中仅为 15%，也就是说，中股中每股经营净现金流在 0 元到 1 元的公司高达 57%，这意味着半数以上中股上市公司的经营净现金流赚取能力都稍显乏弱。或许通过每股经营净现金流超过 1 元的公司占总上市公司的比重，能看出这些市场上的公司是否真正通过日常经营为公司赚到现金，如果仅仅是盈利看起来还不错却没有现金入账，或者虽然经营净现金是正数但金额却非常小，这些都不能让公司坚实稳定地成长。

（2）营业收入现金回收比率

营业收入现金回收比率＝销售商品、提供劳务收到的现金 ÷ 营业收入

将销售现金比率的分子更换为销售商品、提供劳务收到的现金，就变成了营业收入现金回收比率，这个指标考量的是在所有销售收入中有多少已经回收了现金。

这里有一个天然的差额，即销售商品、提供劳务收到的现金是含增值税的收入，而利润表中的营业收入是不含增值税的，这个概念我们反复提到，就是因为这个差额经常容易被忽略。一家正常销售、正常回款的企业，也会有当期的欠款和当期收回上一期欠款的情况，如果收入保持平稳的话，那么收到的现金就应当多于营业收入，如果增值税率是 13%，那么收到的现金就应当比营业收入多出 13% 左右才算合理。可惜在上市公司中这种情况却并不普遍，更多的情况是销售收入大于回收现金。如果考虑到每年的增长也是一个影响因素，即本期销售收入增长，那么即便收回了上一期的欠款，本期的同比例欠款还是很多，这样解释也是合理的。

不过当收回现金普遍低于销售收入时，就需要谨慎对待了，市场增长过快很可能会导致公司资金链受到威胁，甚至可能会暴露极个别上市公司存在的收入造假行为。

（3）营业成本现金支付比率

营业成本现金支付比率 = 购买商品、接受劳务支付的现金 ÷ 营业成本

将营业收入现金回收率的分子、分母分别替换为购买商品、接受劳务支付的现金和营业成本，就变成了营业成本现金支付比率，这个指标考量的是在所有销售成本中有多少已经支付了现金。

这两个指标恰好是相对的，一个考量现金收入，另一个考量现金成本，都是从现金的角度来看企业收入或成本有多少已经实现现金收支，多少还没有。营业成本依然存在不含增值税的问题，当然营业成本的增值税比营业收入的复杂一些。首先需要确认企业是否为一般纳税人，如果是小规模纳税人，那么就无须考虑成本中的增值税问题，因为根本不能抵扣增值税，即采购商品单价里的全部价格都是成本组成部分；如果是一般纳税人，并且购买的商品原料也取得了增值税专用发票，也并非完整营业成本都需要扣减掉增值税，因为生产型企业的营业成本中还包含了人工成本，而人工成本是没有增值税的，所以营业成本现金支付比率需要辩证地参考使用。在通常情况下，这个比例也应当在 100% 左右，因为营业成本中可能包含不含应当支付现金的增值税部分，但营业成本中可能是包含了不需要支付现金的折旧摊销，如果这两个因素互抵，那么正常情况下用已经销售的产品的成本给供应商支付现金也是正常现象，如果这个数字特别低，就代表公司对供应商付款不及时。

（4）现金流动负债比

现金流动负债比 = 经营活动净现金流量 ÷ 流动负债

如果将净利润现金保证比率的分母更换为流动负债，就变成了现金流动负债比，这个指标考量的是公司日常经营赚取的净现金流能否覆盖公司的流动负债。前面讲过，流动比率 = 流动资产 ÷ 流动负债，现金流动负债比也可以当作流动比率的扩展指标。流动比率考量流动资产能否覆盖公司的流动负债，而流动资产毕竟不是现金，在极端情况下转化成现金一定也会有大量损失，所以流动比率的覆盖保障还需要打一些折扣。而现金流动负债比就是用纯当期产生的经营净现金来覆盖全公司所有的流动负债，用现金计算感觉保障性更高一些。不过，与现金有关的比率一直受到不同程度的质疑，也正是这些质疑导致了现金类指标长期不能广

泛使用，反而让一些真正能发现问题的指标被埋没掉。

对现金流动负债比最多的质疑是，用某一年的经营净现金来看能否覆盖企业全部的流动负债太过牵强，如果企业有很好的现金流为什么还要借款呢？之所以借款就是因为现金需要转换成存货、资产，转换成销售行为才能够有更多机会扩大市场。另外，很多不是很成熟的企业本身通过日常经营赚取现金的能力就比较弱，而任何一家现在已经发展壮大的企业都经历过日常经营受限的阶段，而这些企业只有在尚未发展成熟的阶段才容易被投资，等企业进入成熟阶段，真正有了足够的赚钱能力，价值也已经放大了，这个阶段再投资这家企业，成本就会高很多了，而且也不符合投资市场低买高卖的原理，现金类指标就会起到相反的作用。

而对这个指标支持的声音是，通常这个指标都是用一年的经营净现金流计算，而流动负债的概念就是不超过一年的流动负债，首先这个期间是相匹配的。其次，指标只是展示这两个数字之间的比例关系，让报表使用者自己去判断，计算出一个有瑕疵的比率总比完全没有指标可参考要强一些。

有一个不完美的指标总比没有强。因为一家相对成熟的公司最主要的能力就是通过日常经营赚取现金的能力，而在所有财务考量指标中与现金相关的比较稀少，主要就是因为现金类指标存在质疑者所说的局限性，但如果仅仅因此就抛弃一个可参考视角未免太可惜。

（5）现金总负债比

现金总负债比 = 经营活动净现金流量 ÷ 负债总额

在现金流动负债比中把范围扩大到负债总额，就可以得出一个新的指标，叫现金总负债比。这个指标也是一个"仅供参考"的指标。要知道，负债总额比流动负债多出的那部分就是非流动负债，而非流动负债都是超过一年的负债，扩大范围到几年的负债来考量当年赚取的现金来计算比重，能获得的信息也只是公司需要花几年能把这些负债还上。而很多非流动负债的目的并不是为日常经营服务，而是做一些长期投入、基建等，这种投入的回收期通常不会太短，所以用当期的经营净现金与全部负债做对比，对于大多数企业"仅供参考"的意义更大一些。

当我们学完五个指标以后，发现如果把扩展指标加进去，几乎已经学习了二三十个指标，而在财务报表分析指标中能够直接从报表上取数进行分析的常用指标也就只有三十几个，再加上有几个指标其实就是在各报表中的占比（如毛利率、营业利润率等），相当于又学习几个指标，这样基本上就能涵盖所有财务指标的学习了。

这样看来，熟练掌握这五个指标，就相当于掌握了三十几个指标，至于其他不怎么常用的指标可以暂时忽略。因为对于报表分析来说，能够第一时间想得到、做得出、看得懂才是至关重要的，而不是死抠那些连理解都困难的不常用的指标。建议读者务必认真学习，熟练掌握这五个指标，并在现实中多多应用，假以时日，分析财报就变得非常轻松了。

 本章思维导图

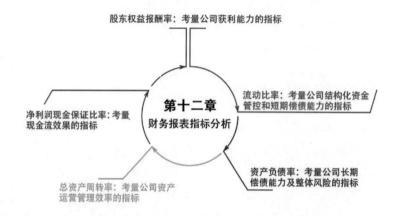

图 12-13　本章思维导图

 学习清单

（1）重点关注股东权益报酬率、流动比率、资产负债率、总资产周转率、净利润现金保证比率这五个指标的学习和掌握。

（2）在掌握上述五个指标以后，了解每个指标都可以扩展出的几个甚至十几个相应指标，进行学习和应用。

（3）在日常工作中不要局限于这些指标，完全可以按照自己的思路对数据进行组合分析，甚至自创指标。

13

第十三章

财务报表专业分析工具

|本章概括

比财务分析指标更加专业的是一些贯穿底层逻辑的分析组合，如杜邦分析法、阿特曼 **Z-score** 模型等，以及一些将非同类数据放在同一平台下作比较的方法。当综合了这些组合的知识以后，最终可以进化到对公司整体价值的分析与判断。

与比例法、对比法、财务指标等比起来，杜邦分析法、阿特曼 Z-score 模型等，是更系统、更专业和更聚焦的分析方法和分析工具。正因其系统和专业，使用者不需要搞清楚其内在原理，直接拿来用就好了，就像不用弄清楚手机运转的内部构造和内部原理，而可以玩转手机一样。本章介绍的这些分析方法和分析工具都可以在应用层面掌握，只要你学会如何使用，能利用其快速得出需要的数据，就能够掌握这些方法和工具，并加以运用。

⟲ 一 杜邦分析法

在财务管理中，没有人会忽略杜邦分析法，这个方法在财务分析领域有着划时代的意义。

杜邦分析法就是将股东权益报酬率（也叫净资产收益率）进一步拆解为净利率、总资产周转率、权益乘数三个指标的乘积，而这三个指标分别考量公司的盈利能力、经营效率和风险状况。

$$股东权益报酬率 = 净利率 \times 总资产周转率 \times 权益乘数$$

$$= \frac{净利润}{营业收入} \times \frac{营业收入}{总资产} \times \frac{总资产}{股东权益}$$

从公式上看，净利率的分母与总资产周转率的分子都是营业收入，在乘法公式里就可以约分简化；而总资产周转率的分母与权益乘数的分子都是总资产，也可以约分简化，最终净利润除以股东权益，就计算出股东权益报酬率了。如果我们用逆向思维思考一下，把这几个被约分简化的分子、分母都还原回来，就得到了财务指标中分别代表盈利能力、经营效率和风险状况的三个指标。也就是说，当分析公司整体盈利能力的同时，还能考虑到经营效率和风险状况，信息是不是就更加丰富了呢？这就是杜邦分析法最有价值的地方，也是杜邦分析法从出现到现在经久不衰的原因所在。

下面从杜邦分析法的起源开始讲述这个指标是如何产生及起到重大管理作用的。杜邦分析法因为是由杜邦公司的高管发明的，并在杜邦公司普及，所以被命名为杜邦分析法。

杜邦公司是1802年成立的一家美国公司，发展200多年来经久不衰的重要原因之一就是，它非常在意财务指标分析，且企业内部极其重视财务管理，使财务管理渗透到公司管理的各个层面，甚至连普通销售人员都懂得用财务指标来分析自己的销售业绩，这为企业内部的财务管理创新提供了舒适的温床。

法兰克·唐纳德森·布朗是杜邦公司的一名普通销售员，他为了在自己的工作报告里向管理层阐述公司运营效率问题，而对盈利能力进行分解，把股东权益报酬率做了拆解，得出了上面的三个指标，由此获得上级领导的青睐，最终促成杜邦公司收购通用汽车企业多数股份，法兰克·唐纳德森·布朗也因此成为通用汽车的执行董事、首席执行官。

一名普通的销售员（非财会专业出身），竟然发明了如今所有从事财会工作的人都要学习的"杜邦分析法"，真有点不可思议。不过，哪个财务指标不是日常管理中实践并总结出来的呢？而很多学习财务报表分析的人恰恰因为忽略这一点，脱离业务，远离管理，才把自己孤立起来。其实，财务人懂得的很多方法就像是管理的各种利器，如果能把自己的知识融会贯通，运用到企业管理的各个领域，相信用不了多久，你就会成为真正的财务报表分析高手。财务的世界一定不属于用数字解释数字的空谈者，而属于勇于尝试、勇于进取的实践家。

　　下面选取一家上市公司的指标来运用杜邦分析法进行分析。

　　如图 13-1 所示，运用杜邦分析法将 C 公司几年来各个指标的数字变化呈现出来，我们将这些指标进行逐一分解，总共分为四大块。自左向右，首先是股东权益报酬率，近几年都持续保持在 10% 以上，那么股东权益报酬率是如何形成的呢？再往右看第二个区域的两个指标：总资产利润率和权益乘数。这两个数字越大，它们的乘积也越大。接着往右看第三部分：销售净利率、资产周转率、资产负债率。这三个指标越大，其乘积就越大。虽然这三个指标的真正来源都是四个数字，即第四部分里的净利润、销售收入（营业收入）、资产总额、负债总额，但很难孤立地说这四个数字中哪个数字大，股东权益报酬率就一定会大。还是要看第三部分的三个指标，这三个指标任何一个数字变大都会让股东权益报酬率变大。简单地说，拼命让这三个指标变大，就能让股东权益最大化，不过，这是正确的经营理念吗？

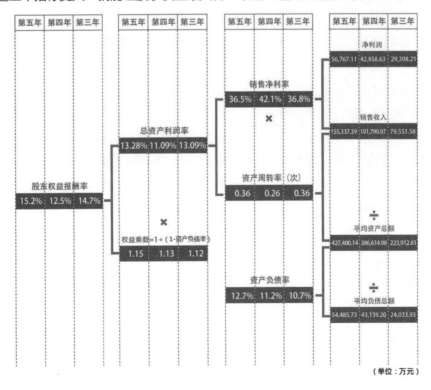

图 13-1　用杜邦分析法分析 C 公司指标

几乎每个人都知道，收益越高风险越大，而风险越大并不代表收益会越高。这三个指标恰恰就是权衡收益、效率、风险三者关系的指标。简单地讲，当利润率和资产周转率不变时，只要让资产负债率变大，就能让股东权益增加，不过这也意味着公司的风险度提高。当然在现实的计算中，必定也会影响资产周转率的指标变化，除非只减少股东的投资，否则这也不是一个正常发展企业的正常事务。

回来再看 C 公司的数据，近三年的销售净利率都比较高，这是导致股东权益报酬率较高的主要因素，也可能是唯一因素，因为资产周转率和资产负债率都偏低，但这并不代表不好，特别是资产负债率，资产负债率较低说明风险较低，在较低的风险下获得较高的销售利润，这是均衡发展的体现。

每一期这三个比率的变化都会引起股东权益报酬率的增减。我们看到，最近的三年中有一年股东权益报酬率下降了。这是什么原因呢？如果看三个指标，净利率和资产负债率都在增加，唯独总资产周转率下降了。仅从指标上看，总资产的增幅超过了收入的增幅，接下来还要看总资产里具体什么资产增加了，增加的原因是什么，才能判断导致股东权益报酬率下降的原因，以及其表现是好还是不好。在企业经营过程中，有时收益率持续增长并不一定是好事。

有心的读者可能会发现，股东权益报酬率 = 净利率 × 总资产周转率 × 权益乘数，这四个指标中有三个都是我们前面讲过的五大指标中的，而净利率则是扩展指标中的。在所有五大指标中，除了流动比率和现金指标以外，杜邦分析法几乎全都考虑到了，不得不说杜邦分析法确实非常全面。

有人会问，前面讲了那么多分析方法，并强调现金的重大作用，在杜邦分析法中却没有现金流的体现，这是为什么呢？可能是以前的杜邦公司现金流表现太好，因为不缺钱，所以就不用对现金流做过多的关注。在杜邦公司的历史记载中，它的货币资金一度大于公司的总负债，这种极端不缺钱的公司一般不会在公司内部财务分析指标中把现金当作重点，而经营中缺什么才是管理层关注的焦点。可惜现在很多企业都无法达到杜邦公司当年的高度。前面我们还讲过，上市公司中有 40% 左右的公司经营现金流是负数，也就是说，公司就算再赚钱也难逃资金压力。那有没有办法把杜邦分析法做一个现今企业适应性变形呢？这就引出了一个"改良版"的杜邦分析法。

考虑现金流因素的"改良版"杜邦分析法

　　我们在针对很多上市公司进行分析时发现，杜邦分析法只能用于进行盈利能力的分析，却无法解决现金回收方面的问题。于是我们经过反复测试，编制出了能把现金流因素纳入考量范围的"改良版"杜邦分析法。

股东权益报酬率 $=1\div$ 净利润现金保证比率 $\times$ 销售现金比率 $\times$ 总资产周转率 $\times$ 权益乘数

$$=\frac{\text{净利润}}{\text{经营净现金流}}\times\frac{\text{经营净现金流}}{\text{营业收入}}\times\frac{\text{营业收入}}{\text{总资产}}\times\frac{\text{总资产}}{\text{股东权益}}$$

　　当把现金流因素加入公式中来以后，会发现多出两个与现金流有关的指标，一个是净利润现金保证比率的倒数，即公式中的净利润除以经营净现金流；另一个是销售现金比率，即公式中的经营净现金流除以营业收入。从表面上看，公式里的四个指标任何一项增大，对股东权益报酬率贡献都会增大。前面讲过，如果权益乘数越大，就代表负债越多，因为总资产越大于股东权益，就意味着负债越多，尽管看起来其对股东权益报酬率贡献增大了，但同时风险也提高了。净利润现金保证比率的倒数也是如此，净利润越是大于经营净现金流，对股东权益报酬率的贡献就越大，但其实同样增加了现金流断裂的危险性，所以公式里等号右边第一个指标和第四个指标都要辩证地来看，不能过大，过大就会增加风险；也不能过小，过小就会影响股东权益报酬率。

　　那么中间的两个指标就变成需要重点提升的数据了。销售现金比率越大越好，越大证明销售商品以后最终留下来的现金越多，现金多就相当于日常的自我"造血"功能强大，就不会轻易倒闭。而总资产周转率高就意味着公司的经营效率高，任何一家公司的效率提高都是一件好事情。所以这个改良后的公式所带来的价值就是，在净利润现金保证比率保持在1左右，以及资产负债率保持相对稳定的前提下，提升销售现金比率和总资产周转率，就成为让公司股东权益报酬率增大的渠道和管理手段。

　　下面用经过改良的杜邦分析法对 C 公司的指标进行分析。

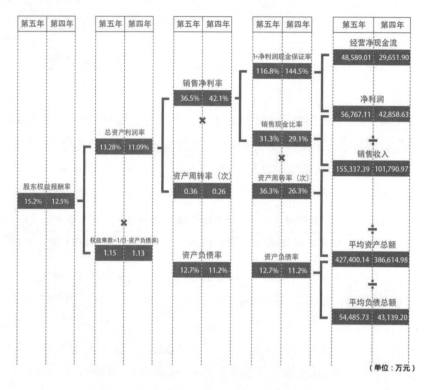

图 13-2 用"改良版"杜邦分析法分析 C 公司指标

图 13-2 与图 13-1 相比，除增加了净利润现金保证率指标以外，没有其他任何变化。那么我们就看一下这个新增加的指标的影响，即新增第四部分中的前两个指标：净利润现金保证率的倒数和销售现金比率。先看销售现金比率，这个指标很像销售净利率，可以简单理解为，"经营活动产生的现金流量净额"为分子的是"收付实现制"，就是只考虑收没收钱、付没付钱，而不考虑该不该收钱、该不该付钱。净利润为分子的是"权责发生制"，就是只考虑该不该收钱、该不该付钱，而不考虑有没有收钱、有没有付钱。这两个指标都有重要意义，随着权责发生制的推广普及，在一定程度上忽略了对经营净现金流的考量，导致很多上市公司为保住净利润为正数，而不太在意净现金流是否为正数。在 C 公司的指标中，这两年销售现金比率都低于销售净利率，这并不是一个好现象。同样，净利润现金保证率的倒数也都大于 1，好在并没有超过 1 很多，说明收到的经营净现金与净利率基本保持相对平稳的状况。

再好的公司也要赚钱，这个赚的钱不仅指财务账面上的钱，也包括银行账户里的钱。如果大部分公司只在意财务账面上的钱而不关注银行账户里的钱，那么就势必会造成众多公司"一片繁荣"的假象，而实际上却可能存在很多不为外人知的漏洞。包括许多成熟外企在内，几乎没有哪家大型公司的财务管理没有瑕疵或漏洞，换言之，监管机构、社会媒体和公众舆论监督什么，企业就会更在意什么。如今评价一个好的上市公司的重要指标是不能亏损，因此许多上市公司竭尽全力也要保证净利润为正数。权责发生制的优势就在于更符合业务管理需求，不过也存在造假的空间。这可苦了普通大众，就连审计都无法发现的内部隐藏问题，非专业人士又如何能够察觉呢？我们不妨从会计的起源说起，最早的会计就是记录和管理现金流的，尽管很原始、很初级，但毕竟抓住了最核心的部分。如果今天我们在财务指标中更多地考虑现金流问题，也许一家企业健康与否就更加清晰、明朗。

既然考虑到了现金流因素，不妨接着把股东权益报酬率的分子改为经营性净现金流来做一个尝试，变成"股东权益净现金回报率"，也就是用"经营活动产生的现金流量净额"除以"股东权益"，看看这个指标会带来什么变化。

另外，如果用杜邦分析法把短期风险考虑进来，公式就会变得超级长，这么长的公式估计很难有人记得住。不过公式还可以做很多变形，任何一种变形，只要能满足管理和分析需要，就有存在的道理，所以下面这个公式供读者参考。

股东权益报酬率 $=1\div$ 净利润现金保证率 $\times$ 销售现金比率 $\times$ 流动资产周转率 $\times$ 流动比率 $\times$ 流动负债总资产占比 $\times$ 权益乘数

$$=\frac{净利润}{经营净现金流}\times\frac{经营净现金流}{营业收入}\times\frac{营业收入}{流动资产}\times\frac{流动资产}{流动负债}\times\frac{流动负债}{总资产}\times\frac{总资产}{股东权益}$$

最后我们对杜邦分析法进行简单总结。杜邦分析法可以从盈利能力、经营效率和整体风险三个角度来考量一家企业为股东赚取回报的能力，加上改良版公式将管理现金考虑进来，还可以考量现金管理能力。而对现金的管理能力恰恰是当下很多企业所欠缺的，因而企业更应当加强对经营现金的日常管理。

杜邦分析法很好地把公司经营的本质通过几个关键指标呈现出来。任何一家公司都应当有足够的盈利能力，有足够高的经营效率，同时风险又不能过高，尽管风险高可能会让股东赚取更多回报，但这种高风险难以让企业持续发展。很多公司经历了较大发展以后都会考虑将公司风险降低，同时降低负债比例，确保公司有足够的后劲持续发展。

三　阿特曼 Z-score 模型

纽约大学斯特恩商学院教授爱德华·阿特曼（Edward Altman）在 20 世纪 60 年代对美

国破产企业进行研究时，总结出了 Z-score 模型，即使用五个财务指标分别乘以不同的权重调整系数再求和。这个指标根据计算结果的大小分了三个区间：破产区、灰色区、良好区。

阿特曼教授最初对六十余家制造业公司进行跟踪分析，在阿特曼预测的会倒闭的公司中，后来真的倒闭的占了 50%，而阿特曼就是使用 Z-score 模型来预测公司是否陷入困境，以及未来是否会申请破产的。具体的指标计算模式如下。

$$Z = 1.2X_1 + 1.4X_2 + 3.3X_3 + 0.6X_4 + 0.99X_5$$

$$X_1 = 流动资本 \div 总资产$$

流动资本也叫营运资本，等于流动资产减去流动负债。X_1 考量公司营运资本在总资产中的比例。这个指标与前面我们学到的很不一样，因为流动资产减去流动负债的差额既不一定是资产也不一定是负债，X_1 与流动比率很相像，是公司短期偿债能力的表现，也能体现公司在日常经营中的资产和负债究竟有多少差额，而这个差额代表公司未来发展、拓展的资金宽裕度，流动资本越多代表公司短期偿债能力越强，公司破产的可能性就越小。至于 X_1 前面的 1.2 究竟是怎么来的，几乎没有人能给出准确的答案，是阿特曼教授经过长期跟踪，不断测算修订得出的参数，后面几个答数也是同样。

$$X_2 = 留存收益 \div 总资产$$

X_2 考量公司存留下来的利润占总资产的比例。从理论上讲，一定是分配的利润越少，留给公司发展的资金就越多；公司资金越多，未来倒闭的可能性就越小。

$$X_3 = 息税前利润 \div 总资产$$

为什么不用净利润而使用息税前利润计算？前面讲过一个理念，就是银行利息与企业所得税都与企业经营者能力没有太大关联，银行利息因融资方式不同而不同。企业所得税缴纳比例是由企业自己身份的不同决定的，刨除这些影响因素，剩下的就是息税前利润，所以息税前利润代表经营者真正的经营能力。而息税前利润的多少对企业生存有着特别重大的意义，所以 X_3 指标前的参数影响力度最大。

$$X_4 = 权益市值 \div 总负债$$

权益市值就是公司的股东权益在市场上的总价值，而非公司账面上的价值。X_4 值也可以用"（优先股市值 + 普通股市值）÷ 总负债"或"（股票市值 × 股票总数）÷ 总负债"来计算。很明显，这里的市值表示阿特曼 Z-score 模型一定是针对上市公司的，也可以说是针对有市场公开股票价格的公司。其实这就是前面讲过的产权比率倒数的变形。产权比率的倒数是权益负债比，等于所有者权益总额除以负债总额。X_4 是将所有者权益的账面价值替换为市场价值，为的是更加客观地体现一家公司被市场认可的公允价值，考量对总负债的覆盖程度，

X_4 越大表示公司长期偿债能力越强；长期偿债能力越强，公司倒闭的可能性越小。

$$X_5 = 营业收入 \div 总资产$$

X_5 即总资产周转率，前面学过。收入越高就越容易让资产周转率提高，企业资产周转率越高就越有活力，越不容易倒闭。

将这五个指标分别乘以不同的参数，也就是让各自发挥不同的作用，最终得到一个数字，这个数字的大小就代表一家公司未来倒闭的可能性。对这个数字的判断标准分为三个区间：$Z<1.8$ 为"破产区"；$1.8<Z<2.675$ 为灰色区；$Z>2.675$ 为安全区（也叫良好区）。阿特曼对 Z 值的解释是，Z 值越小，企业失败倒闭的可能性就越大；Z 值越大，则公司失败倒闭的可能性越小。

如图 13-3 所示，我们以 C 上市公司为例做了一个数字计算。将五个指标分别计算出来，得到的结果非常令人满意，远大于 2.675，这么来看 C 公司如果正常经营，不出意外情况的话，不会有太大的财务风险。

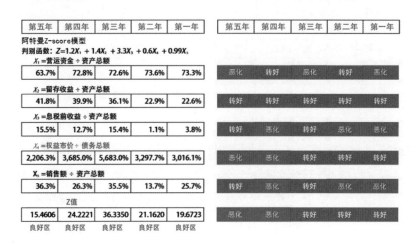

	第五年	第四年	第三年	第二年	第一年		第五年	第四年	第三年	第二年	第一年
阿特曼Z-score模型 判别函数：$Z=1.2X_1 + 1.4X_2 + 3.3X_3 + 0.6X_4 + 0.99X_5$											
X_1=营运资金 ÷ 资产总额											
	63.7%	72.8%	72.6%	73.6%	73.3%		恶化	转好	恶化	转好	恶化
X_2=留存收益 ÷ 资产总额											
	41.8%	39.9%	36.1%	22.9%	22.6%		转好	转好	转好	转好	转好
X_3=息税前收益 ÷ 资产总额											
	15.5%	12.7%	15.4%	1.1%	3.8%		转好	恶化	转好	恶化	恶化
X_4=权益市价 ÷ 债务总额											
	2,206.3%	3,685.0%	5,683.0%	3,297.7%	3,016.1%		恶化	恶化	转好	转好	转好
X_5=销售额 ÷ 资产总额											
	36.3%	26.3%	35.5%	13.7%	25.7%		转好	恶化	转好	恶化	恶化
Z值											
	15.4606	24.2221	36.3350	21.1620	19.6723		恶化	恶化	转好	转好	转好
	良好区	良好区	良好区	良好区	良好区						

图 13-3　C 公司阿特曼 Z-score 模型

那么这五个指标究竟哪个对结果影响最大呢？从图 13-3 算出来的这五个指标的值来看，第四个指标，即 X_4 的影响力是最大的，远超其他指标。细想一下，很可能是股市上的股价较高而导致 Z 值整体比较高。而股价高其实也需要从两个角度来看：从乐观角度看，股价高是因为市场对这家公司的信心足，愿意以更高的价格给这家公司的股票定价；而从悲观的角度看，股价高则意味着泡沫大，市场一旦波动，对公司的影响巨大，也就是说，对未来预估破产与否的结论影响巨大。这么说来，在相对成熟的市场里使用阿特曼 Z-score 模型来判断可能会更加客观一些，而在相对不太成熟的市场里，这个指标或许就没有那么大的威力。

从每一个指标每一年的变化，能看出这些指标对公司发展和未来预测的影响，不过这并不代表一定是某些危险信号，只是提示报表分析者关注数字变化的趋势。

我们再看每一个指标经过参数计算以后的影响度，如图13-4所示。

	第五年	第四年	第三年	第二年	第一年
X_1=营运资金÷资产总额					
1.2	0.76	0.87	0.87	0.88	0.88
X_2=留存收益÷资产总额					
1.4	0.59	0.56	0.50	0.32	0.32
X_3=息税前收益÷资产总额					
3.3	0.51	0.42	0.51	0.04	0.13
X_4=权益市价÷债务总额					
0.6	13.24	22.11	34.10	19.79	18.10
X_5=销售额÷资产总额					
0.99	0.36	0.26	0.35	0.14	0.25
Z值					
7.49	15.46	24.22	36.34	21.16	19.67

图 13-4　C 公司阿特曼 Z-score 模型计算影响度

当所有指标都不计算时，第三项的参数 3.3 是影响力度最大的，或许阿特曼教授认为盈利能力依然是企业生产的发展之本，只要盈利情况好，基本上都可以良性发展。当把各个指标代入公式以后，我们发现依然是市场价值起到了绝对性的影响作用。尽管阿特曼教授把市场因素给"打了六折"（系数是 0.6），依然无法掩盖这家公司高市值低负债带来的巨大效应。看来能在资本市场拥有较高的地位在一定程度上可以掩盖公司经营中存在的问题，因为非上市公司和上市公司的市值差距实在太大。从 20 世纪 80 年代开始，西方会计师、评估师等广泛接受 Z-score 模型计算方法，且 Z-score 模型被用于很多不同国家、不同背景的公司，有一些取得了非常好的测算效果，当然有时测算效果也没有那么理想。例如，Z-score 模型最初的研发基于制造行业的公司，而对于金融行业的公司适应度就不太高。另外，对于公开市场中并不是很成熟的公司用 Z-score 模型进行测算，结果也不太精准。

当然，阿特曼教授同样也注意到了这些局限性，所以 Z-score 模型在后续发展中不断优化，对这些参数也做了很多调整，还单独做了一个非上市公司的 Z-score 模型，这些内容和知识在网上都可以找得到。与其他指标不同，Z-score 模型到今天依然处于动态调整中。另外，由于测试时参考的大部分是西方国家的上市公司和非上市公司，而中国的公司与股市都具有相当独特的特点，将这些指标套入国内企业进行测算，效果很难保证贴切和精准，所以这个Z-score 模型可以用来作为参考，但绝不要迷信。

 # 四 相差悬殊或不同行业间的对比分析

有一位创业者对我说，上市对于他的公司来说是很遥远的目标，现在他的公司还很小，根本没法跟那些"巨无霸"相比，学习了财务报表分析知识也没法找到对比目标。我给他的建议是，无论是小游艇还是航空母舰，都有一些共同点，如公司都有员工，员工人数或许就可以作为一个参考数字，测算人均创造收入、利润是多少；有的企业虽在同一行业，但经营方式不同，员工的薪酬结构也不同，那就用万元薪酬创造的价值进行对比，也是有效的；有的行业在各大商场租赁店铺，那么每平方米的租金能创造多少收入、利润或许就可以成为一个对比计算指标；另外，有些行业大量使用固定资产，那么就可以用万元折旧来测算公司创造的收入、利润。这些都是可以将规模相差悬殊，甚至是不同行业的企业放在同一个平台上对比的例子，这些人数、薪酬、租金、折旧等都形成了一个独立的平台，把几乎所有的差异聚到了一起。除了上面提到的，企业间还有很多的共同点可以用来搭建平台，我们举人数、薪酬、租金、折旧等的例子只是抛砖引玉。只要掌握了这些原理，那么以你对自己行业的了解，一定能找到最适合的平台指标。

1 人均平台

如图 13-5 所示，这里展示的是 C 公司的人均平台指标。人均收入、人均利润、人均营业净现金流、人均费用等，都是以人数为计算基础的测算，这些指标的价值就在于，如果同处一个行业，大家的生产模式、经营模式、市场模式接近，但规模相差很大，就可以用人数来测算看哪一家企业的人均效率、效果最好，也可以对比同一家企业近几年发展的人均效率，看是否有提高，或是否在相同情况下创造了更多的收益。

项目	第五年	第四年	第三年	第二年	第一年
全年平均人数	1,041	1,059	1,105	418	544
人均营业收入	149.22	96.12	71.99	25.58	36.83
人均净利润	54.53	40.47	26.52	3.39	6.57
人均营业现金净流量	46.68	28.00	16.94	4.16	3.55
人均毛利润	129.14	75.99	55.91	8.75	11.59
人均总资产	433.26	381.28	334.35	187.49	142.59
人均总费用	70.79	31.21	22.29	5.26	4.98
人均销售费用	56.00	21.80	12.72	1.61	2.07
人均管理费用	14.78	10.45	9.56	5.66	4.90

（单位：万元）

图 13-5　C 公司人均平台

C 公司人均营业收入从早期的 36 万多元增长到五年后的 149 万多元，也就是说，平均每人为公司创造了接近 150 万元的销售收入。换一个角度来看这个数字，如果你到一家公司应聘，公司说一年给你 10 万元薪酬，条件是你必须帮助公司创造 150 万元的收入，你愿意接受这样的职位吗？要知道，这可不是销售员的绩效，而是公司上上下下每一个人的平均绩效指标。按照这样的模式，你也可以用自己公司的人均数值与同行业的上市公司进行比较，看看在同一个平台上哪家企业更有效率。当然也可以把这个数值作为你公司经营的目标来制订绩效考核，或者核定公司总人数。对于 HR（Human Resource，人力资源管理）来说，除了日常招聘、社保、薪酬、考核以外，最大的难处就是如何让老板感到 HR 的工作是时时刻刻帮公司省钱。很多 HR 是很难让老板感觉到这一点的。而有了这些人均平台的数值，你就可以依照上市公司这些相对成熟的企业树立目标，制订相应的绩效考核机制，这也是初步的人效管理。而对于管理者而言，这些数值让你更容易找到一个所谓的参考标准，尽管各个公司之间存在差异性，求大同存小异还是有必要的。

2　薪均平台

当两家公司的管理理念出现完全不同的状况，一家公司坚持人多力量大的理念，而另一家公司坚持人精效率高的理念，那么人均数值就没有太大的参考价值了。因为第一家公司用很多人来工作，很可能人均薪酬不太高，而第二家公司用精兵强将来工作，很可能人均薪酬很高。那如何来评判两家公司到底哪一家更优秀呢？

这里引入一个新的计算平台，叫作薪均，就是以薪酬成本为比较参考值来考量。这样就避免了人多工资低、人少工资高的影响因素，毕竟从公司最终经营成果来看，一定是按照人工成本付出的多少来计算利润，而不是按照人数多少来计算利润。下面我们就用每万元薪酬（也叫每万元人工成本）来测算。

我们在资产负债表和利润表中都很难看到全年完整的薪酬数字，不过可以变通一下，对于没有太多非现金薪酬的公司来说，现金流量表中支付给职工及为职工支付的现金的项目恰好就应当等于这家公司为员工支付薪酬类成本的全部现金，而通常企业的薪酬部分是付给现金的，而且相对比较及时，所以这个数字最容易获取且偏差最小。当然，如果这家公司很不成熟，常年欠薪，那么这个计算就失去了意义。再如，这家公司有非现金薪酬如期权等，虽然给付员工薪酬但没有发放现金，也不会在现金流量表中体现，所以这时的测算结果也不会太准确。从年报里或许能找到相对完整的薪酬，但是如果太麻烦就会阻碍大部分人实施分析。还是使用报表数字来计算更实际一些。

如图 13-6 所示，我们选取 C 公司的薪均各个数字作为参考。

项目	第五年	第四年	第三年	第二年	第一年
人工成本	10,098.07	9,186.86	8,135.13	3,246.55	3,959.60
年人均薪酬成本	9.70	8.68	7.36	7.77	7.28
每万元薪酬创造营业收入	15.38	11.08	9.78	3.29	5.06
每万元薪酬创造净利润	5.62	4.67	3.60	0.44	0.90
每万元薪酬创造经营现金净流量	4.81	3.23	2.30	0.54	0.49
每万元薪酬创造毛利润	13.31	8.76	7.59	1.13	1.59
每万元薪酬总资产	44.66	43.95	45.41	24.14	19.59
每万元薪酬总费用	7.30	3.60	3.03	0.68	0.68

（单位：万元）

图 13-6　C 公司薪均平台

五年间，C 公司人均年薪酬从 7 万多元增长到近 10 万元，在上市公司里不算高也不算低。我们通过上市公司年报了解到，这家公司的人员结构中超过六成是生产人员，超过三成是高中及以下学历。而 C 公司每付出一万元薪酬就能赚回 15.38 万元的营业收入；每付出一万元薪酬就能赚到 5.62 万元的净利润，这个效率还是相当可观的。花掉一万元薪酬就能净赚回 4.81 万元经营现金，太划算了！如果你的公司恰好是同行业的，你就可以用你公司的数据跟这家上市公司比较，看看你的公司在哪些方面比上市公司还好，哪些方面不如上市公司，然后在弱的方面做一些努力，通过制定一系列政策或绩效考核等方法提高自身竞争力。万元薪酬的计算方法完美避开了人均平台指标的某些尴尬，你可以用更多的人，给每个人少一点工资，也可以用更少的人，给每个人多一点工资，只要你能管理好这些人。用有限的工资总额来合理调控人员结构，完成绩效考核，这不就是最好的目标吗？

万元薪酬也能帮助公司人力资源部找到一个更好的人效指标。人力资源部的重要职能就是提高人力资源利用率，如果人力资源部将人均指标转化为万元薪酬指标，再转化到各个业务部门，这种绩效考核的效果就相当明显。或许这恰好抓住了经营业务的实质，也能够通过这样的数字对比和滚动修订，促使各个部门管理者承担更多的绩效任务。

③ 租金、折旧等

零售行业会在很多商业网点租赁店铺，有些网点客流量大，销售效果好；有些网点客流量小，销售效果差，除了用人均、万元薪酬这些指标来对比所有门店的经营效果、效率以外，还可以使用万元租金创造收入、利润、净现金、毛利等指标，因为影响这些门店最重要的因素就是房租。一般而言，一家零售店有三大成本支出：商品成本、房租成本、人工成本。同一家企业里的商品成本差异不大，人工成本也不会有天壤之别，而房租水平的影响和差别就比较大了。很多零售企业通常使用每平方米的销售和利润来评价经营效果，但如果两个门店的房租差异巨大，就代表其所承载的客流量差异巨大，用万元租金恰恰就能完整体现这家门店的价值效率。租金越高越代表客流量大，购买力强；租金越低就代表客流量不大，购买力不强，租金高的门店理应销售更好，赚钱更多。如果我们用万元租金来计算平均收入和平均利润的话，就可以将同一家企业里的所有门店放在同一个平台上竞争对比，基本上规避掉了诸如房租高低等差异化因素带来的不确定性。

对于制造行业，特别是依靠大型设备的重工业企业，是否拥有最先进和最齐全的设备也是考量产量、销量的重要依据，那么用万元折旧摊销衡量创造的收入、利润对于企业经营效率就会更有参考价值。当然这个折旧摊销的会计政策必须要一致，如一家公司的设备折旧期是 10 年，而另一家公司的设备折旧期是 20 年，显然每年的折旧金额是不同的，所以，会计政策一致这一点必须要考虑进来。

 ## 五 用未来的眼光看今天的公司价值

投资市场对企业进行价值评估的方法有很多，投资人就是通过一些专业的企业估值方法对某家公司进行评估，来计算这家公司究竟值多少钱，进而按照这个价值来评估目前的"价格"是否比估值低，将来是否有盈利空间等。公司就像是一个藏品，原始股东出一个价格，投资人再还一个价格，尽管买卖一家公司远比买卖一件藏品复杂得多，但其交易本质是一样的。卖方拼命宣传这个藏品将来升值空间无限，目前的出价已经很低；而买方则费心判断这个藏品未来有没有升值空间，这关系到要花多少钱来买，以及买了以后会不会赔钱。买方和卖方其实都在依据一个计价原则，如果卖方依据市场法，即参考市场上普遍都是什么价；而买法依据成本法，即购买原料加上生产组装，再加上利润的价格，买卖双方依据不同的计价原则，价格差距很大，就没有办法成交了。所有公司股权投资市场买卖双方普遍认可的计价方法是未来现金流量现值法和市盈率法。

　　未来现金流量现值法，就是预计以后每一年会产生的净现金流折现到今天的价值作为这家公司的价值。市盈率法，就是在成熟市场上找到与自己企业行业相同、经营模式相似，以及规模相当的参照公司，看看这家公司的市盈率是多少，转换到自己的公司，用现在的盈利来测算一下市场价格大约是多少，再打个折，基本上就可以作为自己公司的价值参考。而市盈率其实也是未来现金流量现值法的一种简便算法。例如，如果当年你用未来现金流量现值法算到第五年，此刻正好到了第五年，那么你的现金流量与企业价值就恰好是当年净现金流的倍数；如果把净现金流替换为净利润，就变换成了市盈率，也就是说，把市盈率作为衡量一家公司市场认可度的体现方式。很多公司为了让市场认为自己公司的市盈率不高，即还有很大的增长空间，最普遍的做法就是让净利润增大。而极少数公司也会操纵利润，掩盖真实的低利润甚至是亏损，这就给普通投资者造成了巨大的迷惑。相比而言，现金流反而不太容易造假，如果我们转换一个角度来看待市盈率，按照这个原理将公式转换为市现率，或许能够推出另一个不同的结论。

　　市盈率＝股票总市场价格 ÷ 净利率

　　市现率＝股价现金流倍数＝股票总市场价格 ÷ 净现金流＝股票总市场价格 ÷（经营性净现金流 ＋ 取得投资收益所收到的现金 － 分配股利、利润或偿付利息所支付的现金）

　　我们在这里将净现金流做了一些调整，即在经营性净现金流的基础上增加取得投资收益所收到的现金，减掉分配股利、利润或偿付利息所支付的现金，为的是计算出企业日常经营中能留下多少用于企业日后发展的现金。投资收益的现金不体现在经营性净现金流中，但也属于公司经营所得，所以需要加上一起计算。支付利息是日常经营支付的，但由于是属于融资行为，所以也不体现在经营性净现金流中，需要减去。支付股利虽然不影响净利润，也不影响经营性净现金流，但毕竟减少了企业以后经营使用的现金，所以一起减掉。经过这样的调整，我们看一下普通上市公司里市盈率与市现率的变化和差异状况，如图 13-7 所示。

C公司	第五年	第四年	第三年	第二年	第一年
市盈率	24.67	39.13	79.05	169.73	58.61
市现率	50.94	94.27	125.99	207.80	426.03

图 13-7　C公司市盈率与市现率对比

C 公司的历年市现率均大于市盈率,也就是说,通过日常经营赚取的现金加上投资收益收到的现金,再减掉对外支付的利息和股利后,要比公司的净利润低很多。前面做过分析,净利润与调整后经营性净现金流的口径不同,这个数字肯定不相等,只有相互参考的价值。净利润中一定不会含股东分配的金额,不过这个现金支付通常不会过大,而净利润中也包括不需要支付现金的折旧、摊销、资产减值准备等,这些都会减少净利润,但不会减少经营性净现金流。所以从理论上说,经营性净现金流与净利润差距不大才是一家成熟公司的日常经营表现;如果这两个数字相差很大,就说明这家公司表面盈利很好,但实际并没有从中赚到足够的现金,甚至有的公司盈利非常好而经营性净现金流却是负数,长此以往,要么就得依靠外部投资人的钱,要么就得依靠银行贷款,那么财务总监就得经常去各个渠道融资,以保证公司的日常经营不受影响。

如图 13-8 所示,我们再把四家公司的市盈率和市现率放在一起看一下。这四家公司没有一家公司的市盈率超过市现率,而当这两个指标呈现负数时,就已经没有比较的价值了。

公司名称	市盈率	市现率
C公司	24.67	50.94
H公司	31.11	-157.62
K公司	92.68	176.44
Z公司	103.90	249.31

图 13-8　竞争对手间对比市盈率和市现率

也就是说,这四家公司赚取现金的能力都不如赚取利润的能力强,而且差距甚大。如果这是一个普遍状况就很尴尬了,这些公司表面上看起来盈利很好,而盈利背后却没有足够的现金支持。暂且不考虑盈利是否存在水分,仅仅从日常经营的流畅性和自如性上来看,绝不是说账面上盈利就一定会让公司从容自若,只有赚回足够多的现金才能让公司正向健康发展。很多公司看起来盈利很好却不做现金分红,或许不是公司不愿做现金分红,只怕是公司真的没有那么多现金做分红。公司每个月必须要支付的人工、货款、能源等费用,任何一项支出如果停止了,公司很容易就会产生动荡。所以公司无论表面上多风光,背后的辛酸只能用一个方式化解,就是拥有现金。

当然有些公司虽然不怎么赚钱,但因为有投资人的大量投入,所以公司始终都不缺钱,可以生存得很从容。创业公司里如共享单车、打车软件等公司早期动辄花掉几亿元甚至几十亿元给用户补贴,彼时公司的经营性净现金流一定是负数,但公司依然有钱补贴,甚至有钱并购、雇用大量员工,内在逻辑就是有投资人大量投入。随着市场规模的不断扩大,让公司活下去的终究还是日常经营赚取的现金,而投资人希望看到的也是终有一天自己不再需要投钱,而是公司自己赚钱,把以前亏损的大窟窿补足,并赚更多的现金分红。

如果 IPO 是投资人转手的好时机，或者说公司真正过了 IPO，上市以后的表现依然不能让公司成熟起来，那么结局就又变成了谁是最终"接盘侠"的问题。整个市场被炒得火热，而真正能通过日常经营赚取现金的公司却没那么多，如果相对成熟的上市公司都是这样，那么没有上市的公司又如何生存呢？所以特别建议所有与投资有关的人，无论是投资机构还是广大股民，都应当对财务报表具备初步的分析能力，在做任何投资的时候都不要以"投机"心态炒买炒卖，而是花更多的时间研究这家公司真正的经营状况，用更低的价格买到更健康、更有发展潜力的好公司。毕竟，花多少钱买是一回事，买到的是精品还是垃圾就是另外一回事了。

我们学习财务报表分析，就是希望能够通过一些细枝末节的线索来发现问题、分析问题，并判断问题的根源。如果你是投资人，或许就可以通过这些分析来判断是否值得投资；如果已经投资了，或许可以通过这些分析指标来做投后管理；如果你是公司管理者，对自己公司的指标进行分析，就是为了解决问题，如果问题始终无法解决，就真的需要做出选择，是继续膨胀，还是给自己一段调整期，把历史的管理欠账补足，然后重整旗鼓再上路。

 本章思维导图

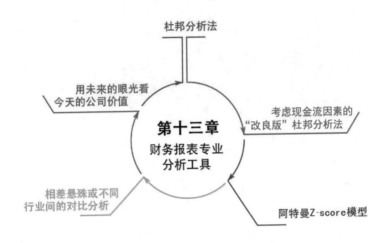

图 13-9　本章思维导图

学习清单

（1）学习杜邦分析法，掌握其三个影响因素各自变化的原因。

（2）充分考虑现金流影响下的"改良版"杜邦分析法，重视现金流与利润之间的关系。

（3）了解阿特曼 Z-score 模型的参考价值。

（4）重点掌握薪均、租金均等指标的运用，无论是与竞争对手对比，还是内部管理绩效考核，这些都是非常实用、有效的。

（5）以现金流为重点考量市现率与市盈率之间的对比关系，并通过互相考量来客观评价一家公司。

第四部分

看透业务

认识财报、读懂财报的目的是要看清公司的业务实质。无论是分析自己公司还是竞争对手的公司，想要看透公司业务实质，就需要用业务的逻辑在三大报表中贯穿分析，发现异常、验证推测，进而把数字背后的业务实质挖掘出来。

五大业务循环

|本章概括

　　任何一家公司都不会脱离采购、生产、销售、日产管理、资金筹措这五大业务循环，即便没有像制造企业一样的生产工作，也会有为客户交付成果而做的所有组织工作。无论你对财务报表有多熟悉，能分析出多少信息，都必须要回到公司的日常管理当中，报表反映出的信息才能够真正起到作用。而这一章就会告诉你如何理解企业日常管理与报表之间的关系。

　　有一位刚被提拔到财务经理岗位的财务人员，为了能将财务报表分析的方法学以致用，给公司领导提交了一份当月的财务报表分析。公司领导很高兴，因为以前的财务经理只懂会计核算，从没做过报表分析。可是这个报告持续提交几个月以后，公司领导就开始挠头了，因为财务经理的分析报告只是用数字解释数字，用众多看不懂的财务指标算来算去，跟公司的日常管理好像关系不大，后来领导就不愿再看这个报告了。

财务报表分析永远都不能脱离公司业务，就像你去体检，目的是想知道哪些数据表示健康，哪些数据说明身体有异常需要调整，以及如何调整，而不希望医生用你的体检数据来搞科研，说一些晦涩难懂的专业术语。我相信这样的体检报告你不会看，还会抱怨医院太不接地气，因为体检结果看不懂，分析再多、再细也没用。能看懂从来都是消除行业壁垒和知识壁垒最重要的界限。作为财务工作者，也应当将财务报表数据分析结果与公司业务相结合，无论你分析的目的是加强管理、发现问题，还是投资等，都不能脱离公司业务而孤立地分析报表本身。

分析财务报表的业务架构，其实只要了解公司的销售、采购、生产、费用、投融资这五条主线，搞清楚它们之间的脉络关系，就相当于掌握了公司的业务架构和经营逻辑。销售、采购、生产、费用、投融资五条主线，每一条都是一个独立的业务循环，而五大循环之间也相互产生作用，由此构建出整个公司的业务框架和经营逻辑。任何财报分析最终都应当回归到这些业务当中，发现分析结果究竟反映了怎样的业务状况，这才是财报分析的重要落脚点。

而五大循环的作用主要就体现在相互之间的逻辑关系上，一个业务产生必定影响另一个业务循环，这正体现了财务复式记账法的价值，即任何一笔业务的产生都会在报表项目中两个或两个以上的位置做记录。这样看来，只要了解了业务循环的逻辑，就能够透过报表看清公司的业务脉络和业务逻辑，发现这些循环中不合理的地方并加以深挖。这样的报表分析不仅有含金量，而且受到管理者欢迎，更能让财务分析真实落地，不会局限于用数字解释数字，而让报表使用者感到乏味或没有帮助。

销售循环

公司的销售循环是指从市场需求里挖掘商机，经过投标或谈判促成中标或签订合同，再组织货源、组织生产，然后供货或提供服务，满足客户需求，过程中和结束后都有可能收到客户的货款或服务款。在整个销售循环过程中，从投标开始，每一个步骤都有财务的记录。

公司投标的时候会有投标保证金，会导致公司现金减少，同时留下其他应收款增加的痕迹。投标结束以后如果中标，"投标保证金"也许会转化成"其他保证金"，诸如"履约保证金""项目保证金"等，没有中标则是否将"投标保证金"办理退款手续还给投标方。中标后就要开始组织采购生产，这就与采购循环和生产循环相关联；生产完毕把货物提供给客户后，安装调试过程就会产生很多销售数据，有发货记录、运输费记录、发票记录、员工出差记录、工作现场发生各种费用的记录等，而每一个服务节点都有可能收到客户货款。

常规销售循环流程是：市场需求→投标（支付保证金）→中标（归还或划转保证金）→签订供货合同（收取预付金）→组织采购（采购循环）→组织生产（生产循环）→运输发货→客户签收→开出发票→收取阶段货款→收取质保金。

销售循环在报表上应当关注如下几项：资产负债表中的应收账款及应收票据、预收账款、应交税费等；利润表中的营业收入、营业成本、销售费用、资产减值损失等；现金流量表中的销售商品提供劳务收到的现金等。

销售循环的逻辑通常是这样的：当销售收入产生，随之而来的是销售成本增加，这符合收入成本匹配的原则；销售成本的增加一定会带来存货的减少（商品贸易或制造行业）；销售收入的增加同时也会带来应收账款的增加，使应收账款减少的就是收回现金，或是坏账无法收回；如果产生了坏账或做出了坏账准备金，则表面上看应收账款减少了，但实际上是减少了公司的利润，会在资产减值损失中体现出来；如果销售增加而应收账款没有增加，排除坏账因素以外，通常就说明现金回收状况比较好，现金回收会导致现金流量表中第一项收到销售现金增加，以印证销售收入增加带来了现金的增加；如果收入没有增加而应收账款增加了，或是收入的增幅还不及应收账款的增幅，说明公司销售收入中存在大量没有回收现金的状况，同样也要查看现金流量表中的销售现金是否真的没有增加。

任何业务逻辑都不应当忽略税，我们这里讲的销售收入一定是不含增值税的，而应收账款一定是含增值税的，销售收到的现金也一定是含增值税的。这个逻辑就会变成：当一个销售收入产生了，那么不含税的销售收入会增加到利润表的营业收入中；营业成本随之增加（营业成本通常也是不含增值税的，除非公司没有收到专用发票，或者公司不是一般纳税人）；销售收入产生会让资产负债表中的应收账款随之产生，应收账款就是含税的收入，当收到现金，则应收账款会随之减少，现金会随之增加，现金流量表中的销售收到现金也随之增加。整个销售行为一定会伴随着销售费用的产生，如广告费、差旅费、招待费等。通常情况下，销售收入越大，销售费用就越高。虽然销售费用与销售收入的比重每个行业都不同，但看到销售费用占比多少基本就可以判断这家公司是否依赖销售能力扩大市场。销售循环里面任何一个环节都有相互印证的逻辑存在。

如果你看到的财务报表不符合这些循环逻辑，除非因为自己财务水平有限，否则就不得不考虑数据作假的问题了。一些小公司在给投资人或税务部门提供报表的时候，往往会做出让人尴尬的假数据，明显存在逻辑上的漏洞。

上市公司的财务报表基本不会出现乱记账的状况，一般会按照实际业务来记录，所以想要看出这些业务脉络其实不难。如果你从上市公司的数据里看出了不对应的逻辑，那么这就是你读报表分析报表的线索。如果你自己的公司还没有按照业务逻辑来记账，甚至还在使用代理记账服务，那么你公司的报表就很难呈现真实的业务状况，因为这种情况下做出来的财务报表仅仅成了为税负服务的报表，对于企业管理及了解企业的作用就不大了。

我们在前面章节里特别强调，一定要养成"三表同框"的读表方式，就是要让这种业务循环所涉及的各个报表项目同时呈现在眼前。通过"三表同框"的读表方式，可以让报表分析者更加快速、清楚地建立起这种用业务逻辑和穿插读报表数据的分析方式。

采购循环

公司的采购循环也是从采购需求开始，经过招标或货比三家的过程选择合适的供应商签订采购合同，分配供货比例，然后在适合的时间发出采购订单，根据订单要求验收货物的数量和质量，办理入库手续，同时确认应付账款，最终支付供应商货款。

采购循环流程是：采购需求（来自市场或生产）→招标或货比三家（收取保证金）→招标结束（退保证金）→确定合格供应商订供货合同→发出采购订单（支付预付金）→到货验收入库→收取发票→支付阶段货款→支付质保金。

销售循环在报表上应当关注资产负债表中的存货、应付账款及应付票据、预付货款、应交税费等，利润表中的营业成本等，以及现金流量表中的购买商品接受劳务支付的现金等。

采购循环几乎与销售循环有完全对应的流程，也可以从财务报表中体现出来。当公司有招标时，就会收取供应商的投标保证金，这时公司账面的其他应付款和现金同时增加。当货物验收入库时，报表的存货及应付账款增加。当公司产品生产组装完成并销售出去以后，公司的营业成本就会增加，存货就会相应减少。

任何一个报表项目都不能孤立地看，同样任何一个业务循环也不能孤立地看。在财务报表分析中，需要将相关联的几个循环贯穿起来分析，才能够看透业务本身。因为采购需求一定要与市场需求相关联，所以当市场销售扩大，采购量通常是增加的，需要支付给供应商的货款也会增加。采购循环通过市场需求与采购需求的同步实现连接，同时也通过营业收入与营业成本的配比将这种连接表现出来。如果一家公司的财务报表体现出销售收入增加，而采购循环中各个报表项目均未发现增加的痕迹，很有可能这种销售增加只是偶发性的，并没有足够的支撑；或者市场突然好转，除了增加销售价格，其他都不变，也会呈现这种结果。如果这些情况都被排除，就要考虑公司是否存在业绩造假的问题。

我们前面讲"借贷"关系的时候提到过，财务的记录方法就是任何一笔业务发生都会在两个或两个以上的位置做记录，否则报表就会不平衡，所以即便是有操控报表的行为，也不会脱离这个限制。而读报表的人就需要回到业务循环里来发现这些痕迹。例如，公司为了虚增销售收入，就会同时虚增应收账款，同时也会虚增增值税。因为有收入与成本配比的原则，所以此时也会同时虚增销售成本。为了增加销售成本就必须要增加相应的存货，也必须相应地增加应付账款。如果只增加了应收账款和应付账款，而没有经营现金收入的增加和经营现金支出的增加，那么读报表的人就有理由怀疑报表存在与真实不符的情况。你看，财务逻辑就是牵一发而动全身，这个底层逻辑永远不会打破，你要了解的就是相关项目之间的联动关系，从经营者的角度来思考业务的来龙去脉，自然就能发现可能存在的问题了。发现了问题线索当然也不应立即做出判断，这仅仅是线索，想要进一步深入分析，还是要更多的沟通和了解才能获得真实情况。

当公司营业收入并没有明细增加，而采购循环中财务报表项目各环节呈现出增加迹象，很有可能是公司要储备力量做大发展，也可能是市场竞争激烈导致销售价格下降，还有可能是客户强势要求供应商大量备货。无论哪种可能，对公司的经营都是有相当大的压力的。如果客户不得不大量备货或储备力量大发展，一定会增加采购量，增加资金压力；而如果市场售价下降，成本却没有下降，只能导致公司利润空间缩小。

当然，真实的财务报表不太可能出现如此极端的状况，但是幅度和趋势是可以借鉴的，这个程度只能由报表分析者来把握，你可以根据幅度的大小来判断公司的发展状况，也可以作为线索进一步深挖，还可以怀疑报表的合理性并提出质疑，这些都是财务报表分析的价值所在。

下面以一个小案例来描述一下采购循环的过程。假如有一家组装销售计算机设备的公司，是一般纳税人，销售与采购均采用增值税专用发票。有客户需要 100 台专用计算机，销售部门签订了 113 万元的销售合同。经过仓储和生产部门的确认，公司并没有足够的存货用来生产，于是采购部门根据生产部门拆解出来的 BOM（Bill of Material，生产物料清单）组织采购，从合格供应商中沟通货源储备情况并发出总额 50 万元的订单。到这一步，采购循环还没有使财务报表发生变化。

当供应商的供货验收合格入库以后，公司报表上的存货就增加了入库金额，要注意这里增加的可不是 50 万元，而是 50÷1.13=44.25 万元，剩余的 5.75 万元应当是增值税，会在应交税费的增值税进项税项目里体现，也就是减少了应交税费。而同时，财务报表中的应付账款就会增加 50 万元。应付账款一定是含税的金额了，你支付给供应商的钱不可能是不含增值税的金额。当你尚未支付货款，也没有完成这一批货物销售时，你的资产负债表就呈现出存货增加 44.25 万元、应付账款增加 50 万元、应交税费减少 5.75 万元的模式。当公司货品全额销售出去，那么存货会减少 44.25 万元，同时营业成本会增加 44.25 万元（假设没有增加生产成本）；如果货款也已经全额支付了，那么应付账款就会减少 50 万元，而货币资金同时减少 50 万元，购买商品、接受劳务支付的现金就会增加 50 万元。

这就是采购循环的全过程，按照这样的逻辑分析一家公司的财务报表就比较容易还原到现实业务中。尽管公司业务错综复杂且相互嵌套，任何一个独立的采购项目都很难分析得如此清晰，但这个逻辑是不会变的，企业采购始终都按照相同的工作逻辑来执行，除非财务记录严重失实，否则通过报表分析就能看得出这家公司的采购状况。

三 生产循环

公司的生产循环是上游对接采购循环、下游对接销售循环的一个企业内循环，从财务报表中却很难看到生产全貌，因为公司从货物采购开始，无论是生产过程中的哪个环节增加人工成本、折旧成本、能源水电成本等，在报表中都只在资产负债表的存货中体现。当然，财务记账会将几个不同状态的存货分别记录在不同的会计科目中，以便明确区分各个状态各是多少金额，但报表上的信息就显得非常孤立。也正因如此，在财务报表的呈现过程中会有一些公司钻空子，试图操控报表。

生产循环一般是指获取生产需求（来自市场需求或生产计划）→仓库提取原料组织生产→核算人工、能源、折旧等费用加入产品成本→半成品入库或成品入库→再加工再入成品库等待销售。

生产型企业中总会有一个财务岗位叫作成本会计，而在所有会计核算中，成本会计的工作是最复杂、难度最大、最容易出现混乱的，所以很多企业进行成本核算时都喜欢用老会计，因为他们有经验且认真负责。即便有了 ERP 系统、生产管理系统等先进的工具，依然不能避免成本核算不真实、不及时的状况。在早些年企业生产量不大、核算不太复杂的情况下，老成本会计的确能够帮助企业核算清楚，但随着产量增加，生产复杂程度提高，仅凭老会计的经验已经难以完成如此复杂和大量的计算过程，必须依靠计算机系统收集、汇总、统计数据。

虽然整个生产过程都只在资产负债表的存货这一个项目中体现，从报表分析的角度很难将这个生产过程体现出来，但是从存货管理还是能看出一些不同之处。

我们知道企业生产环节除了需要原材料、备品、备件这些采购的物资，还需要人工、水电、设备、厂房等，需要将这些成本一并加入产品成本中，才算是完整的成本计算。大一点的工厂很多是 24 小时开工，很难在某个固定时点来切割这一批货与下一批货对人工、水电、设备、厂房等费用的分摊，那么财务上就统一采取一些固化方法，如按照产量分摊、按照产品价值量分摊等。这样看起来是把一个复杂化的计算过程优化、简化了，实际上也能够将一些不太好区分的费用包含在产品成本中。

上市公司和非上市公司有一个个显著的不同之处，上市公司大多会争取多一点利润，没有背景的非上市公司大多会争取少一点利润。上市公司利润越高代表业绩越好，股票价格就可能越高，股市的交易量就会增大，股票的活力就旺盛，股民对公司的信心就增强。而非上市公司就会考虑缴税少一点或晚一点缴税，这是客观存在的现象。一些管理者或许就会采取增大或减少转入存货核算的费用来人为调节利润。如有些公司将采购部门划分为管理类部门，而有些公司将其划分为生产类部门，这两种不同的划分方法，就代表了不同的费用核算渠道。划分为管理类部门则部门员工工资进入管理费用，减少当期利润，所得税自然就会少一些；而划分为生产类部门则部门员工工资进入存货成本，在存货没有销售出去之前是不会减少利润的，即便销售出去也是跟随增加的销售收入而配比成本，还是不能明显减少利润。除了工人工资外，设备、厂房折旧、能源水电等，都可能存在相同的处理方法。

因此在财务报表分析中，需要关注报表附注是否对当年工资总额进行了描述，再查看销售费用和管理费用中包括多少工资，差额就应当进入资产类的项目中（当然也包括研发支出、在建工程等）。一个好的管理者，应当清楚自己公司的产品成本构成，以及在什么情况下会发生什么变化。

曾经在一家企业的运营管理会上，其总裁就是用财务提供的数据来逐步揭开问题实质的。这位总裁首先从收入开始讲起："这个月公司的销售规模比上个月增加了 5%，但为什么销售成本比上个月增加了 8%？这样不是都把毛利全部吃掉了吗？"财务总监立即回答："因为这个月生产过程中的领用量比以前增加了，比产量增加的部分还更多地领用了原料。"总裁立即问生产经理："按照这个月入库的产量，物料清单配比的原材料应当是 50 吨，为什么你领用了 65 吨，而且车间里也没剩多少原料？"生产经理赶紧回答："这个月出货的品质要求提高了，刚开始的生产不良率特别高，月初也做了汇报，所以前几天的产量很多都被检验部门定为不良品。要保证质量就只能减慢速度，可是销售部门又整天来我这里催货，又要快又要好，结果还是出了不少残次品。"总裁继续追问："那总产量是多少，入库了多少，入库的这些产成品应当消耗多少原料，实际消耗了多少原料，差的那些目前什么状态，是在车间里堆放等待报废，还是在生产线上持续改进，你需要给我一个明确的清单数量，下午交给总裁办。"总裁继续跟财务总监说："财务部门跟生产部门一同分析这些损失是否就是造成本月毛利下降的全部原因，如果数字不吻合，还需要进一步落实还有什么其他问题。"

总裁转头对所有人说："各位，盲目提高生产效率不仅不能满足市场需求，还会导致公司经营亏损。生产部门需要找到制约生产效率的原因。我们的设备正常情况下每月有生产120吨原料的产能，目前产能还不足一半，产能上不去，直接导致的后果就是车间、设备等固定成本无法摊在更多的产品上，成本自然高居不下。人均生产效率无法提高，就只能让公司持续无法盈利。当然想要提升产能也不是一蹴而就的事情，需要解决发展中遇到的瓶颈问题。"

这次会议不仅说了生产，几乎每个部门的情况都被总裁根据这个部门产生的某些数字作出总结和提出改善要求。这位总裁能够将企业内部的所有数字建立起逻辑关系，对数据产生了足够的敏感性，数字之间的逻辑一旦出现不合理现象，这样的管理人才就一定能第一时间察觉到进而做出及时的判断。也只有这样，一个管理者才能够把一个庞大的组织管理到位。任何的决策如果脱离了数字就没有了真实客观的判断依据。

四　费用循环

第四项循环就是费用循环，一个公司的费用管理是日常经营中的主要工作，也是发生频率最高的收支工作。从业务上讲，费用有差旅费、交通费、招待费、咨询费、人工费、办公费等；从财务大类上分，大致可分为管理费用、销售费用、财务费用、研发费用、成本、其他。在财务的分类中，除了财务费用以外，其他几类基本上都会包括业务上的各项费用支出。管理费用中的差旅、交通、招待、咨询、人工、办公等，销售费用和研发费用中同样存在。

管理费用，是指公司日常花费里与管理行为有关的费用，如行政办公室的办公费、差旅费、招待费、人工费等。

销售费用，是指公司日常花费里与销售行为有关的费用，如销售部、市场部的差旅费、招待费、办公费、人工费等。

财务费用是指公司日常花费里与资金筹措有关的费用，如银行利息支出、银行手续费等。

研发支出是指公司对于技术研究和技术开发而花费的各项费用。如公司为计划开发一项新技术而产生的市场调研费、购买试制设备费、试制材料费，以及研发人员的工资等。

研发支出根据其研发目的的不同，费用最终归集的去向是不同的。技术研究初期并没有明确开发什么产品或技术，处于研究的阶段，这个阶段所有的支出都会费用化，当期进入利润表的研发费用中。如果公司已经明确了要研究的产品或技术，并且在公司内部做了正式立项，明确了开发进度、开发预算、开发目标和开发要求，最终出来的成果能够成为以后生产产品的技术或专利，那么这部分费用从开始立项到最终完成都会资本化，即体现在资产负债表的研发支出中。当研发结束以后，这部分金额汇总后会转移到无形资产中进行核算和摊销。

这几大类中除了财务费用以外，都有可能包括人工费用，下面就以人工费用为例进行叙述。无论什么样的公司都少不了工作人员，有员工就会产生工资、社保、公积金、个税等费用，通常员工归属哪个类型的部门，他的工资也就会归属到哪个费用中。当员工属于销售类部门，那么他的工资总额及各种分配都会在销售费用中核算，即便他本身的工作是销售部的行政或人力，由于是为销售工作专属的行政岗位，所以也属于销售费用。当员工属于管理类部门，那么他的工资总额及各种分配都会在管理费用中核算。当员工是技术研发人员，就需要看员工当下做的工作是哪方面的。如果是为日常生产做设计的技术人员，那么他的工资就可能是产品成本；如果他当下的工作是做新产品、新技术的前沿研究，那么他的工资就可能是费用化的研发支出，即研发费用；如果是开发明确的新产品或新技术，那么他的工资就归属到资本化的研发支出，短期不会减少公司利润，未来会归集到一起成为无形资产的组成部分。如果一个员工同时做了三方面工作，既做日常生产支持，又做前沿研究，还做产品开发，那么理论上就要按照其投入的工作量来区分三种不同的费用分类，这种区分是很考验财务人员能力和水平的。

销售费用和管理费用在利润表中只是上下两个不同的费用分类而已，怎么算都会减少利润，有必要这么严格区分吗？经常会有管理者对费用划分提出类似的问题，其实这代表的是一家公司对于经营模式的选择和投入，如果不加以区分，很难客观反映企业真实情况。有的企业重视管理，在管理上做了很多投入和储备，那么管理费用必定会占比高；有些企业重视销售，那么市场的投入就必定占比高。通过费用的构成和占比，可以判断一家公司的经营模式。

在滴滴打车风靡全国之前，有一家公司叫作微微拼车，当年也被媒体追捧为创业奇迹，创始人还把他自己的创业经历拍成了电影，在院线放映，可惜后来经营失败，辉煌不在。当时有媒体采访这家企业获知，为了跟硅谷学习，这家公司每个月的水果、酸奶费就要花几万元，员工人数骤增导致不得不租更多的办公室，这些花费都会在公司的费用结构中体现出来。而公司对客户大量补贴现金都属于销售费用，同样也会在费用结构中体现出来。或许正是因为对这些日常费用疏于管理暴露出公司的管控力不足，以致当时发展势头强劲的企业最终没有持续走下去。

财务要注意对每一笔收支的分类，尽可能做到明确和细致。这样做最大的意义就是让公司的真实业务反映在财务记录中，进而反映在财务报表中，让懂得财务报表结构的人看到报表就能了解公司全貌。而细致的分类就是做好这些工作的必要条件，费用管理也不例外。区分管理费用或销售费用表面上看都是减少利润，好像没必要细分，但实际上任何一笔费用的区分都是提升公司管理效率的行为。如果你的公司将完全相同的费用今天放在管理费用中，明天放在销售费用中，那么管理者就无法通过报表来进行数据分析，当然也无法通过分析报表来改善管理，财报也就失去了应有的价值，无法再为管理效率的提升做贡献。

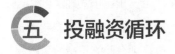

五　投融资循环

当公司有战略需要或有闲置资金时，就会考虑做对外投资。投资的模式有很多，战略投资更多用于投资上下游的企业、并购竞争对手，或是开拓新的领域；闲置资金投资盈利的渠道更多是在金融市场上购买产品理财或买卖股票、基金、债券等。

以并购公司为例，投资的循环通常是：选择可投资企业→考察公司现状评价公司估值→投入现金或其他资产成为股东→按照股东占比获得分红→出售公司股份回收现金。

投资行为在财务工作中属于比较复杂和难度较高的核算内容，会计报表对各种投资行为及投资过程发生的各种可能性都做了详尽的考虑，并分别制定了记录规则，理解起来也会有些复杂。不过大的原则还是很清晰的，就是希望尽可能还原企业某项投资的当下状况和市场上公允的价格，以便让报表读取人更加客观地了解企业投资过程和现实价值。无论什么样的投资，基本都符合上述循环过程。企业对固定资产的购买也是一种投资行为，只是购买固定资产不是为了分红或出售，而是为了让固定资产持续为公司生产产品或创造长期价值，其本质逻辑与购买股票获得利益并没有太大区别。

在财务报表中，资产负债表的以公允价值计量且其变动计入当期损益的金融资产、衍生金融资产、可供出售金融资产、持有至到期投资、长期股权投资、投资性房地产等，利润表中的"投资收益"，现金流量表中第二大部分"投资活动产生的现金流量"都是跟投资有关的报表项目。利润表中仅会看到投资产生的收益或损失，无论这个收益损失有没有现金流动都有可能记录在利润表中。注意，对于投资收益的核算区分，需考虑被投资方是金融产品还是公司。如果是股票、债券等就按照红利、利息或买卖差价来确认投资收益；如果是公司，就需要考虑对被投资方公司是否有"控制"权或重大影响，当对公司经营决策有重大影响的时候，被投资方无论是否分配，投资方都会按照被投资方股权占比将当年的净利润计算为投资收益。而现金流量表中体现的就只是有现金收付的投资行为。所以投资类循环重点要在资产负债表中查看，将利润表和现金流量表作为辅助内容来综合分析投资状况。

一家公司对另外一家公司投资，那么对另外这家公司而言一定就形成了融资行为，即获得了股权融资。其实投资和融资是同一个事物相对的两个方面，针对不同的主体做不同的循环。

公司的融资行为大体上可以分为两方面，债权性融资和股权性融资。

债权性融资就是指银行贷款、发行债券等，本质就是借钱付利息，将来还要还本金的。债权融资的循环通常是：向金融机构提出借款申请→金融机构调查审核→签订合同发放贷款→按期归还利息→到期归还借款本金。这个循环在财务报表中会记录在资产负债表的短期借款、以公允价值计量且其变动计入当期损益的金融负债、衍生金融负债、长期借款等项目中，也会在利润表的财务费用中记录利息支出，或者在在建工程、生产成本、研发支出等不同的位置记录，同时在现金流量表的第三大部分中跟债务有关的位置记录现金的流转。

股权性融资就是出售公司股权来获得投资人的资金，股权融资不需要支付利息，也不需要归还融资本金，只是公司未来赚钱以后需要给股东分红，而股权投资人也可以将股份转售给第三方获得差价利益。股权融资的循环通常是：开放公司股权出售→接受投资人尽职调查→签订股权出售协议→获得股权资金→每年盈利给股东分红。这个循环在财务报表中会记录在资产负债表的实收资本或股本、资本公积等项目中，也会记录在现金流量表的第三大部分中与股权融资有关的位置。

融资是公司快速发展的重要资金来源，也是公司债务负担或股权结构的体现，通过这些循环，很容易看到公司外部资金来源的渠道和所需要付出的代价。

运用前面讲述的财报分析知识来贯穿这五大循环，公司的经营主线就会一览无余，对公司的了解也就不会仅停留在报表的表面，而可以透过现象挖掘出本质。财务报表就好像是冰山一角，当你看到水面以上的冰山时，稍有常识的人立即就会想到水面以下有看不到的更大的冰山存在。公司各个业务数据最终汇集成为财务报表，其所呈现出来的也仅是公司业务的冰山一角，如果仅凭这冰山一角来评价冰山全貌一定会漏掉许多内容。我们强调透过现象看本质，就是要让读者掌握这种财报思维能力，而通过本书的学习和在日常工作实践中的运用，很快就会让你建立起这种思维模式，那么无论是投资公司、投资股票，还是管理公司、经营自己的企业，这种思维模式和分析能力都会成为你判断和管理的利器。

 本章思维导图

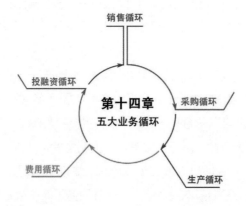

图 14-1   本章思维导图

 学习清单

（1）通过销售循环掌握资产负债表中的应收账款及应收票据、预收账款、应交税费等；掌握利润表中的营业收入、营业成本、销售费用、资产减值损失等；掌握现金流量表中的销售商品、提供劳务收到的现金的逻辑关系。

（2）通过采购循环掌握资产负债表中的存货、应付账款及应付票据、预付货款、应交税费等；掌握利润表中的营业成本等；掌握现金流量表中的购买商品、接受劳务支付的现金的逻辑关系。

（3）通过生产循环掌握企业日常生产过程或服务过程的数据变化和逻辑关系。

（4）通过费用循环掌握财务报表中管理费用、销售费用、财务费用、研发费用、成本、其他等的逻辑关系。

（5）通过投融资循环掌握资产负债表的以公允价值计量且其变动计入当期损益的金融资产、衍生金融资产、可供出售金融资产、持有至到期投资、长期股权投资、投资性房地产等；掌握利润表中的投资收益；掌握现金流量表中投资活动和筹资活动产生的现金流量的逻辑关系。

第五部分

掌控全局

对管理者来说，最重要的就是运用工具把组织经营好，能够让业务稳步提高，让各个环节井井有条。管理者也希望一旦哪个环节出现了问题，能够第一时间获得预警，这样就能及时发现和解决错误。财报在很大程度上可以帮助管理者统筹管理一家企业，量化大部分的问题，帮助管理者用数字来掌控全局。

从战略层面掌控全局

本章概括

认识了报表、读懂了公司、看透了业务，这些还不是最终目的。作为企业经营者，经营一家企业的最终目的还是要从战略上管控好这家公司，让它能够按照决策层既定的规划、方针来发展，那么就需要解决战略制定、预算执行、责任化管理、有效的内控以及税务筹划等问题。

已进入最后一章的学习了，到了这里需要暂时放下财务报表，把注意力集中到企业本身。一家企业究竟为什么存在，未来将何去何从，从宏观到微观，再从微观回到宏观，企业既要有远大的理想，又要脚踏实地地扎实推进；既不能好高骛远，又不能只低头赶路。

公司想要发展壮大，就一定要有明确的发展目标，并通过战略规划踏踏实实地执行到位，而预算的制定和执行就是让战略落地的最好的管理工具。只有把每一个项目执行到位，才能够真正让企业前进，在企业发展过程中不能缺失内控，否则可能毁于一旦。战略、预算、项目、内控、税负这五部分表面上看好像都与财务报表关系不大，其实只有建立起财报思维，才能够最大限度地理解这五部分对企业发展的真正意义，并促使管理者真正把这五部分管理好。

几乎每一位企业家在内心都有一张宏伟蓝图，但很多企业家对于财报思维模式却知之甚少。企业家懂得如何描绘未来，如何抓住人心，如何扩大市场，这些都是非常难能可贵的能力，但每次当企业准备进入更高层次发展的时候，企业家们几乎无一例外都会遇到发展瓶颈，而且这种瓶颈很难突破，这不仅是资源、资金、员工等看得见的制约，更是因为企业家从开始经营企业起就没有按照平衡逻辑来布局。我们身边很多企业家都很重视市场销售、产品质量、生产效率，却很少有人重视财务能力的基础建设。在企业没有上市之前，很多管理者认为财务只不过是一个记账员，而很多财务工作者也甘于成为这样的角色，习惯坐在财务部办公室里，不肯到业务一线了解公司真正的运营状况，习惯用传统固化的会计思维管理、管控企业资金，满足于帮企业规避税务风险、法律风险，而并没有帮助企业进一步发展。其实，财务工作者更应当站在管理层的角度审视财务工作，以更高的视角来审视自己为企业发展提供的价值，而不仅停留在规避风险和记账规范的层面。

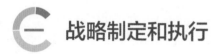

战略制定和执行

1 高大上的战略究竟是什么

任何一家公司在成立之初及发展壮大过程中都会有一个远大的目标或愿景。迪士尼希望"使人们过得快乐"；Facebook 希望"赋予人创建社区的权力，让世界融为一体"；苹果公司希望"让每个人拥有一台计算机"；联想集团希望实现"高科技的联想、服务的联想、国际化的联想"；亚马逊希望"成为世界上最以客户为中心的公司"。这些都是企业希望成就的，要想让这个希望真正实现，就需要不断有行动来指导推进，而连接这个发展目标与实际执行的桥梁就是战略。

战略，是从全局出发考虑的实现整体目标的工具，是指导企业发展壮大的实现路径。企业如果没有战略，就像一架没有飞行路线图的飞机，尽管飞行员很专业，乘客的目标很明确，机组成员配合很默契，可是如果没有飞行路线图，没有导航或定位系统，仅凭飞行员的丰富经验也难以完成飞行任务。缺失真正的发展战略，无论多么宏伟的目标和愿景都难以实现。

很多人对战略的理解只停留在企业文化墙上贴的那几行字，觉得那是用来给员工洗脑的。

有这样的想法也不奇怪，因为太多公司制定战略后并不执行，或者是战略过于虚幻而无法实现，有人自然就会认为其企业战略只是一种说辞而已。

一个企业家不能只停留在对未来远大目标的想象上，也不能只停留在分析眼下的财务数据上，而应找到一种渠道和方法，去实现那些远大的目标。所以企业家就需要在内心不断做思想实验来推演企业怎么做才能实现那些伟大目标，这种思想实验其实就是战略规划的雏形。财报思维就是在思想实验过程中帮助你不断保持平衡的思考模式，让你能站在全局观上思考企业未来的发展，制定每一个时期、每一个阶段的发展谋略。

当然，宏观战略如果脱离了现实状况就会变成空中楼阁，而只看现实情况没有宏观战略意识就只能是鼠目寸光，疲于奔命。

2 如何制定可落地的战略

市面上流行的战略工具很多，经济管理发展历史上也不缺乏战略专家和形形色色的战略思想，这些都很好，只要找对了工具，制定战略只需要将思想实验结果用文字表述出来就可以了。而这些工具其实都帮助企业思考了四件事情：我是谁？将来想要实现什么目标？从眼下到未来还缺什么？我用什么路径和方法能实现目标？而贯穿这四件事情始末的恰恰就只是财报思维。

当企业在审视"我是谁"的时候就是在充分了解自己的现状，了解公司的人、财、物。公司最终的评价体系和经营目标都是用钱来衡量的，而财务报表就是衡量这些最好的呈现方式。财报不仅能告诉你当下公司资产多少、负债多少、收入和支出多少、现金存款多少，更能立体、均衡地提供一个客观体检表，帮助企业管理者从健康、能力、财力这三个角度平衡地看清企业状况。

很多企业老板抱怨公司状况越来越看不懂，发现有些地方出现了失控的苗头却毫无办法。一位民企老板在决定整体组织变革后又悄无声息地停止了这场变革，因为他的变革遇到了来自销售、采购、生产等各个部门的强烈反对。虽然他自己是老板，可是销售、采购、资金大权都掌握在亲戚手中，可以跟自己"叫板"，而公司一旦离开了这几个人马上就会陷入僵局，最后这位老板只好作罢。

懂财务就能摆脱这种窘况吗？当然不能。或者说，摆脱窘况绝不能仅依靠懂财务。但是财务的确能够给经营管理者不断输送信息和数据，了解财务数据，是全方位了解公司状况、不被片面信息所蒙蔽的最好渠道。老板面对的不仅有企业未来发展规划，还有各个部门、各个信息源的不同声音，如市场太难做了、采购太贵了、生产质量太差了等，这些声音搅在一起就形成了难以调和的窘况。孤立地分析任何一个声音都很有道理，也很有依据，可是放在一起就显得不和谐。为什么有这么多困难公司还能持续发展呢？这就说明客观存在的均衡力量其实在发挥着作用，不过这种力量往往也会与客观存在的危机并存。如果这个时候对于任何一种意见都采纳并做出行动，那么公司肯定会矛盾冲突不断；如果选择不采纳任何一种意见而让这种状况自然发展，那么这种隐含的危机也会不断生长、不断放大，等到最后危机爆发就难以收场了。

企业未来的目标，就是企业"将来想要实现什么目标"的具体呈现。这部分是很多企业家最爱讲述的内容。有心的人或许能够发现，很多企业家的目标都是宏观的和不具体的。或许这种目标就是企业家的梦想。有的即便目标很具体，往往也是非常单一的目标，如销售额突破多少，市场覆盖超过多少，用户量达到多少等。这种企业内部的宣贯如果仅仅是单一目标，很多与之配套的资源就不能同时增长，那么这种目标宣贯就变成了虚幻的，虚幻的东西说多了就没人相信了。而对于那些真正干实事的经理人而言，想要实现这些目标就会遇到重重困难，当好不容易排除万难解决了自己遇到的困难时，又发现其他部门的困难依然没有解决，甚至每况愈下。最可怕的就是这种发展的不均衡，因为它一定会导致前所未有的资源限制。所以制定目标的同时一定要均衡地了解各个渠道、各个信息的综合推进能力，财报思维无疑就提供了这样的平台。

建立战略的前提就是要发现"从眼下到未来还缺什么"的具体内容。想要知道自己有什么并不难，却很少有人真正能从自己的思想实验里发现"缺什么"。我常常鼓励企业家和管理者在此刻务必拿出纸笔把自己的想法写下来，而不是仅放在脑子里。别小看这一个简单的动作，这会让你发现很多以前发现不了的信息，而这些也仅仅是一个模拟思想实验，还没有真正达到发现所有缺口的目的。在财务里有一个重要的工具叫作预算，很多管理者特别推崇全面预算模式。预算是帮助管理者计算出企业在未来几年的发展中所需要的所有资源配给，以及得到和付出时间节点的完美工具。预算最终的呈现方式就是财务的三大报表及整个推演过程，当在任何一个步骤中发现有不平衡的时候就是考虑这部分漏点的时候，需要补齐这部分的时候又会发现其他的漏点，而这些不断堵住漏点的动作，其实就是把公司未来发展的所有缺失都尽量提前考虑进来的过程。

真正的战略就是"我用什么路径和方法能实现目标"的执行路径。制定战略的过程就是战前演练的过程，为了达到目标就要执行一系列动作，而这些动作相互牵制、互相作用，很难把其中某一个环节孤立起来运转，因为每一个环节一定会对其他各个执行步骤产生影响，忽略了任何一个关键步骤都有可能让战略在设计之初就暴露缺陷。财报思维通常恰好就是通过演练发现这些缺陷的最好途径。财报思维同时考虑到健康、能力、财力的各个方面，而且运用"复式记账法"思维模式把所有动作都关联起来，形成一个完整的整体。任何有缺陷、有漏点的地方都会在这个体系中发出提醒信号，让人注意，并不断深入地思考和改进，让制定战略的过程更加科学。

虽然战略不像预算那么具体、那么实际，但战略无疑给企业发展提供了相对明确的方案和步骤。实现目标的方法有很多种，但关键是这些方法在执行过程中不能摇摆，否则公司的战略就会受到极大的挑战。战略本身是一整套连贯的"组合拳"，是有一定预先规划性的动作组合，如果执行过程中任意更换战略，看起来是增加了选择方案，但实际上是增加了成功的难度。这种状况常常出现在公司遇到瓶颈的时候。我们并不是说战略不能变，而是要考虑到变的代价和不变的代价都是什么，这个代价的预期估计就是通过后续财务最长使用的预算来测算。注意，只有在有业务逻辑关系的数字计算中，才能真正发现问题和挖掘潜力。

二　预算编制和落地

预算的目的就是让公司战略能够落地实施，以及在落地过程中明确具体步骤并提供资金支持。预算不是万能的，但没有预算就像一个人在森林里没有导航、没有地图、没有指南针，而期望凭感觉走出森林一样。任何一位企业家都有自己的战略目标，有的能明确写下来，有的则只能留在自己脑子里。无论是写下来还是留在脑子里，这些战略都在企业家脑子里预演了很多遍，不断否定，不断更正，越思考越成熟。不过不管企业家的思考有多成熟，也不能独自完成所有工作，而需要全公司上下齐心参与才能让战略真正执行到位，让这个全员参与最好的工具就是预算。

1　预算真的能实现吗？

预算真的能实现吗？很多企业或许都有这个疑问。预算要求过高，则没法实现，预算标准太低，公司管理层又不甘心，最终花费了好大精力编制的预算只能草草收场；稍好一点的企业把预算与绩效考核关联起来，让预算看起来似乎起到了作用；很多企业干脆就把原先的预算全盘否定，下一年重新再来；还有一些企业以不做预算而自豪，不定预算就不需要考虑预算的执行了，这不是很自由吗？企业不就应该尊重自然发展规律吗？听起来好像很有道理，但这种想法只是把预算的"束缚"给解绑了，却忽略了预算的协同性和资源稀缺性。

当一家企业资金状况非常好，常年不缺钱、不缺人、不缺市场，公司上下已经形成了非常高的默契和相互配合度时，那么预算这种工具除了自律也没什么大的作用了，因为预算就是为了确保企业在各个环节执行中保持协同，以及发现资源缺乏时提前补齐，如果这些公司都不缺，预算还有什么用呢？这种前提条件的设定算是非常苛刻了，但很少有公司能够真正长期不缺钱、不缺人、不缺市场。随着企业的不断发展壮大，人数增多，企业内部的管理会越来越复杂，仅凭管理经验和激情投入很难均衡、系统地解决企业面临的各种问题，且有些问题一直潜伏在企业内部，就像人体里的癌细胞一样，一旦暴发就是重大疾病。预算是一整套让公司各个部门分解执行的目标，是看得见、摸得着的具体目标。客观的预算一般是可实现的，这种可实现并不是说预算制定以后就一成不变，也不是说制定以后可以随意变化，而是说始终要在管理层对预算可控的情况下运行，遇到困难和阻力时，及时评估可行性、及时调整执行方案，并不断监管督导其执行过程，这才是预算在企业管理中的价值。

2 预算怎么预、怎么算？

预算一定要让"听得见炮声"的人去做，让财务部门汇总数据，让企业运营的负责人结合整体发展目标来均衡各部门预算，最终制定出一整套合理的执行预算和分解预算。很多国企里运用的"三上三下"方法论是有实际作用的，这种方法也可以扩展到更多的企业参考应用。

"三上三下"，就是首先让一线部门负责人根据上一年执行情况及下一年执行目标制定出第一稿部门预算上报公司，财务部门或其他专业部门进行汇总。这个汇总可不是简单的加总，而是根据不同职责、不同作用分类汇总，并建立各个部门、各个环节的联动关系，从中可以发现明显不合理的地方，如若要扩大销售必然扩大采购，若要扩大采购必然增加资金需求，若要增加资金必然要加大欠款回收力度或贷款等。只要全公司信息汇总到一起，这些问题就必然会暴露出来。公司汇集第一稿预算，经过商讨和重新调整目标计划，做出一个新的分解目标发放给各个一线部门，让其按要求更改原预算，这就是"一上一下"的过程。

各一线部门收到新的目标要求以后，进行调整更新，将更改后的预算也就是第二稿一线预算再次上报公司。各个部门预算汇总以后，依然会出现彼此信息不匹配的情况，公司汇总部门再次进行相应的调整和沟通，并向公司的预算管理机构（预算委员会或公司管理层）进行汇报，逐一进行问题梳理和考量。这个时候就应当充分考虑公司的整体发展目标与预算的衔接度，并在每个月的预算中甄选出资金缺口或其他资源缺口来，找到这些问题缺口的解决方案，将这些方案与相关执行部门沟通，确保预算能在规定的时间、规定的范围内实现。整体沟通完毕以后，公司再次将沟通情况与新的要求反馈给各个一线部门，这就是"二上二下"的过程。

当各一线部门第三次制定预算时，就已经对公司的经营要求、经营策略、经营计划、经营限制均已有了更精确的理解，这样编制出来的第三稿预算几乎就可以定稿了。各一线部门将这个相对完整的预算第三次上报公司，公司预算汇总部门汇总以后依然查验是否存在明显漏洞等问题，通常这个环节已经基本排除了所有问题和困难，达到送给预算管理机构签字下发的程度了。当最高预算机构签发以后，便可下发给各一线部门，由一线部门对预算进行进一步的分解（分解到岗、到人；分解到周、到日），这就是"三上三下"的过程。

整个过程看起来很烦琐，很多公司的预算不必完全按照这样的做法来做，但每一个关键环节还是要执行到位，否则就会出现虚幻的预算、不可执行的预算。很多管理者抱怨自己公司的预算太虚，总是与现实偏差过大，其根源问题就是在制定预算的初期没有很好地沟通和汇总以发现相互矛盾的地方。

在企业普遍运用 ERP 系统的今天，却很少有某个能让绝大多数公司广泛接受的信息化预算系统，其原因就在于预算的结构、制定过程、市场状况、资源配置等在各个公司之间的差别很大，如果能适应各个行业、各个领域、各个层级的预算体系要求，那么其后台适应度的开发量会非常大，产生的系统漏洞也会不少，自然就降低了成功率，客户体验也不会太好。

但这种自由度、灵活度对于预算制定人和执行人来说都是可实现的，只要该考虑的都考虑到，并给予一定的冗余度，那么预算就不会制定得过于虚幻而导致没法执行。这种自由度也好、灵活度也好、冗余度也好，都是在财报思维的框架下才能够充分发挥出来的，一旦脱离了财报思维框架，任何的自由度都会变成预算制定的破坏者，让预算失去平衡。

3　预算怎么执行，怎么监管？

预算特别讲求 PDCA 的过程，即计划（Plan）、执行（Do）、检查督导（Check）、处理（Act）。上一段预算的制定过程就是计划的过程，而制定出来的重点就是要执行，执行过程中要进行检查督导，最后对总结、检查的结果进行处理。

计划很重要，执行的过程及检查督导更重要，毕竟公司业绩最终能否实现绝不是一个人运筹帷幄就可以了，肯定需要各个部门协同执行。而且一定不要以为对制定预算考虑很周全了，执行预算就不会出大问题。预算执行过程依靠的因素非常多，各个部门员工对预算的理解、分解是否充分、各个环节的时间点能否匹配、执行的标准是否统一等，都会让执行过程变得无比复杂，这就需要由各个管理人员及公司的预算推进部门或运营部门来推进、协调、督导，在执行过程中发现问题随时纠正、随时协调。

当然，适应预算的执行过程也的确需要付出一些时间和代价，这种代价是无法避免的。同时，预算的执行情况必须要尽可能即时反馈，如果一个预算从年初到年底都弄不清执行情况，那么这个预算一定无法实现。预算的执行过程其实就是公司按照既定计划执行日常经营的过程，只不过是尽可能为每一环节都制定一个即时目标而已。过程的结果反馈越及时，预算执行的完成情况就会越好。

而监督机制更应当成为检查和督导的常态。执行总有出现偏差的时候，依靠上下游之间的相互监督是必要的，这会解决绝大多数问题。在流程之外也应当设置一个外部监督机制，否则上下游很快就会"达成一致"而让预算无法按期完成。外部督导更应当起到监督和辅导的双重角色，目的是让每一个环节都能够按照既定的要求制定到位。而这个督导的角色恰恰需要站在更宏观的视角来对待每一个监督对象，这种宏观最终还是需要依靠财报思维来体现。

4 预算怎么调整，怎么持续？

预算是在有限的资源、有限的信息条件下尽可能完整地制定的，不可能把所有事情都考虑到位，既然这样就必须允许预算是可调整的。当然，调整也不是随意的，至少要参考预算的制定过程，由公司预算决策机构对预算调整做出综合考虑和最终许可。

很多公司所谓的预算执行失败是指现实与预算相差甚远，原因是市场发生了巨大变化或决策机构的巨大误判。员工就会抱怨公司的预算太虚，根本就没法参照执行，如果用这样的预算来考核员工，员工无法达标，也会觉得浪费了自己一整年的努力。其实员工只说对了一半，而另一半就需要预算决策机构或公司管理层慎重判断，完成率不高究竟是员工不努力还是市场变化过快导致。必须要把市场变化作为一个常态化现象来对待，才不至于因此导致预算全盘失败，毕竟绝大多数企业还达不到影响整个市场的程度，更多的情况是被市场所左右。

正确的预算调整模式应当是，预算决策机构或公司管理层应当在日常经营期间紧密跟踪预算执行过程，发现执行结果与预算之间的差异，小的差异交由相关负责人处理协调，大的差异就需要分析本质的原因是市场变化等外部因素，还是部门矛盾、员工不努力或抵触情绪等内部原因。如果是内部原因就应当用管理手段来解决；如果是外部原因，就需要通盘考虑这种市场变化对全年业绩的影响。要考虑对全年甚至几年的影响，而不是只考虑当下。当对未来做出相对稳定的预判以后，就可以按照流程讨论是否调整预算，以及与预算相关的考核指标，由最高预算决策机构或公司管理层做出最终决定。

决定调整预算以后并不是就结束了，而是要跟以前一样，依然需要不断跟踪预算执行过程，发现调整后执行偏差的底层原因，上述循环要持续不断地进行。

5　绩效考核

要想保证预算执行到位，监督机制必须要到位，而预算监督最简单的方法就是将整体预算拆解到最小时期单位（如天）和拆解到最小执行单位（如人或岗）。当拆解到岗位的时候就可以将这个经济指标作为绩效考核的参考依据，甚至可以直接作为绩效考核指标来实施即可。当然，绩效考核是一把"双刃剑"，用好了能够帮助企业提升业绩，用不好会伤害员工的积极性和创造性。不过这就是另外一个话题了，我们至少可以通过预算的分解给绩效考核提供一个数字化的依据，这比每年"拍脑门"定下来的考核指标要靠谱得多，而且也能够与公司整体业绩挂钩。从理论上讲，只要绩效考核指标稍稍超出整体预算，那么公司各个岗位只要把绩效完成，公司的整体预算也就能够实现了。

6　资金计划

我们前面提到过，很多公司管理者十分推崇全面预算，因为很多大企业的管理者认为全面预算是很好的提升公司管理和业绩的工具。不过，全面预算对于稍微小一点或者内部管理还不是很完善的企业来说，无疑会成为管理负担。因为全面预算的要求实在太全面，无论是企业管理层还是财务核算层，都要求预算考虑得非常全面、制定得非常完整、信息反馈非常及时，这三个"非常"是需要付出很大管理成本的。一旦哪个环节出现脱节，很有可能全盘皆输，会严重打击执行层面的基层管理者。所以建议普通规模的公司或公司管理还不是很完善的公司，先采取资金计划的模式执行。

对小企业而言，全面预算太大，很难实施成功；而没有预算，公司的发展就没有协同一致的目标，即便有目标也没有执行路径，这对于公司的伤害也不小。那么资金计划就是很好的工具。对小企业来说，不赚钱不会让企业马上倒闭，而没钱将会导致企业面临倒闭的危机。无论企业的钱是自己赚来的，银行贷款来的，还是投资人投来的，总之必须要有足够的现金才能够确保公司持续生存。那么资金计划就可以帮助企业做好每一个时间阶段资金状况的预计，这个资金计划很像公司预算，但比预算要简单得多，不需要具备太多的专业知识，几乎人人都能够做出来。

我们以一家软件开发创业公司为例来讲述。在公司研发出产品之前，只要了解公司每个月有多少人员、要发多少工资、租多少钱的办公室，以及购买多少台电脑，基本上就能算出公司每个月要花多少钱。在公司产品上市之前需要花多少时间开发，那么这个时间段需要的资金基本上就是你的天使阶段融资量。当产品上市，开始打磨市场了，公司开始有了销售收入，不过这个阶段的收入还比较低，无法养活团队，那么就将增加的人员、场地、推广等费用扣减掉销售收入回收的现金，再计算公司需要多久才能让盈亏平衡，在盈亏平衡到来之前需要再做一次 A 轮融资来覆盖这段时间的费用。当公司实现了盈亏平衡以后，如果想要进一步扩大市场、占据先机，就需要考虑增加人员的成本、场地的成本、推广费用与收入的对比。在此基础上额外做的推广工作需要花费的资金，是自己来赚取还是依靠投资人，以及在哪个时期可能会遇到资金危机等，就需要提前考虑资金筹措。

上述这些整体过程就是资金计划的大体描述，虽然这不能让公司各个部门紧密衔接起来执行公司的发展目标，但至少做好资金计划并执行到位，不会让公司在实现理想之前就因突然没钱而草草败退。

7 企业价值评估

预算还有一个神奇的功能是用来做企业价值评估。我们前面讲过，企业价值评估有很多方法，其中最为普遍的方法叫未来现金流量现值法，也是难度相对比较大的一个方法。如果你能够把企业未来 5 年的预算都做出来，不仅预计收入利润的变化，同时还预计资产负债的变化，以及与之相应的资金变化，就能够得到一个综合的企业现金流，这便是计算公司未来价值两个重要因素中的一个。未来现金流量现值法有两个重要因素：每年的现金流和折现率。通过预算我们可以得到最近几年的现金流，再通过对未来发展的每年增长预计，就可以得到未来每一年的现金流。然后再将投资人或管理层能够接受的折现率加以计算，套入企业价值评估的模型以后，就很容易得到一个完整的企业估值，以及这些估值的整体影响因素。

通过企业价值评估模型计算并不复杂，复杂的是投资人为什么相信未来企业描述的这些现金流真正能够出现。如果在商业计划书上仅展示了具体金额，而管理者又无法明确表述如何能够实现这些现金流，那么当有人质疑的时候，此种方法就难以成为计算企业估值的依据。如果企业自身已经有了预算体系，而且每年都能够按照预算去执行，那么将未来预算转化成为计算企业估值依据的可信度就会大大提高。

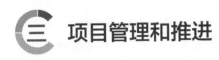

项目管理和推进

当公司制定了战略，又通过编制预算分解到各个细节，就相当于通过一个一个的项目执行来让战略和预算落地。这里讲的项目是相对广义的，它不仅仅指咨询公司或工程公司的项目，而且泛指在公司里进入执行环节的大大小小的项目。例如，公司开发一个新产品，从内部立项、开始研制，到最终投产，就是一个项目；公司接到客户订单，生产一批产品，从接到订单到采购、生产、运输、安装、调试、交付、回收货款等全过程就是一个项目；公司打算重新装修办公室，从签约到购买工程物资、材料、施工、验收、支付工程款等也是一个项目。在企业里，诸如此类的各项工作都可以看作一个项目，而对于每个项目进行管理、管控及对过程不断推进，才能让整个公司战略按照预期的目标进行。

我们之所以借用项目管理来讲述战略预算的执行落地，是因为项目管理是特别好的管理工具。如果公司管理得粗放，那么一个公司可以当作一个项目来管理；如果公司管理得细致，那么任何一项工作都可以当作一个大项目下面的子项目来管理。当公司制定完预算以后，执行过程就可以采取项目管理的机制来推进。

项目管理中的领导、组织、员工均在预算计划中扮演不同角色，有执行者也有监督者，而这些都可以用甘特图来跟踪项目进度，用甘特图不仅能够记录项目中所有工作应当有的进度和实际上执行的进度，还能够甄选出整体项目的关键路径和最佳执行路径。当任何一个环节出现问题，都有可能连累整个体系，出现延时。那么在日常经营过程中，就需要制定出所有岗位、所有工作的执行时间、计划，以及跟进执行情况。这样看起来也是不小的工作量，对每个人的每项工作都详细地计划和记录的确会花一些时间。占用时间是这个方法的劣势，不过每天的工作日报就相当于对自己工作项目进度的记录和总结过程，一旦开始了这样的记录，就会让员工不再盲目工作和加班，而是每天都能花点时间对一天的工作有所总结，而这个总结如果是在一系列甘特图的计划下进行的，那效果就非常显著，而且是可以累积、量化、可计量的数据。

项目管理同样也存在预算概念，通常一个完整项目会存在匡算、估算、概算、预算、决算等数据计算过程，不过我们在这里更加强调的是项目的执行过程，毕竟再好的概算、预算都比不上好好地执行，完成最初制定的目标。用项目管理的模式管理公司，其实可以让公司很多事情变得有人做、有人管。

现实当中的公司项目管理也存在诸多问题，最大的问题就在于目标过于单一。大部分项目管理者的唯一目标就是让项目按期保质完成，显然这也是应当实现的，但当这个目标与现实资源产生冲突的时候，管理者应当做怎样的决策显然也很重要。曾经有一位管理者对他做过的一个项目非常自豪，认为那是一个非常成功的项目，因为客户对他的服务很满意。我问他第一个问题，这个项目赚钱了吗？他回答：有点可惜，这个项目赔钱了。我问他第二个问题，这个项目的钱都收回来了吗？他回答：至今还有到期款没有回收。一个不赚钱且钱都没有按期回收的项目，怎么能定义为成功呢？当然，如果你愿意付出超出客户所付的钱的代价来服务客户，客户当然开心，而且你还不着急去问客户要钱，客户当然也很满意你的态度。可是这样的"成功"项目只是对客户感受的成功，对于公司内部而言，却是一个失败的项目，因为它并没有为公司创造效益。

项目经理也许会反驳，这样的项目被客户认可，所以后续的项目客户也会持续交给你来做。的确，这会起到一定的市场开拓效应及广告效应，像是给竞争对手制造了一个进入壁垒，只有你能跨越这个壁垒。可遗憾的是，我见过很多后续的案例是，客户会持续降价，延续以前不及时给钱的习惯，让做项目的公司进退两难，不干不行，干了还不赚钱，常年处于赔钱赚吆喝的境地。试想，这样的状况会让公司最终盈利吗？

回到我们前面讲的财报思维的模式，如果一个管理者目标过于单一，往往会忽略公司是否赚钱而拼命满足客户的需求，如果项目短期或少量这样做是可以的，但如果项目长期或大量这样做而不思考公司盈利模式，势必会导致公司最终走向倒闭。项目管理和推进过程就是让公司从战略预算过渡到执行落地，这个行动如果不能在财报思维的框架下进行，就会出现上述案例类似的状况。如果任何一个层级的管理者都能够在管理行为和管理决策的时候通盘考虑项目执行的各个关键因素，如项目执行的健康度、资金是否充足、执行是否快捷保质且有效节省开支、不超预算等，那么任何一家公司都能从此步入正向、健康的发展之路。

 # 四　内控执行和监管

当公司制定了战略，通过编制预算分解到各个细节，又通过一个一个的项目管理模式让每个预算都执行起来，那么接下来就要进入实施监督管理的环节了。任何一家公司都不能脱离内控，尽管很多创业公司自诩"我们的公司是不要制度约束的，我们依靠员工的创造力和自觉性，制度会扼杀创造力"。这种说法只对了一半，坏的制度和不完整的制度的确会扼杀创造力，而好的制度则会鼓励创造力的产生。不管制度是否会扼杀创造力，制度至少可以让公司的协作关系进一步清晰，让很多常规性工作有据可循，既然有据可循就使以前不确定性的工作变得可控、可复制。所谓可控，就是在流程中任何一个关键环节都能够被有效管控，而不至于由于不督导、不监控而使公司流程混乱，同时可以避免违法和违规的行为发生。

你可以打开搜索引擎搜索"挪用公款案例""贪污案例""职务侵占案例"等事例，映入眼帘的都是让人心痛的案件，而且呈现犯罪者年龄越来越小，职务越来越低的趋势，以前只有高管才有可能贪污、挪用公款，而现在入职几年的出纳、文员、销售员等就已经有机会犯罪了。下面举几个例子来看。

某市中级人民法院认定某公司会计、出纳挪用公款 4850 万元，作出一审判决，被告人分别被判处 15 年有期徒刑和 12 年有期徒刑。

90 后女主管 2 年贪污 46 万元，用公司账户订机票携母旅游。

某市社保局科员，一位名校法律专业高才生，挪用农民工工资保证金 17 万元。

某医院门诊住院部收费员挪用公款 57 万元，被判处有期徒刑 8 年。

某农机服务站技术员挪用公款 600 余万元用于个人理财，被判处有期徒刑 3 年。

某寺庙会计挪用公款 80 余万元偿还高利贷，被抓后声称"我问过菩萨了，能拿"。

……

这些案例真的是触目惊心。在对犯罪分子愤慨的同时，你是否考虑过，如果公司或经营组织的内控有效的话，相当于给犯罪行为设置更多的障碍，很可能这些人就没有机会犯罪了。在保住企业资产的同时，也保护了这些人而防止其踏入深渊。

所以内控并不是可有可无的，而是非常必要的。现在上市公司在做财务报表审计之前，必须要做一个内控审计，来判断公司的内控是否有效，也只有在内控有效的情况下，才能够判断财务数据的有效性。如果一家公司的内控是缺失的，或者是不健全的，那么很容易被质疑财务数据的可靠性。

一家做智能硬件的创业公司的老板苦恼自己的公司始终无法发展壮大，即便融到一些资金，依然无法让管理步入正轨。当我看到他的财务报表时发现账面的存货非常大，就问他公司的存货是什么，他说公司基本没有库存，基本上是按照客户的订单来组织生产，他自己也不清楚财务报表上的存货是什么。我问他是否盘点过自己的库存，他说从来没有盘点过，因为感觉没什么可盘的。当我问他公司的会计时，得到的答案是，公司采购原料直接发给加工厂，加工完了直接发货给客户，自己手里的单据很不全，经常问采购员或销售员要单据，这种模式持续了很长时间，现在账面上也没法弄清楚到底是什么状况。

试想，这样的公司幸亏没有发展壮大，如果真的已经规模巨大，公司的数据得乱成什么样子！如果一家硬件公司从来不盘点库存，那么库存丢了都不知道，还何谈管理？这算不算是给那些有歪心眼的人留下了可乘之机？

内控就是在制定的一系列工作流程中甄选出关键节点并加以管控，任何一个关键节点的递进都需要有双重或多重的确认。什么是关键节点呢？凡是跟钱、资产、权利、责任有关的均属于关键节点。一方面，内控是为了确保公司财务数据的有效性，另一方面，内控也需要建立在管理者财报思维的框架下，因为如果管理者不能站在公司层面设计内控，或是没有在财报思维的基础上建立内控，很多情况下会让内控的作用大打折扣，甚至内控本身就成了一个漏洞。

有一次我跟一位有软件开发背景的创始人谈内控，我讲在上游数据传递给下游数据继续计算之前，最好让下游接收到的数据再反向发回上游做一次验证，这样可以确保数据的万无一失。因为是计算机软件的计算，除了多写几行代码以外，不会增加任何日常工作的交接。这位创始人表示这样没有意义，因为上游传递过来的数据就是这个，不可能变化，为什么还要做验证呢，系统中越多验证就越容易出 bug（软件代码执行错误）。我坚持建议他不仅要验证，而且要在某个前端页面将这个验证结果展示出来，让使用这个系统的人员能够清晰地看到验证结果准确无误，而且每一步都要留下历史痕迹。要让这种思维贯穿于公司的所有流程中，尽可能让计算机完成各种看起来无聊但必要的验证过程，尽量避免人为干预流程和验证过程。尽管当时没有说服对方，不过直到这家公司接受审计时暴露出来问题，这位创始人才真正扭转看法。

审计对上述公司自动生成的财务数据提出质疑，希望从业务系统中还原出财务数据，结果这家公司所有的开发人员都没有办法把业务数据还原到财务数据上来，这就让审计人员高度怀疑这家公司业务数据是否能真正有效生成财务分录数据。公司最终不得不重新把当时所有的代码重新梳理一遍，找到相应的数据生成逻辑，过程中还发现一些数据的确存在计算问题，全部更改以后才得以过审。这位创始人感慨，尽管开发软件多年，但还是在数据传递过程中栽了跟头。表面上看起来浪费时间的双重验证甚至多重验证，实际上是对所有数据准确性的再次确认，可以确保万无一失。

五　税务筹划和管控

任何一家公司、任何一个经营组织都无法回避税的问题。从大的方面说，税收是一个国家得以正常运转必须有的资金保障；从小的方面说，税收是每个公民应尽的义务。且不说当下哪个国家税负高、哪个国家税负低，每个国家的历史发展不同，经济组织形式不同，税收结构自然不同。对于普通公司而言，基本上不用考虑为什么要有税，而应当更加深入、全面地认识税，才能够更好地在税法基础上做好自己公司的经营。

从创业到高速发展，几乎每个公司的掌门人都特别关心如何避税。建议企业在做税收筹划时理性认识税并做好业务筹划，这其实跟日常业务规划和预算没有太多区别，只是要有专人在业务规划过程中将税的因素充分考虑进去。这并不是说要筹划让税降到最低，而是要在考虑到税的情况下实现公司收益的最大化。很多公司负责人在做业务规划的时候不考虑税负，等开始执行业务后才发现原来要交税，以致措手不及。税负一方面让企业有负担，而另一方面也是企业财富特征的体现，只有重视税的管理才不至于手忙脚乱，而应当积极面对、正向筹划。

1　认识税

要想筹划税首先要认识税。中国的税分为流转税、所得税、财产税、行为税、资源税。

流转税就是商品或服务在流转过程中需要缴纳的税，通常包括增值税、消费税、关税、营业税等。

所得税就是公司或个人根据收益来计算的税，也就是有收益就算税，没有收益就没有税，通常包括企业所得税、个人所得税等。

财产税就是纳税人拥有需要特别纳税的财产时才交的税，通常包括房产税、城市房地产税等。

行为税就是纳税人产生了某种需要纳税的行为才需要交的税，通常包括印花税、车船税、车辆购置税、城市维护建设税等。

资源税就是纳税人对稀缺资源开发所需要交的税，通常包括资源税、城镇土地使用税、土地增值税、耕地占用税等。

一眼看上去好像有很多税，但实际上与大部分普通企业相关的就只有增值税、所得税、城市维护建设税、教育费附加（是"费"的行列，由税务部门代征）及印花税等，而其他一些税只有特殊业务或特殊资产的公司才会有。例如，如果你没有车船就不必交车船税，没有土地就不必交土地增值税，没有进出口就不必交关税等。而城建税和教育费附加也基本只跟流转税有关，也就是说，如果你没有流转税基本上也不用交城建税和教育附加费，印花税通常也比较低，而个人所得税实质上是个人承担的税。这样总结起来，如果只是普通企业，那么需要关注的基本上就只有增值税和企业所得税。增值税与企业货物或服务的流转有关，企业所得税跟企业的盈利情况有关。只要关注好这两方面，基本上企业的税务状况就有筹划基础了。

认识税相当于是在业务的基础上把任何与业务相关的税全部嵌入日常工作中，而不能由于不了解税就在做业务的时候把税忽略掉，这在任何时候对企业管理都是不利的。

2 　事前筹

所谓税务筹划，一定是在业务发生之前的筹划而不是业务发生之后。如果业务已经完成了，再怎么筹划都已经无法改变事实了，强行筹划甚至可能涉嫌偷漏税。

每到年底，总是有一些企业老板说今年要交的税太多，能不能抓紧最后这一个月甚至半个月的时间好好筹划，让公司的税负降下来。或许真的可以找到一些方法合理、合法地把原先的高税负降到正常水平，只不过要在极短的时间内做原先一年应当做的事情，难免有违规的嫌疑。即便获得了降低税负的结果，也极有可能留下永远无法消除的痕迹，无论这个痕迹是好是坏，都会伴随企业一直走下去。

在业务发生之前，应当把所有可能发生的业务，以及与之相关的税都考虑进去。可以做任何的测算，寻找最优方式让业务税负发生，这种测试可以反复计算，直到最终找到合适的选择并加以应用。注意一点，做业务筹划或企业预算的时候，如果不考虑税负，那么这个筹划或预算一定是不完整的，也是不可执行的。

3 　督过程

当企业管理者都认识了税，且能够在业务筹划之初就充分考虑税负的影响，那么接下来就需要在日常工作中不断地监督执行过程，确保原先规划的税负能够执行到位。税的时间特点非常鲜明，日期一旦过去了就永远也回不来，就像开发票的日期，跨月以后想要再开出上个月日期的发票无法实现一样。企业通常会在 15 日、20 日、25 日这几个日期统一汇总当月的所有业务及收支，以及检查票据的收发是否按照原先的规划执行，一旦出现异常现象，就需要马上做出相应的反应。之所以在半月、三分之二月以及最后5天都做这种汇总测试，就是为了给自己留出充足的时间来做出相应的反应，不至于到跨月以后才后悔莫及。

最后一章我们讲了战略、预算、项目、内控、税负这五部分内容，看起来跟财务报表分析没有直接关系，但其实财务报表最终服务的恰恰就是企业本身的发展，也是让外部相关人士能够看懂公司经营情况的最直接语言。要想让公司健康成长，每一个阶段的数据都需要仔细研究和分析。公司创立之初及每个重大转折都离不开战略的制定，战略的制定直接影响未来几年公司预算的计划和项目管理的导向。当然每一项业务都不能脱离税的计算，每一个过程都需要有内部管控才能够有效实施。这其中其实是有一个逻辑贯穿始终的，而财报思维就是这个逻辑的体现。

财报是一个管理工具，更是一种思维方式。对创业者来说，财报可以把所有相关数据归拢在一起，通过商业逻辑展现在眼前，让创业者能够统揽全局，把控整个公司的发展现状。对管理者来说，财报不仅能够展示公司现状，更能够暴露公司存在的问题，以及可以通过财报寻找解决这些问题的方法，而不是拆东墙补西墙。财报同时也是客观表现管理者对公司管理贡献的重要形式。对投资人来说，财报无疑是解释一家公司最好的语言，是在商业逻辑下通盘看清一家公司最好的工具，能够帮助投资人发现问题线索进而抽丝剥茧，客观判断这家公司的真实价值而做出独立决策。对财务工作者来说，财报是所有财务工作的最终成果，也是检验公司发展成长的重要表现形式，会计几乎所有的工作都是为了能够出具财务报表，客观反映企业真实状况，而财报思维恰恰又能把财务人员从烦琐的数据中拉出来，让其站在更高的位置上来看这些数据究竟能够为企业管理贡献什么。对银行金融机构来说，企业财报起到的作用是发现企业存在的风险隐患，降低资金借贷产生的未来逾期的可能性，提高借贷成功率。对股民来说，尽管学会财报分析有些难度，但未来投资终究要从现在交易员式的炒股票逐渐过渡到价值投资上来，想要做到价值投资，首先要看清企业价值，而财报就是看清企业价值最好的工具。对财会专业教育工作者来说，财报思维能够帮助学生从枯燥的借贷细节中跳出来，回归到财务成果，在财务框架下学习每一个细节会更有逻辑性。

从整体上看，财报是一劳永逸的企业分析工具，而财报思维就是商业逻辑思维最好的表现方式，希望更多的人能够通过对财报的学习掌握财报思维方式，进而找到对公司甚至更大组织进行管理的诀窍。

本章思维导图

图 15-1　本章思维导图

 学习清单

（1）在财报思维框架下学习战略制定与执行。

（2）在财报思维框架下思考预算的 PDCA 全过程。

（3）在财报思维框架下执行和管理每一个企业经营行为。

（4）在财务思维框架下执行企业内控建设和实施督导。

（5）在财务思维框架下提前筹划与业务紧密结合的各种税负。